LES
COTILLONS
CÉLÈBRES

PAR

ÉMILE GABORIAU

*

PARIS

E. DENTU, ÉDITEUR

LIBRAIRE DE LA SOCIÉTÉ DES GENS DE LETTRES

PALAIS-ROYAL, GALERIE D'ORLÉANS, 13

MDCCCLXI

LES
COTILLONS CÉLÈBRES.

DIANE DE POITIERS

Un vieil ami de ma famille, que je consulte quelquefois, bien que la jeunesse présomptueuse d'aujourd'hui le considère, en raison de sa qualité d'académicien, comme fort peu apte à juger des choses littéraires, m'a affirmé que, de son temps, un livre ne paraissait jamais sans une préface, d'autant plus longue que le livre était plus mauvais, dans laquelle l'auteur exposait au lecteur les « *motifs urgents qui l'avaient déterminé à prendre la plume.* »

Je me conformerai à cet « usage antique et solennel, » quoiqu'il soit fort passé de mode depuis qu'il est devenu presqu'aussi facile de faire un livre que de ne pas faire une comédie en cinq actes et en vers pour l'Odéon.

La littérature courante et le roman soi-disant historique ont depuis longtemps défiguré toutes ces femmes célèbres, parvenues de l'amour, reines de la main gauche, de par leur esprit ou leur beauté. Héroïnes de drame ou de roman, les maîtresses des rois de France ont dû subir toutes les vicissitudes de l'intrigue ou de la mise en scène, tantôt placées dans le nuage ou traînées au ruisseau. La sévère histoire se voilait la face, mais les romanciers et les dramaturges sont impitoyables.

Si bien que nous ne connaissons plus guère aujourd'hui « ces reines d'amour, » qui, d'un regard souvent ont changé la politique des rois qu'elles dominaient.

Que les dames se plaignent donc encore de la loi salique!!!

J'ai entrepris de restituer à ces femmes célèbres leur véritable physionomie. Ce n'est ni une réhabilitation ni un anathème, je ne tresse point de couronnes, mais je ne prépare pas de claie.

Au milieu de toutes les contradictions des chroniques et des mémoires, j'ai cherché la vérité, voilà tout.

Quant à ce titre de *Cotillons célèbres* que d'aucuns trouveront peut-être un peu vert, je l'ai sans façon emprunté à S. M. le roi de Prusse.

Il y a longtemps que trop de gens travaillent pour le roi de Prusse : il n'est pas malheureux qu'une fois par hasard il se trouve avoir travaillé pour quelqu'un.

LES
COTILLONS CÉLÈBRES

I

LES MAITRESSES LÉGENDAIRES.

Avec Clovis, le premier roi des barbares Francs, commence la longue liste de ces favorites qui, de règne en règne, se transmirent le sceptre du caprice et dont quelques-unes, plus habiles ou plus ambitieuses que les autres, dirigent et résument la politique de leur temps.

Dans l'acception moderne du mot pourtant, les descendants chevelus de Mérovée, les héritiers abâtardis de Charlemagne et les premiers successeurs de Hugues Capet n'eurent point de maîtresses, mais plutôt à la fois plusieurs femmes de rangs et d'ordres différents.

Ces femmes de condition subalterne que le souverain fait entrer dans la couche royale, nos plus anciens chroniqueurs les désignent sous le nom de concubines, mot latin qui rend imparfaitement leur véritable état.

Les concubines étaient à peu près ce que sont encore aujourd'hui en Allemagne, berceau de la race franque, les épouses morganatiques des princes, à cette différence près que ces unions de la main gauche ne sauraient maintenant exister concurremment avec une autre alliance. Mais cette différence, on le comprend de reste, n'est que le résultat de la civilisation chrétienne qui ne tarda pas à proscrire cette sorte de polygamie.

Les enfants des concubines étaient légitimes, bien qu'ils ne fussent pas aptes à succéder à la couronne, du moins dans l'ordre régulier de l'hérédité royale. Quelques-uns néanmoins arrivèrent au trône, du fait de l'ascendant ou des crimes de leur mère.

Ce rang officiel des concubines ne venait donc pas de la dépravation des mœurs, comme on l'a cru longtemps; c'était un des traits caractéristiques de la constitution de la famille chez les barbares. Tacite nous montre les Germains pénétrés, pour la femme, d'un respect mystique, qui va jusqu'au culte; mais ce sentiment délicat, complétement ignoré du monde ancien, ne s'élevait pas cependant jusqu'à la conception du mariage chrétien.

L'Église, toujours prudente lorsqu'elle n'est pas toute-puissante, céda à la rigueur des temps. Elle toléra, chez ses maîtres, ce qu'elle ne pouvait empêcher, et pendant plusieurs siècles encore, elle oublia de frapper sur les trônes l'adultère et l'inceste.

Ce serait une longue et fastidieuse histoire que celle de ces premières favorites, maîtresses légendaires, dont, la plupart du temps, les noms seuls nous sont parvenus. Et quels noms! La bouche se contorsionne à essayer de prononcer ces syllabes tudesques.

Clotaire 1er aima tour à tour *Arégonde*, *Chunsène*, *Gon-diuque* et *Waldetrude*; les maîtresses de Gontran, ce roi bonhomme qui joue les pères-nobles dans le drame méro-vingien, s'appellent des noms harmonieux de *Marcatrude* et *Austregilde*. Clotaire II, plus réservé, se borna à la seule *Haldetrude*. *Miroflède* et *Marcóuefve* se partagèrent le cœur de Caribert. Il n'est pas jusqu'à Dagobert qui n'ait fait réson-ner les échos de la forêt de Compiègne et de la forêt de Braine des noms de *Raguetrude*, damoiselle d'Austrasie, et de *Wlfégunde*;

> Le bon roi Dagobert
> Aimait à tort et à travers.

Eloi, l'argentier, le sermonnait fort, dit-on, sur ce chapitre; mais le roi faisait la sourde oreille, à ce que prétend, du moins, la fin du couplet grivois, dont nous avons cité les deux premiers vers.

Du milieu de ces figures effacées se détachent plusieurs physionomies saisissantes ou sympathiques qui personnifient ou symbolisent un règne, une époque.

La première que nous rencontrons est celle de Frédégonde, la blonde maîtresse de Chilpéric, qu'il finit par épouser, après deux alliances royales.

Il n'y a peut-être dans l'histoire que deux princesses, Ma-rie Stuart et Marie-Antoinette, sur qui la calomnie se soit acharnée avec plus de rage. On a prêté à Frédégonde tous les crimes et toutes les infamies, et son nom, comme celui de Néron, est devenu

> Dans la race future,
> Aux maîtresses des rois la plus cruelle injure.

On en a fait une frénétique de luxure comme Messaline, une horrible empoisonneuse comme Lucrezia Borgia.

Mais la critique moderne (1) a fait justice de ces imputations absurdes, amoncelées sur elle par la haine des gens d'église, qui seuls alors écrivaient l'histoire. Elle a relevé toutes les contradictions et les impossibilités de cet échafaudage d'accusations monstrueuses qui s'étayaient les unes contre les autres, et de ce tissu d'horreurs sanglantes, il n'est resté que la démonstration nette, irréfutable et concluante de la supériorité des talents et du génie de cette femme.

Née dans une condition obscure, esclave dans sa jeunesse, sa ravissante beauté et les grâces de son esprit firent la plus vive impression sur le cœur de Chilpéric Ier. Ce prince lui sacrifia *Audovère* et *Galsuinthe*, ses deux épouses légitimes, et les trois fils qu'il avait eus d'Audovère. Leurs fins misérables ou violentes, on les a longtemps attribuées aux artifices et à la scélératesse de la favorite; c'est elle qui avait tout fait, tout préparé, tout exécuté; chaque coup de poignard partait de sa main blanche; dans sa monomanie meurtrière, on lui faisait égorger jusqu'au roi son mari et son seul protecteur.

Par contre, on n'avait que des paroles d'excuses et de ménagements pour les crimes bien autrement réels et positifs de Brunehaut, sa rivale. La reine d'Austrasie, il est vrai, fut toujours au mieux avec le haut clergé; elle trouva en lui un appui sûr dans le présent et un panégyriste dévoué pour l'avenir.

L'école historique moderne a replacé les choses à leur véritable point de vue. Brunehaut nous apparaît telle qu'elle fut, une princesse arrogante, impérieuse, à demi Romaine,

____

(1) Voir, à ce sujet, les travaux d'Augustin Thierry.

s'acharnant à une lutte au-dessus de ses forces et de son génie contre l'indépendance farouche des leudes de l'Est.

Frédégonde, au contraire, sortie des rangs du peuple vaincu
pour s'asseoir sur le trône de Neustrie, personnifie la résistance à l'élément étranger; la cause qu'elle défend, et qui
triomphe avec et par elle, est celle de la nationalité française,
dont les germes se développent déjà dans les provinces d'entre Seine et Loire.

Frédégonde a, sur la reine d'Austrasie, un autre avantage,
celui du désintéressement; j'ajouterai même, si le mot ne
sonnait pas étrangement à cette époque, celui de l'humanité.
En opposition aux exactions, à la cupidité insatiable de Brunehaut, on aime à constater la noble conduite de la femme
de Chilpéric, se dépouillant de ses joyaux et de ses biens
pour soulager la misère et les souffrances générales dans une
cruelle épidémie qui décima le royaume, en l'année 580.

Maintenant, quittons le terrain sévère de l'histoire pour
rentrer dans le cadre de ce livre. Frédégonde, cette femme
que Chilpéric aima toute sa vie d'un amour exalté, lui fut-
elle fidèle? Aimoin et les moines qui ont écrit le *Gesta
Francorum* lui donnent pour amant, du vivant de son mari,
un des plus brillants officiers de la cour, Landry ou Landeric, et accusent celui-ci de l'assassinat du roi.

Ces deux imputations paraissent aussi peu justifiées l'une
que l'autre.

Voici le récit d'Aimoin : « La reine, dit-il, venait de quitter Chilpéric qui se disposait à partir pour la chasse; elle
entra dans une salle de bain, où elle attendait Landry. Le roi,
revenant tout à coup sur ses pas, aperçut sa femme, et lui
donna un léger coup de baguette par derrière. Frédégonde,
croyant que c'était son amant qui l'avait touchée, dit, sans

se retourner et en le nommant, qu'il n'était pas bien d'en user ainsi avec une femme comme elle; puis, elle ajouta en riant qu'il n'agissait pas en galant homme, en l'attaquant par trahison. Le roi, confondu, s'éloigna sans lui parler; mais la reine, ayant tourné la tête, le reconnut, et prévoyant à quelles extrémités la jalousie le porterait, elle décida Landry à assassiner son maître, en lui rapportant ce qui venait de se passer et en lui faisant sentir que ce crime était leur seule chance de salut. »

Il n'est pas besoin de relever toutes les invraisemblances de cette fable. Comment admettre que le prince outragé, dont la patience et le sang-froid n'étaient pas les vertus dominantes, ait pu s'éloigner sans mot dire, au moment où le hasard lui révélait la liaison criminelle de sa femme? Il faudrait supposer à ce barbare la dignité et le bon ton d'un de nos raffinés de civilisation. D'ailleurs, Frédégonde avait tout à craindre et rien à espérer de la mort de son époux. Elle demeurait seule, chargée de la tutelle d'un enfant de quatre mois, pressée de tous côtés par des ennemis furieux.

Réduite à cette extrémité, la reine se montra à la hauteur du danger. Comme Marie-Thérèse enflammant d'enthousiasme les magnats de Hongrie et les ralliant à la cause de son fils, nous la voyons, à la journée de Soissons, parcourir les rangs de l'armée, haranguer les soldats et faire passer dans l'âme de chacun d'eux la confiance et l'espoir. Elle met à leur tête ce Landry dont les talents militaires lui assurent la victoire.

Blanche de Castille, la chaste mère de saint Louis, n'hésita pas en pareille circonstance à employer les bras du comte de Champagne dont elle avait repoussé l'amour. Pourquoi donc la veuve de Chilpéric aurait-elle refusé les services d'un capitaine dévoué et habile, qu'une calomnie posthume s'est plu ensuite à transformer en séducteur et en meurtrier?

Le triomphe définitif de l'armée neustrienne assura le repos et la gloire du règne de Frédégonde pendant la minorité de son fils. Elle mourut dans tout l'éclat d'un trône affermi et pacifié, à l'âge de cinquante-quatre ans, ayant conservé jusqu'à cet âge toute sa grâce et toute sa beauté. Femme, reine et mère, Frédégonde nous paraît irréprochable de tous points. La dissolution des mœurs de Brunehaut, au contraire, est attestée par tous les historiens; elle causa la ruine de la monarchie austrasienne; et pour garder le pouvoir, on la voit, octogénaire, livrer à une débauche précoce ses deux petits-fils qu'elle ne tarde pas à faire égorger, quand ils essaient de secouer son joug odieux.

Franchissons sans autre transition l'espace de plusieurs siècles qu'une nuit épaisse enveloppe, et arrêtons-nous devant une touchante figure que tour à tour le drame et le roman ont popularisée. Agnès de Méranie, qui a inspiré à M. Ponsard une de ses meilleures pièces, ne fut pas la maîtresse de Philippe-Auguste; mais son union avec ce prince ayant été déclarée illégitime par les foudres toutes-puissantes de la Papauté, on ne peut guère la considérer que comme une de ces épouses morganatiques dont nous parlions tout à l'heure. L'histoire des amours de Philippe et d'Agnès est triste et curieuse. Après la mort d'Isabelle de Hainaut, sa première femme, le roi de France avait demandé la main de la fille du roi de Danemark, Waldemar Ier, la princesse Isemburge. Elle lui fut accordée et le mariage se célébra en grande pompe à Amiens. Mais cette union n'eut point de lune de miel; au lendemain de la première nuit de ses noces, le roi quitta brusquement sa nouvelle épouse et refusa de la revoir. Que

s'était-il passé dans le royal tête-à-tête? C'est un mystère
que le temps n'a point éclairci.

Dans la procédure qui eut lieu à l'occasion de la dissolution
de ce mariage, le roi n'arguë d'aucune imperfection physi-
que, il n'élève aucun soupçon sur la chasteté d'Isemburge;
il déclare seulement ressentir pour elle un éloignement insur-
montable, et comme il fallait un prétexte aux évêques de son
royaume pour rompre le lien religieux qui l'engageait, il al-
lègue une prétendue parenté avec elle sans même en fournir
la preuve. Son clergé, obéissant à ses désirs, prononça la
nullité du mariage.

Presque aussitôt il épousait Agnès, fille du duc Berthold
de Méranie, dont il s'était épris à la simple vue d'un portrait.
Cette union, que l'amour des deux époux eût rendue si heureuse, ne tarda pas à être troublée. Le pape Célestin, et après
lui son successeur Innocent III, un des plus énergiques pon-
tifes du moyen âge, refusèrent de sanctionner le divorce prononcé par les prélats français.

Vainement le roi de France essaya de lutter contre le pouvoir formidable qui prétendait rendre toutes les couronnes
vassales de la tiare : le légat du Pape assembla un concile
à Lyon, excommunia Philippe, et mit le royaume en inter-
dit.

L'amant d'Agnès ne se laissa pas abattre par cet anathème,
arme terrible alors; il fit casser par le parlement la décision
du concile et saisir le temporel des prélats qui l'avaient condamné.

A ce jeu il eût perdu sa couronne, si Agnès, voyant l'iso-
lement se faire autour du monarque impuissant à lutter contre les superstitions de son temps, ne s'était décidée au plus
douloureux des sacrifices. Elle craignit de causer la perte de

Philippe-Auguste et se retira dans un couvent où elle mourut de chagrin la même année.

Elle avait eu de ce prince deux enfants qu'Innocent III n'hésita pas à reconnaître pour légitimes.

Nous voici arrivés à une des époques les plus tristes de notre histoire. Un fou est assis sur le trône de France; à ses côtés s'agite une incroyable mêlée de trahisons, de débauches et d'infamies. Les princes du sang, les frères du roi, se disputent les lambeaux du pouvoir, tandis qu'Isabeau de Bavière, épouse adultère, mère dénaturée, le vend à l'étranger (1).

Dans ce palais de l'hôtel des Tournelles, où la luxure trébuche à chaque pas dans le sang, une intéressante et douce physionomie se détache du moins sur le fond sombre du tableau, la maîtresse ou plutôt la garde-malade de l'insensé Charles VI. Elle seule a le pouvoir de calmer ses accès furieux; il obéit à sa voix et le peuple attendri décerne à cet ange consolateur le surnom de *petite reine*.

L'histoire nous apprend peu de choses d'Odette de Champdivers. C'était, dit-on, la fille d'un marchand de chevaux; le roi la vit et la trouva belle ; ce fut Isabeau elle-même qui, pour se débarrasser du malheureux insensé, la jeta dans le lit de son mari.

A dater de ce moment, toujours aux côtés du roi de France, on retrouve Odette de Champdivers, sa seule joie dans ses intervalles lucides, comme les cartes à jouer ou tarots étaient sa seule distraction.

(1) Voir, pour les détails de mœurs de cette époque déplorable de l'histoire de France, *le Charnier des Innocents*, de M. Julien Lemer.

C'était, en effet, pour ce vieil enfant que l'on venait d'inventer les cartes dont l'imagier Jacquemin Gringonneur peignait si merveilleusement les bizarres figures.

Tandis que chacun cherchait à s'attacher à une fortune nouvelle et prenait parti pour le Bourguignon ou pour l'Anglais, la *petite reine* restait fidèle au malheur. Tandis que nobles et grands seigneurs abandonnaient le monarque infortuné, Odette de Champdivers, symbole du pauvre peuple attaché à son maître, semble annoncer déjà l'apparition prochaine de ces deux vierges, l'une sainte et l'autre folle, qui devaient sauver la France agonisante, Jeanne Darc et Agnès Sorel.

II

AGNES SOREL.

Souverain dépossédé, roi sans couronne, Charles VII s'en allait perdant une à une les plus riches provinces de ce beau pays de France, devenu la proie des Anglais. La Normandie était conquise; Paris obéissait à des maîtres venus d'outre-mer; Orléans et toutes les villes environnantes ne voyaient plus briller la fleur-de-lis d'or de la royauté française.

A l'insensé Charles VI il eût fallu un successeur actif et énergique, Charles VII était indolent et faible: loin de profiter de l'ardeur guerrière de ses chevaliers fidèles, il ne songeait qu'à la contenir, et, sans souci de son devoir de roi, il ne s'occupait que de plaisirs et de fêtes, à l'heure ou pièce à pièce s'écroulait l'édifice si péniblement construit de la nationalité.

L'Anglais, déjà, se croyait vainqueur, et le roi d'Angleterre prenait le titre de roi d'Angleterre et de France.

Quelques jours encore, et c'en était fait du royaume de

Charles VII, la France était à deux doigts de sa perte, un miracle seul pouvait la sauver...

Le miracle eut lieu !

Une jeune paysanne, bien ignorante, bien inconnue, apparaît tout à coup à la cour du roi fugitif. C'est Jeanne Darc, l'humble bergère de Domrémy.

A travers mille périls, elle est venue trouver Charles VII, parce qu'elle en a reçu l'ordre d'en haut ; des voix ont parlé à son oreille ; elle a obéi.

A cette heure où le découragement s'est emparé de tous, elle annonce qu'elle a mission de Dieu pour chasser l'Anglais, pour faire sacrer le « gentil Dauphin, » pour sauver la France.

L'incrédulité et la raillerie l'accueillent. En ce temps de superstitions et de ridicules croyances nul ne veut ajouter foi à ses paroles.

— Que peut cette vilaine pour votre cause ? disent au roi les courtisans.

Mais Charles VII répond :

— Quelle que soit la main qui me rendra ma couronne, je bénirai cette main.

Et il accueille Jeanne Darc, et il déclare que, le premier, il veut combattre sous sa miraculeuse bannière.

A dater de ce moment la vierge de Vaucouleurs devient le premier capitaine de Charles VII, tous les seigneurs se disputent l'honneur de la suivre au combat. On forme sa maison, D'Aulon est son premier écuyer, Raymond et Louis de Contes sont ses pages ; elle choisit pour hérauts d'armes d'Ambleville et Guienne ; le frère Jean Pasquerel, lecteur du couvent des Augustins de Tours, est son aumônier.

La France, comme l'agonisant qui recueille avidement la

moindre parole de salut, a entendu la voix de la vierge inspirée, la France tressaille et renaît à l'espérance.

Jeanne Darc dit :

— Levez-vous, et marchons!

Chacun se lève et la suit.

— Allons sauver Orléans!

Et Orléans est sauvé.

De ce jour, les choses changent de face; l'ennemi tremble
à son tour. Jeanne Darc lui renvoie la terreur que, la veille
encore, il inspirait à tous. L'Anglais n'attaque plus, il se défend. Il se renferme dans ses places fortes dont les murailles
ne lui semblent même plus un abri suffisant. L'heure de la
délivrance a sonné et, chaque jour, depuis l'arrivée de l'héroïque jeune fille, est marqué par de nouvelles conquêtes.

Jeanne Darc tient cependant toutes ses promesses, et bientôt, à la tête de douze mille hommes, elle traverse un pays
presqu'entièrement occupé par l'ennemi, et arrive jusqu'à
Reims ou Charles VII doit être sacré.

A l'église, elle se tient près du roi, son étendard à la
main.

— Il était à la peine, dit-il, il est juste qu'il soit à l'honneur.

Mais là s'arrête la mission de la vierge inspirée, les cérémonies du sacre terminées, Jeanne Darc conjure le roi de lui
permettre de se retirer. Se mettant à genoux devant lui, « *l'ac-
colant par les genoux,* » elle se met à fondre en larmes et toute
l'assemblée avec elle :

— Gentil roi, dit-elle, ores est exécuté le plaisir de Dieu qui
voulait que vous vinssiez à Reims recevoir votre digne sacre,
pour montrer que vous êtes vrai roi et celui auquel le royaume
doit appartenir, voilà mon devoir accompli, souffrez donc

que je retourne vers mes parents qui sont en grand mal de moi.

Mais elle exerçait un trop grand prestige sur le peuple et sur l'armée pour qu'on la laissât partir. Obligée de rester, elle en éprouve un « grand regret; » sa confiance en elle même l'abandonne.

— Je n'entends plus *mes voix*, disait-elle, et c'est l'indice de ma fin prochaine.

Ce triste pressentiment allait, hélas! se réaliser bientôt.

Le duc de Bourgogne assiégeait alors Compiègne, qui venait de se rendre aux armes de Charles VII.

Toujours la première au danger, Jeanne Darc accourt à la défense de la ville menacée. Dès le jour de son arrivée, elle tente contre les Bourguignons une vigoureuse sortie. Les Français, inférieurs en nombre, sont repoussés. Jeanne, toujours la dernière à la retraite, reste seule exposée à tous les coups; elle tient tête aux masses afin de laisser aux siens le temps de se retirer. Enfin, elle songe à rentrer dans la ville; il est trop tard. Imprudence, fatalité ou trahison, la poterne qui doit assurer son salut est fermée, et, après d'héroïques efforts, elle est obligée de se rendre.

Un chevalier bourguignon, le bâtard de Vendôme, reçoit son épée.

A la nouvelle fatale, une morne tristesse enveloppe la France comme un crêpe de deuil. Les Anglais, au contraire, font éclater les transports de la joie la plus vive; dans toutes leurs églises ils font chanter des *Te Deum;* c'est que la Pucelle leur semble plus redoutable qu'une armée !

Mais tenir Jeanne Darc prisonnière n'est point assez pour l'Anglais. Il faut tenter de détruire le prestige de l'héroïne de la France, et, par un procès infâme, on essaie de la flétrir.

L'évêque de Beauvais, Pierre Cauchon, accepte le déshonneur et l'ignominie de cette tâche.

Jeanne Darc est conduite à Rouen. Douze mois on la retient prisonnière, la harcelant nuit et jour d'odieuses obsessions. Enfin, après une procédure dans laquelle le ridicule le dispute à l'ignoble, au mépris de toutes les lois divines et humaines, Jeanne Darc, dite *Pucelle*, est déclarée *hérétique, dissolue, invocatrice de démons, blasphèmeresse de Dieu, pernicieuse, abuseresse du peuple, cruelle, devineresse, idolâtre.*

Le 24 mai 1431, l'inique sentence reçoit son exécution, et Jeanne, conduite au bûcher, expire au milieu des plus cruels tourments.

— Jésus! Jésus! Jésus!

Telle est sa dernière parole, l'expression suprême de ses mortelles angoisses, cri de douleur et d'espérance qui, dominant les gémissements et les sanglots de la foule agenouillée autour du bûcher, monte vers le ciel comme pour demander grâce pour cette France oublieuse qu'elle vient de sauver, pour ce roi ingrat qui lui doit sa couronne, et qui n'ont rien tenté pour l'arracher des mains de ses ennemis.

Le supplice de Jeanne Darc fit horreur aux Anglais eux-mêmes, et l'un de leurs généraux ne put s'empêcher, lorsqu'on lui en apprit les détails, de s'écrier d'une voix indignée :

— Ah! nous venons de commettre là un exécrable forfait! il nous portera malheur.

La France apprit avec épouvante l'horrible martyre de Jeanne Darc. Seul, peut-être, de tout son royaume, Charles VII ne sembla point ému. En douze mois il avait eu le temps d'oublier celle qui avait, à Reims, replacé la couronne sur sa tête. Pendant un an qu'avait duré son illégale captivité, il n'avait rien entrepris pour l'arracher à l'horreur de la prison ; il ne tenta rien pour venger sa mort.

Le roi de France était retombé dans son ancienne apathie, comme autrefois il ne songeait qu'aux amusements frivoles. Tandis que les Anglais s'acharnaient à détruire l'œuvre de la Pucelle, Charles VII dissipait ses journées en parties de chasse et passait les nuits à exécuter des ballets de sa composition.

Ses capitaines, braves compagnons de Jeanne, murmuraient hautement ; mais le roi ne voulait pas les entendre ; il n'avait d'oreilles que pour les courtisans assez vils pour flatter tous ses goûts. Que de fois cependant il eut à rougir de son inaction !

Un matin, Xaintrailles et La Hire étaient venus trouver le roi afin de tenir conseil ; les événements se pressaient avec une inquiétante rapidité ; on le trouva, entouré de quelques familiers, fort occupé d'un ballet qu'on devait donner le soir même. Charles VII, bien que fort contrarié de la visite matinale des deux vaillants hommes d'armes, voulut faire bonne contenance.

— Eh bien ! mes amis, leur dit-il, que pensez-vous de cette danse ? Ne trouvé-je pas, malgré l'Anglais, moyen de me divertir ?

— Il est vrai, Sire, répondit froidement La Hire, et « oncques on n'a vu ny oüy qu'aucun prince perdist si gaiement son estat. »

Charles VII tourna brusquement le dos au censeur incommode ; il était de ceux que la vérité blesse ; sensible à la gloire, ambitieux, il désirait le « renom de grand capitaine et souhaitait de tout son cœur rentrer dans le domaine de ses pères, » mais l'énergie lui manquait et nul n'avait sur lui assez d'ascendant pour l'arracher aux obscurs plaisirs de sa petite cour.

— Vous êtes heureux, Sire, de savoir vous contenter de si peu, lui disait dans une autre occasion un de ses meilleurs amis.

Le roi de France, en effet, avait grandement besoin d'être philosophe; tous les jours n'étaient pas jours de fête à sa cour; l'argent manquait souvent le lendemain des « festoyements, » il fallait alors recourir aux expédients. Toutes les chroniques de l'époque parlent de cet incroyable dénûment; le roi manquait des choses les plus nécessaires, ses écuyers n'avaient rien à servir sur sa table, ses fournisseurs refusaient de lui faire crédit.

Voici ce que raconte Martial d'Auvergne.

> Un jour que La Hire et Pothon
> Le vinrent voir pour festoyment,
> N'avoit qu'une queue de mouton
> Et deux poulets tant seulement.
> Las! cela est bien au rebours
> De ces viandes délicieuses,
> Et de ces mets qu'on a tous jours
> En dépenses trop somptueuses.

Une autre fois, Charles VII, qui se trouvait alors à Bourges, vint à manquer de chaussures; il fit mander un maître cordonnier de la ville.

— Maître, lui dit-il, prends moi la mesure d'une paire de souliers.

L'homme obéit.

— Maintenant, reprit le roi, tu peux te retirer, j'entends que ces souliers soient faits sans délai.

Et comme l'homme ne bougeait pas.

— Ne m'as-tu donc pas entendu? ajouta Charles VII.

— Pardonnez-moi, Sire, dit alors le maître cordonnier, seulement il faut être juste en affaires.

— Certainement, mais que veux-tu dire?

— Rien, sinon qu'il m'est impossible de faire les souliers dont je viens de prendre la mesure.

— Et pourquoi?

— Je n'ai point l'habitude, Siré, de faire crédit aux gens insolvables, et depuis longtemps ceux qui fournissent au roi ne sont pas payés...

Charles VII entra dans une furieuse colère, mais le maître cordonnier n'avait rien dit qui ne fût l'exacte vérité; comment se révolter contre un fait?

Le soir même, le roi se plaignait amèrement de l'insolence de cet homme.

— Hélas, Sire, répondit un de ses familiers, il faut bien vous résoudre à n'avoir plus crédit à Bourges, « puisque vous laissez les Anglais vous prendre tout. »

A ces moments d'humiliants déboires « la rougeur d'une noble vergogne » colorait le front du prince; il maudissait son apathie et jurait de reconquérir son royaume, il demandait ses armes et voulait, à l'instant même, courir sus à l'Anglais, puis il allait s'enfermer seul dans une des pièces les plus sombres de son château et répandait des larmes amères. Mais sa colère se dissipait aussi vite qu'elle était venue, le lendemain il avait tout oublié et de rechef ne pensait qu'à trouver « expédients de divertissements et de fêtes. »

Tel était le caractère de ce prince, faible, nonchalant, mobile. Impressionnable à l'excès, il avait des éclairs d'indignation et de courage, mais fréquentes étaient ses heures d'abattement et de désespoir. Un instant la voix inspirée de Jeanne Darc avait réveillé en lui le sentiment du devoir; mais cette

voix éteinte, son caractère avait repris le dessus, et il semblait
épuisé par les efforts d'énergie qu'il avait dû faire. Si bien que
l'œuvre de la Pucelle menaçait de devenir inutile, lorsque
parut Agnès Sorel.

Le trône, sous Charles VII, a été sauvé par deux femmes, tel
est le cri de l'histoire.

L'une est la vierge inspirée, qui, son miraculeux étendard à
la main, conduisait elle-même les soldats à la bataille; l'autre
est la maîtresse du roi, la dame de beauté —

> Qui toujours songeant à la gloire
> Avant de songer à l'amour,

devint la bonne fée de son amant et contribua à lui faire mériter ce surnom de « Victorieux » que lui décernèrent ses contemporains.

La France doit tant aux femmes, disait le tendre et discret
Fontenelle, que pour les Français la galanterie est un véritable
devoir de reconnaissance.

C'était vers la fin du mois d'octobre 1431; cinq mois s'é-
taient écoulés depuis la mort de Jeanne Darc. La cour errante
du roi de France avait pris ses quartiers d'hiver au château de
Chinon. Charles VII affectionnait tout particulièrement cette
résidence bâtie au sommet d'un côteau au milieu de l'un des
plus ravissants paysages de ce beau pays de Touraine.

Charles VII n'était pas encore « *le victorieux*, » il n'était
que le « *roi de Bourges*, » surnom que lui avaient donné ses
ennemis.

> Les Anglais, avec leurs croix rouges,
> Voyant lors sa confusion,
> L'appelaient le *roi de Bourges*,
> Par forme de dérision.

Les affaires, à cette époque, allaient plus mal que jamais, les finances étaient complétement épuisées; et, de tous côtés, on annonçait ou l'on prévoyait des désastres ; on comprend dès lors la mortelle tristesse de cette petite cour.

C'est donc avec un plaisir infini que Charles VII apprit l'arrivée à Chinon d'Isabelle de Lorraine, femme de René d'Anjou; il espérait que cette visite ferait quelque diversion à la monotonie de ses journées.

Isabelle de Lorraine, l'une des princesses les plus distinguées de son temps, venait à la cour de France, pour y solliciter la liberté de son mari fait prisonnier à la bataille de Bulgneville. Elle avait à plaider une cause difficile, puis elle comptait pour réussir, sur son adresse et sur les beaux yeux d'une de ses filles d'honneur, Agnès Sorel, que l'on appelait alors la *demoiselle de Fromenteau.*

Les espérances d'Isabelle ne furent pas trompées, toute la cour de Chinon n'eut plus bientôt d'yeux que pour la *belle Tourangelle,* et, plus que tous les autres, le roi la comblait de soins et d'attentions.

Agnès Sorel était, il faut le dire, dans tout l'éclat de son admirable beauté, et voici le portrait que trace d'elle un de ses contemporains, c'est-à-dire de ses admirateurs :

« C'était un teint de lis et de roses, des yeux où la vivacité
« était tempérée par tout ce que l'air de douceur a de plus
« séduisant, une bouche que les grâces avaient formée ; tout
« cela était accompagné d'une taille libre et dégagée, et re-
« levé d'un esprit aisé, amusant, et d'un entretien dont la
« gaîté et le tour agréable n'excluaient ni la justesse, ni la
« solidité. »

La femme de René d'Anjou, certaine désormais de l'influence d'Agnès sur le cœur du roi, comprit que sa cause était gagnée;

cependant Charles hésitait à se prononcer. C'est qu'il savait qu'une fois la liberté de son mari assurée, Isabelle partirait pour la Sicile, où l'accompagnerait sa belle fille d'honneur, et il ne se sentait plus la force de se séparer d'Agnès.

Isabelle avait, depuis longtemps déjà, pénétré le motif des hésitations du roi de France, mais il ne lui appartenait pas de les faire cesser. Elle attendit, décidée à profiter de la première occasion qui se présenterait. Elle n'eut pas longtemps à attendre.

Heureusement pour la liberté de René d'Anjou, les princes et les rois vont fort vite en amour, et Agnès avait été touchée de la grande passion de Charles; elle se sentit prise de tendresse pour ce monarque que tout abandonnait, et dès ce moment elle prit la résolution de céder. Peut-être fut-elle tentée par la grandeur de la tâche imposée à l'amie de ce roi si faible, et conçut-elle dès ce moment la pensée d'user de toute son influence pour en faire un héros.

Agnès consentit donc à se rendre aux vœux du roi, à seconder les secrets désirs d'Isabelle. Elle tomba malade, subitement, et, dès les premiers jours, sa maladie présenta un caractère si grave que les médecins, appelés par le roi, déclarèrent que la jeune fille ne pouvait entreprendre un long voyage, sans danger pour ses jours.

Cette déclaration ne trompait certainement personne; mais elle sauvait les apparences. Charles VII, peu habitué à dissimuler ses impressions, laissa éclater sa joie. Isabelle de Lorraine, au contraire, témoigna un violent dépit; elle hésitait, disait-elle, entre deux partis : attendre le rétablissement de sa fille d'honneur ou partir sans elle. Il fallait cependant prendre une décision. Isabelle demanda une audience au roi, et lui fit observer que si elle tardait davantage à se mettre en route, elle serait probablement arrêtée par les neiges; d'un autre côté, elle hésitait beaucoup à abandonner une jeune fille si belle, si aimable, et qui lui avait été confiée.

Un mot de Charles VII arrangea tout. Il fut convenu qu'Agnès Sorel resterait à la cour, sous la surveillance de la reine Marie d'Anjou, et Isabelle de Lorraine, ayant obtenu la grâce qu'elle sollicitait, fit ses préparatifs de départ et ne tarda pas à quitter Chinon.

Voilà donc Agnès Sorel seule à la cour de France. Elle était tombée malade subitement, son rétablissement fut tout aussi rapide, le roi ne laissa même pas l'indisposition durer ce qu'il fallait pour la justifier. A peine rétablie, Agnès Sorel fut attachée à la reine en qualité de fille d'honneur. Marie d'Anjou se souvenait-elle des recommandations d'Isabelle de Lorraine ou obéissait-elle à une inspiration du roi, c'est ce qu'il est impossible de décider, bien que la suite des événements donne à penser qu'elle agit véritablement de son propre mouvement.

Agnès Sorel avait environ vingt-deux ans à cette époque (1431). Elle était fille d'un gentilhomme longtemps attaché à la Maison de Clermont, du nom de *Sorelle*, *Soreau* ou *Surel* (1), seigneur de Saint-Géran, et de Catherine de Maignelais.

Née vers 1409, au village de Fromenteau, dont elle portait le nom, elle perdit jeune encore son père et sa mère, et fut confiée aux soins d'une tante maternelle, la dame de Maignelais.

« Agnès, dès l'âge le plus tendre, était, au dire de tous, un « véritable miracle de beauté, les paysans se mettaient sur le

______

(1) Les armes *parlantes* de cette famille étaient un *sureau* de sinople en champ d'or.

« seuil de leurs portes pour la voir passer lorsqu'elle traversait
« quelque village, tantôt à pied, tantôt montée sur un beau
« cheval alezan. Elle n'avait d'autre prestige alors que celui de
« sa taille charmante et de son admirable figure, et cependant
« on lui donnait déjà un surnom que devaient confirmer, plus
« tard, les Seigneurs de la cour de France; les naïfs habi-
« tants de la Lorraine ne l'appelaient jamais que la reine de
« beauté. »

Bientôt, aux dons de la nature, elle joignit les avantages
d'une éducation soignée, chose si rare à cette époque, et tous
ceux qui l'entendaient causer se retiraient « esbahis de son esprit et de son merveilleux enjouement. »

— Nous ne sommes point en peine de la fortune d'Agnès,
disait alors la dame de Maignelais, sa tante; elle a d'esprit et
de beauté de quoi faire la fortune de trois familles.

Mais tous ces avantages qui émerveillaient chacun, tournèrent contre la jeune orpheline. La dame de Maignelais avait
une fille, nommée Antoinette qui, bien inférieure à Agnès,
sous tous les rapports, ne tarda pas à en devenir jalouse; dès
lors le séjour de cette maison, jusque là si paisible, devint
insupportable.

Impuissante à défendre sa nièce contre sa propre fille, madame de Maignelais ne songea plus qu'à éloigner la *reine de
beauté*. Une occasion ne tarda pas à se présenter et l'orpheline, à peine âgée de quinze ans, repoussée par ses protecteurs
naturels, dut se résigner à accepter la position de demoiselle
d'honneur près d'Isabelle de Lorraine, celle-là même que nous
venons de voir l'abandonner à la cour de France, à la merci de
l'amour du roi.

Jeune, belle, spirituelle, protégée par la reine, aimée du
roi, Agnès Sorel ne tarda pas à devenir l'âme de la petite

cour de France. Charles VII n'avait eu jusqu'alors que des amours vulgaires ; sa passion pour une femme supérieure ressemblait fort à un culte ; il eût volontiers proclamé à la face du monde la dame de ses pensées et rompu des lances en son honneur, mais, douce et modeste autant que belle, Agnès ne souhaitait que le mystère.

— A quoi bon, disait-elle, donner de l'éclat à une faute?

Elle disait encore au roi :

— Je vous aimerai, Sire, et de toute mon âme, et jamais je ne cesserai de vous aimer ; si cependant on venait à connaître ce qui se passe, pleine de confusion, je m'irais cacher au fond de la campagne la plus déserte.

Si bien que, durant longtemps encore, la liaison d'Agnès et du roi demeura enveloppée d'un mystère, assez transparent pourtant pour ne tromper personne. Malheureusement pour le secret de ses amours, Agnès ne sut point assez repousser les présents incessants de son amant.

Prodigue, comme tous les princes ruinés, Charles VII avait la main toujours ouverte, surtout pour sa belle et douce amie ; chaque jour quelque nouvelle marque de munificence décelait son grand amour ; les joyaux succédaient aux parures, les maisons aux terres, les seigneuries aux châteaux. Si bien que les courtisans accusaient Agnès Sorel d'avidité et d'avarice.

— Cette douce colombe ne serait-elle point une pie effrontée? disait un jour le bâtard de Dunois qui avait gardé son franc parler.

Ce propos, véritablement injuste, ne tarda pas à être rapporté à la tendre Agnès. Ses beaux yeux se mouillèrent de larmes et, tout éplorée, elle courut se jeter aux pieds du roi...

— Reprenez, mon cher Sire, lui dit-elle, tous les présents

dont vous m'avez enrichie, et permettez-moi de quitter cette cour méchante.

Charles VII eut toutes les peines imaginables à calmer son amie, et cependant il était bien plus irrité qu'elle. Mais comment la venger? Châtier Dunois, il n'y fallait pas penser; un châtiment n'eût fait qu'accroître la jalousie et la haine. Est-il d'ailleurs un roi si absolu que jamais il ait pu faire taire les méchants propos de sa cour?

Ne pouvant imposer silence aux contemporains, Charles VII espéra tromper l'histoire. Il manda Jean Chartier, son historiographe, et lui ordonna d'employer tout son talent à démentir les propos injurieux qui « entachaient l'honneur » de la belle Agnès.

Jean Chartier promit d'obéir, et c'est pour tenir sa parole, sans doute, qu'il écrivit les lignes suivantes qui n'ont pu abuser la postérité :

« Or, j'ai trouvé, tant par le récit des chevaliers, écuyers, « conseillers, physiciens ou médecins et chirurgiens, comme « par le rapport d'autres de divers états et amenés par ser- « ment, comme à mon office appartient, afin d'ôter et lever « l'abus du peuple,..... que, pendant les cinq ans que la dite « demoiselle a demeuré avec la reine, oncques le roi ne dé- « laissa de coucher avec sa femme, dont il a eu quantité de « beaux enfants,... que, quand le roi allait voir les dames et « damoiselles, même en l'absence de la reine, ou qu'icelle « belle Agnès le venait voir, il y avait toujours grande quan- « tité de gens présents, qui oncques ne la virent toucher par le « roi, au-dessous du menton..... et que, si aucune chose... « elle a commise avec le roi dont on ne se soit pu apercevoir, « cela aurait été fait très-cauteleusement et en cachette, elle « étant encore au service de la reine (Marie d'Anjou). »

« Jean Chartier nous la baille belle, » dit un historien qui écrivait quelques années plus tard, « que prouvent les enfants que le roi avait eus avec la reine ? Quant à ces mots de très-cauteleusement et en cachette, c'est là tout au plus la stricte décence. »

La postérité a partagé l'opinion du railleur de Jean Chartier ; il est de fait que le bon et naïf historiographe eût pu trouver, pour défendre la belle Agnès, quelques raisons plus ingénieuses et plus concluantes, surtout lorsqu'il s'agissait de démentir tout un siècle. Mille témoignages, en effet, sculptures, poèmes, mémoires, légendes, retracent les amours de Charles VII et d'Agnès Sorel. Mais si le nom de la « dame de beauté » ne nous est point parvenu pur de toute tache, au moins doit-on absoudre, en raison de son œuvre, cette douce amie du « *roi de Bourges.* »

En pleine Restauration, Béranger, qui cherchait à se faire arme de tout contre l'*Anglomanie*, donna à Agnès Sorel une dernière consécration, le jour où il fit paraître cette charmante chanson :

Je vais combattre, Agnès l'ordonne !

Malheureusement, en 1432, nul ne se doutait encore qu'Agnès Sorel faisait tous ses efforts pour réveiller une noble ambition dans le cœur de son royal amant. Tout entier à son amour, Charles semblait avoir oublié qu'il était le roi de France ; que lui importaient désormais Anglais et Bourguignons ! Ils pouvaient sans obstacle dévaster les provinces, démanteler les villes, faire manger le blé en herbe à leurs chevaux. Il régnait, lui, sur le cœur de « la dame de beauté » et cela suffisait à son bonheur.

Vainement Agnès le conjurait de se remettre à la tête de tous ses braves compagnons d'armes, qui jadis aux côtés de Jeanne Darc versaient leur sang sur les champs de bataille.

— Eh! ma mie, répondit-il, avez-vous donc si peu de souci de mon amour que vous veuilliez m'éloigner de vos beaux yeux.

Que répondre à ces douces paroles? « Gloire, devoir, » disait Agnès. « Plaisir, amour, » disait Charles VII.

Mais les courtisans et les peuples ignoraient toutes ces tentatives inutiles, et hautement ils murmuraient. On accusait Agnès de l'indigne inaction du prince; on maudissait le jour où, à la suite d'Isabelle de Lorraine, elle était venue à la cour. On la comparait à Dalila, énervant entre ses bras un nouveau Samson; les plus malveillants allaient jusqu'à dire que sans nul doute elle avait été envoyée par les ennemis de la France pour ensorceler et séduire le roi.

Le bruit de cette indignation arriva enfin aux oreilles d'Agnès; elle comprit que c'en était fait de sa réputation et de celle de son amant si cette situation se prolongeait; à tout prix elle résolut de le décider à se mettre à la tête de ses troupes afin d'en finir avec l'Anglais.

Justement Charles VII avait manifesté l'intention de se retirer en Dauphiné pour y chercher quelque peu de solitude et de paix. Une semblable résolution exécutée ruinait à tout jamais la monarchie.

— Eh quoi! lui dit Agnès Sorel indignée, vous ne serez même plus le roi de Bourges!

— Las! ma dame aussi doute de mon courage, murmura tristement Charles VII.

Puis comme Agnès ne répondait pas :

— Qu'il soit donc fait, reprit-il, comme vous le désirez nous nous séparerons.

Le lendemain de ce jour, pour faire souvenir le roi de sa promesse, tant de fois donnée, tant de fois oubliée, Agnès paya des groupes de gens du peuple qui, sous les fenêtres mêmes du château vinrent chanter quelques-uns des couplets ironiques que les Anglais avaient fait composer sur le roi de Bourges :

> Mes amis, que reste-t-il
> A ce dauphin si gentil?
> Orléans et Beaugency,
> Notre Dame de Cléry,
> Vendôme!

Ces chants injurieux irritaient le roi; il parlait de faire pendre les chanteurs, mais il ne se décidait point à partir.

Enfin, un matin, Agnès Sorel parut devant le roi, plus triste qu'à l'ordinaire; depuis longtemps en effet les soucis et le chagrin avaient chassé l'air d'enjouement qui rayonnait autrefois sur son beau visage.

— Avez-vous donc, ma mie, quelque nouveau sujet de tristesse? demanda le roi tout inquiet.

— Hélas ! Sire! répondit « la dame de beauté, » peut-être suis-je à la veille de m'éloigner de vous pour toujours.

— Eh! que dites-vous là ?

— La vérité, Sire; « elle est pénible et dure, elle vous fâchera peut-être à entendre. »

— Et qu'importe, ma mie, je veux savoir la cause de votre chagrin.

— Sachez donc, Sire, que j'ai fait, hier, tirer mon horoscope.

—Bon! je devine, on vous aura dit quelques menteries.

— On m'a dit, au contraire, des choses fort sérieuses, on m'a prédit l'honneur d'être aimée du plus grand roi du monde.

Charles VII, rassuré, se prit à sourire :

— Que voyez-vous là, ma mie, de si effrayant? Cette prédiction ne s'est-elle pas déjà accomplie, au moins en partie?

Agnès Sorel secoua tristement la tête, quelques larmes brillèrent dans ses beaux yeux.

— Que vous a-t-on donc dit encore, ma mie? demanda vivement le roi.

— On ne m'a dit que cela, Sire ; mais si l'oracle ne me trompe pas, je vous supplie de me permettre de me retirer à la cour du roi d'Angleterre afin de remplir ma destinée.

— Et pourquoi, s'il vous plaît, à la cour du roi d'Angleterre? dit-il d'une voix étranglée par la colère.

— C'est certainement lui, continua Agnès, que regarde la prédiction; puisque vous êtes à la veille de perdre votre royaume et que Henri va bientôt le réunir au sien, il est assurément un plus grand monarque que vous.

« Ces paroles, dit Brantôme, piquèrent si fort le cœur du « roi qu'il se mit à pleurer de rage, » et courut s'enfermer dans son appartement.

Effrayée, non de la colère, mais de la douleur de son amant, Agnès Sorel essaya de le revoir; elle voulait le consoler sans doute ou pleurer avec lui. Charles VII s'obstina à ne recevoir personne. Mais le lendemain le château était plein de mouvement et de bruit, le roi faisait ses préparatifs de départ. Agnès venait enfin de réussir.

Plus tard, se souvenant de cette anecdote charmante, Fran-

çois Ier écrivit les vers suivants au-dessus d'un portrait de la
dame de beauté :

> Ici dessous, des belles gist l'élite,
> Car de louanges sa beauté plus mérite,
> La cause étant de France recouvrer,
> Que tout cela qu'en cloistre peut ouvrer
> Close nonain, ni en désert ermite.

Peu de jours après la venue si opportune de l'astrologue,
une foule immense de peuple se pressait tout le long de la
rampe rapide qui, des bords de la Vienne, conduit au royal
château de Chinon. Depuis le matin tous les habitants de la
ville et des bourgs des environs étaient sur pied, impatients
de voir défiler le cortége de Charles VII , qui se décidait enfin
à aller chasser les Anglais. La cour du château était trop
étroite pour les gens d'armes, les pages, les écuyers, les chevaux ; la brise agitait les oriflammes, les armures étincelaient
au soleil.

Enfin, sur le perron, entouré de ses familiers, apparut
Charles VII ; la reine, quelques nobles dames et les demoiselles
d'honneur, l'accompagnaient. Aux mille cris de joie qui l'ac-
cueillirent, le roi répondit par son cri de guerre « sus à l'Anglais. » Il prit alors congé de la reine, puis, s'approchant
d'Agnès, « toute rougissante de honte : »

— Belle amie, murmura-t-il, souvenez-vous que c'est à vos
pieds que je viendrai déposer ma couronne reconquise.

« Dès ce moment, dit un témoin oculaire, il parut à tous
« évident que, véritablement, la demoiselle de Fromenteau était
« la mie du roi. »

Tandis qu'Agnès, interdite, courbait la tête sous les regards
dirigés vers elle, Charles VII s'élança à cheval ; d'un dernier

geste il salua les dames et demoiselles réunies sur les marches du perron, et, prenant la tête du cortége, il disparut bientôt sous la voûte étroite de la porte du château de Chinon.

Les premiers jours de solitude furent bien tristes pour la dame de beauté; elle aimait le roi, et la séparation, après tant de douces journées « passées en amoureux discours » lui semblait cruelle. Mais plus que son amant elle aimait « l'honneur et son pays. »

Loin de Charles VII d'ailleurs, Agnès se trouvait seule avec sa faute, et l'amour chez elle n'étouffa jamais le remords. Pour cette femme dévouée, les satisfactions de la puissance et de l'amour-propre étaient bien peu de chose, une douce parole, un tendre regard du roi, étaient son unique ambition. Sous les grands respects des courtisans il lui semblait toujours voir percer un secret mépris, et ce nom de concubine royale que donnait le peuple à l'amie du roi lui faisait verser bien des larmes.

La situation d'Agnès éloignée du roi n'était pas sans périls; elle avait des ennemis, et des ennemis puissants. Elle avait contrarié la politique de plus d'un et ne l'ignorait pas; mais ses dangers personnels étaient la moindre de ses préoccupations. Pour la défendre elle avait la reine dont elle resta toujours l'amie; elle avait aussi un serviteur fidèle, dévoué jusqu'à la mort, protecteur qu'en partant lui avait donné le roi, Étienne Chevalier.

L'amitié qui toujours unit l'épouse et la favorite de Charles VII a donné lieu à bien des commentaires. Quelques chroniqueurs ont supposé que la reine ignorait l'intimité des relations d'Agnès et du roi, mais cette supposition est inadmissible. Marie d'Anjou savait parfaitement qu'Agnès régnait en souveraine sur le cœur du roi, et peut-être en secret en était-elle jalouse; mais reine, avant d'être femme, elle comprit qu'il était de son intérêt, sinon de son devoir, de protéger de toutes ses forces cette favorite qui n'usait de son empire que pour le bien de l'État.

Quant au bon Étienne Chevalier, contrôleur des finances, nul plus que lui n'aima et n'admira la dame de beauté; sur un signe d'elle, il se fût précipité sans hésiter dans le brasier de « messire Satanas. » Cette grande passion, cet absolu dévouement, ont pu faire croire qu'Étienne Chevalier partageait au moins avec le roi le cœur de la belle Agnès, mais rien ne prouve cependant qu'il ait été autre chose qu'un ami. -

Quelques rébus galants, quelques légendes naïves, viendraient à peine à l'appui de cette assertion. Étienne Chevalier avait l'amitié fort expansive, voilà tout. Servant fidèle d'une dame, il portait ses couleurs. Fier de son dévouement désintéressé, il tenait à honneur de l'apprendre par ses devises à l'univers entier.

Armé chevalier par le roi, qui, en lui donnant l'accolade, lui avait dit : « *Chevalier désormais seras de fait comme de nom,* » l'ami d'Agnès Sorel fit peindre sur son écu cet amoureux hiéroglyphe :

Le mot *tant*, une *aile* d'oiseau, le mot *vaut*, une *selle* de cheval, les mots *pour qui je*, et enfin un *mors* de bride.

Ce qui voulait dire :

TANT ELLE VAUT, CELLE POUR QUI JE MEURS.

Plus tard, sur la porte de sa maison, à Paris, rue de la Verrerie, Étienne Chevalier fit graver, en grandes lettres antiques, au milieu de feuilles d'or entrelacées, ce rébus dont

tout le mérite consistait à rappeler le nom de *Sorel* ou Su-
relle :

RIEN SUR L N'A REGARD.

Cependant, les soucis de la guerre ne faisaient point oublier
à Charles VII sa gentille amie ; au moindre instant de répit, il
accourait, tantôt à Loches, tantôt à Chinon, séjour favori d'A-
gnès Sorel. Chaque jour, le roi se plaisait à enrichir celle
qu'il aimait. Déjà il lui avait donné le duché de Penthièvre ;
il lui faisait construire une maison à Loches. On voit encore,
en cette ville, le logis qu'occupa la dame de beauté ; il est
relié maintenant au spacieux château que fit plus tard bâtir
Louis XI. A l'occident est une tour carrée, *dans laquelle,*
dit la chronique du pays, *le roi enfermait sa mie, lorsqu'il
allait à la chasse.*

C'est vers cette époque qu'Agnès commit l'imprudence
d'introduire à la cour son ancienne ennemie d'enfance, cette
Antoinette de Maignelais, dont la jalousie l'avait réduite à
chercher un refuge près d'Isabelle de Lorraine.

Depuis longtemps, Antoinette enviait le sort d'Agnès à la
cour de France ; maintes fois déjà elle lui avait écrit pour la
prier de la prendre près d'elle. Instinctivement, la dame de
beauté redoutait sa cousine ; mais au souvenir des bontés
premières de sa tante de Maignelais, elle crut de son devoir
d'oublier ce qui s'était passé et d'accueillir sa fille, dont grâce
à son influence, elle pourrait faciliter l'établissement.

Elle dépêcha donc au château de Maignelais, son fidèle
chevalier, et, moins de huit jours après, Antoinette arrivait à
Chinon.

La première entrevue des deux cousines fut tout au moins
singulière. Sans même songer à remercier Agnès, sans se sou=

cier des femmes de service qui pouvaient l'entendre, Antoinette éclata en reproches amers.

— Eh quoi! cousine, est-ce bien vrai, ce que l'on dit, que vous êtes la mie du roi?

Et comme Agnès confuse ne répondait point :

— Ce bruit était venu jusqu'à nous, continua Antoinette, ma mère refusait d'y croire. Moi-même, je doutais; mais, dans mon court voyage, et depuis hier soir que je suis ici, j'ai appris d'étranges choses.

Agnès, les larmes aux yeux, voulut protester de la parfaite innocence de ses relations avec le roi; mais Antoinette était impitoyable.

— Fi, cousine, que cela est vilain; qui jamais eût pu croire, vous voyant si douce, que par vous le déshonneur arriverait sur notre maison. Vous avez donc mis en oubli toute honnêteté et toute retenue; pour moi, je ne resterai point ici plus longtemps, je préfère retourner près de ma mère que j'instruirai de la vérité, afin qu'elle arrache de son cœur toute amitié pour vous.

Cette menace épouvanta tellement Agnès, que, se jetant aux pieds de sa cousine, elle la conjura de rester, lui jurant de changer de vie, de ne plus faillir à l'honneur, de ne jamais revoir le roi.

Antoinette voulut bien, pour le moment, se contenter de ces prières et de ces promesses, et consentit à se fixer pour quelques mois à Chinon.

Le plan de la jeune Tourangelle était des plus simples : éveiller les remords dans le cœur d'Agnès, les exploiter habilement, l'engager vivement à aller pleurer ses fautes au fond de quelque monastère, et..... prendre sa place à la cour et près du roi.

Mais ce beau projet échoua. En désespoir de cause, Antoinette entreprit de disputer à Agnès le cœur de Charles VII. Le roi ne fut point insensible aux meurtrières œillades de la cousine de sa mie; mais tant que vécut la dame de beauté, elle fut toujours « la dame souveraine et la plus aimée de son amant. »

Les entrevues du roi et de sa douce maîtresse devinrent rares jusque vers 1438. Charles VII reprenait alors, pièce à pièce, son royaume aux Anglais.

— Vous voyez, ma mie, que je tiens loyalement mes promesses, disait-il, lorsqu'après quelque succès, il faisait à Loches ou à Chinon, une courte apparition.

De riches présents attestaient d'ailleurs que l'amour de Charles VII n'avait point diminué. Aux logis et aux terres que possédait déjà son amie, il avait ajouté la seigneurie de la Roche-Servière, les seigneuries de Roqueserieu, d'Issoudun en Berry et de Vernon sur Seine, enfin le château de Beauté-sur-Marne.

— Ainsi de fait, ma mie, serez ce que de nom êtes depuis longtemps déjà, châtelaine et dame de beauté.

En 1438, Charles VII vint avec toute sa cour s'établir, pour quelques mois, à Bourges. Désireux d'avoir non loin de lui sa douce amie, qui ne voulait point habiter le château royal, il lui donna, à peu de distance de la ville, une résidence charmante, le château de Bois-Trousseau, qu'elle vint habiter immédiatement.

Ce fut un heureux temps pour Charles VII et sa belle maîtresse; plus jamais ils ne retrouvèrent ces heures délicieuses « qui s'envolaient si rapides et si légères qu'on eût pu vivre ainsi plus de mille ans sans vieillir. » Le château de Bois-Trousseau, avec ses jardins et ses grands bois, abritait merveilleusement le mystère de leurs amours. Là, point d'importuns, point d'indiscrets; quelques serviteurs dévoués, muets, aveugles. Ensemble les deux amants passaient de longues soirées, aussi épris encore qu'au jour où, pour la première fois, ils avaient senti battre leur cœur. Charles racontait à sa mie ses exploits contre les Anglais, ses succès, ses espérances. Agnès, à son tour, faisait la lecture dans quelque manuscrit où récitait des vers; car « elle était savante et bien instruite, s'étant toujours complue à la société des beaux esprits. »

Leurs amours au château de Bois-Trousseau avaient d'ailleurs commencé comme un roman de chevalerie.

C'était un soir, il pouvait être neuf heures; seul dans sa chambre, Agnès Sorel feuilletait un livre d'heures curieusement imagé, lorsqu'on vint lui annoncer qu'un chasseur égaré demandait l'hospitalité.

— Qu'on le conduise à ma plus belle chambre, répondit Agnès, et qu'on veille à ce qu'il ne manque de rien.

Quelques instants après, on revint dire à la belle châtelaine que le chasseur, comptant partir de grand matin, le lendemain, demandait à la remercier le soir même. Déjà elle se levait pour aller recevoir l'étranger, lorsqu'il parut lui-même, souriant et joyeux à la porte.

— Ah! mon cher Sire aimé, s'écria Agnès, vous ici, seul à cette heure, quelle imprudence!

Cette imprudence devait se renouveler souvent.

Chaque soir, autant pour guider le roi que pour lui rappeler qu'elle l'attendait, la belle Agnès faisait allumer un fallot sur la plus haute tour de son castel. A ce signal, impatiemment attendu, l'amoureux Charles VII accourait à toute bride, suivi d'un seul confident. Accoudée à son balcon, la dame de beauté inquiète, émue, interrogeait la route que suivait d'ordinaire son royal amant. L'apercevait-elle à l'extrémité de la longue avenue qui conduisait à Bois-Trousseau, légère et joyeuse, elle descendait le recevoir, et avec une grâce inimitable, lui faisait les honneurs du logis et du souper.

Parfois, bien rarement, il arrivait que le roi retenu par d'importantes affaires, qu'il maudissait du fond du cœur, ne pouvait quitter Bourges. Alors, pour répondre au signal de son amie, il faisait au sommet du château royal apparaître une vive lumière.

Seule et triste ces soirs-là, en son manoir, la douce Agnès se consolait en pensant qu'une noble ambition était sa seule rivale dans le cœur de Charles VII.

La charmante légende de ce télégraphe lumineux s'est conservée à travers les siècles, et, dans le pays, on montre encore au voyageur, au sommet d'une colline boisée, les restes d'une tour qui a gardé le nom de « *la tour du signal.* »

Tout entier à l'enivrement de cette existence de bonheur et d'amour, Charles VII, une fois encore, oubliait et son royaume et les Anglais. Mais Agnès se souvenait pour lui.

— Bientôt, hélas! mon cher Sire, il faudra nous séparer derechef.

— Je partirai, ma mie, répondait tristement le roi.

L'intérêt du royaume, telle fut la constante préoccupation d'Agnès Sorel, l'œuvre de Charles VII fut la sienne, et c'est à cela qu'elle doit d'avoir trouvé grâce devant la sévère histoire qui flétrit d'ordinaire les maîtresses royales, c'est pour cela que son nom, comme un nom béni, a traversé les siècles.

Le roi de France n'était déjà plus ce monarque humilié que les Anglais railleurs appelaient « le roi de Bourges, » bientôt il

allait mériter son surnom de Victorieux. L'ennemi n'était pas
encore expulsé ; mais on avait reconquis une bonne partie des
provinces, d'heureuses nouvelles arrivaient de tous côtés, les
soldats étaient nombreux, les finances commençaient à se rétablir.

Charles VII, il faut le dire, fut un prince heureux, nul autant que lui ne dut à ceux qui l'entouraient. « Le ciel et la
terre, dit un vieil historien, semblent s'être réunis pour l'aider à reconquérir son royaume. »

Tout d'abord, et lorsque ses affaires paraissaient le plus
désespérées, il cut Jeanne Darc, la vierge martyre, dont la
miraculeuse intervention rendit le courage aux peuples dé-
solés. Les noms de ses compagnons d'armes sont devenus les
synonymes de fidélité et de courage, à ses côtés en effet, com-
battaient Boussac et Vignoles, Xaintrailles, La Hire, Guillaume
de Barbassan, le bâtard de Dunois, et bien d'autres capitaines
sans reproche et sans peur. Pour maîtresse il eut une femme
belle, spirituelle, dévouée, toujours prête à s'oublier elle-
même. Enfin, pour rétablir ses finances épuisées, il trouva un
homme de génie, financier illustre, dans l'acception politique
de ce mot, Jacques Cœur, qui, sans compter, lui ouvrit ses
coffres et lui fournit de l'argent, ce nerf indispensable de la
guerre.

Mais Charles VII était un prince ingrat : il avait laissé périr
Jeanne Darc, nous le verrons, vers la fin de son règne, dépouiller Jacques Cœur, son argentier, son bienfaiteur.

C'est à Bourges, alors que la pénurie du roi était telle qu'il
ne pouvait même pas payer une paire de souliers, que pour la
première fois Jacques Cœur se présenta à la cour où chacun
se racontait sa prodigieuse fortune.

Dans l'origine, l'argentier du roi n'était rien. Fils d'un pauvre et obscur pelletier du Bourbonnais, il devint bientôt l'homme le plus opulent de France. Possédant au plus haut degré le génie du commerce, il avait fait fructifier au centuple le très-mince pécule que lui avait laissé son père. A mesure que sa fortune augmentait, il étendait le cercle de ses relations. C'est ainsi qu'il était arrivé à établir des comptoirs nombreux dans le Levant et à devenir le premier négociant du monde entier.

—Siré, avait dit Agnès Sorel à son amant, faites bon accueil à Jacques Cœur, l'or n'est pas moins nécessaire que le fer, lorsqu'il s'agit de reconquérir un royaume.

Charles VII écouta son amie; très peu de temps après une première entrevue, Jacques Cœur fut nommé *maître de la monnaie de Bourges*, et dès lors il commença à faciliter au prince les moyens de faire la guerre à l'Anglais.

Dans la suite, Jacques Cœur eut l'administration des finances, avec la charge d'*Argentier du roi*. Un pareil titre équivalait à celui de fermier général. Les receveurs des provinces remettaient tous les ans une somme déterminée à l'argentier pour acquitter les dépenses de l'hôtel et des officiers. Jacques Cœur eut un pouvoir beaucoup plus étendu, puisqu'il réglait avec les provinces les contributions qu'elles devaient fournir à l'État. Il était en même temps ministre des finances et dépositaire du Trésor. Souvent il eut occasion de faire au roi des avances considérables, toujours sans intérêts, et, lorsqu'il s'agit de reconquérir la Normandie, il sacrifia, sans hésiter, deux cent mille écus d'or, somme véritablement fabuleuse pour le temps.

L'argentier était alors au comble de la faveur, Charles n'avait rien à refuser à cet ami qui largement fournissait l'or, qu'il fût question de guerre ou de plaisirs, qui payait les soldats et donnait à son maître les moyens de « danser des ballets ou de dessiner des parterres. »

— Vous êtes, messire, avec Jeanne Darc, les deux sauveurs de la France, lui disait Agnès Sorel.

De son côté Charles VII disait à son argentier :

— Vous me demanderiez ma plus belle province, que je vous la donnerais, je crois ; ne vous dois-je pas ma puissance ?

Vaines paroles, qu'oublia le roi lorsqu'il crut n'avoir plus besoin de son ami Jacques Cœur.

Durant les années qui suivirent les jours heureux du château de Bois-Trousseau, Agnès Sorel parut fort peu à la cour ; elle habitait tantôt Loches, tantôt Chinon, le plus souvent le petit logis de Fromenteau ; le roi venait passer près d'elle ses moments de liberté, ses jours s'écoulaient heureux et calmes. L'événement le plus important de cette époque de sa vie fut son entrevue avec Isabelle de Lorraine dont elle avait été demoiselle d'honneur, celle-là même qui l'avait abandonnée à la merci de l'amour du roi de France, et qui lui devait la liberté de son mari.

Agnès se faisait une fête de revoir son ancienne maîtresse. Mais la femme de René d'Anjou fut cruelle.

— « Etes-vous donc si éhontée, lui dit-elle, que vous osiez vous présenter devant moi sans rougir, après avoir oublié la pudeur au point d'être publiquement la maîtresse du roi ? »

Agnès pouvait répondre à cette Isabelle, alors si sévère, qu'elle-même l'avait poussée dans les bras du roi; mais douce et résignée, elle baissa la tête sans mot dire. Ces reproches amers lui étaient plus sensibles encore qu'autrefois ceux de sa cousine Antoinette de Maignelais.

Désolé d'être séparé de sa belle maîtresse, Charles VII, lors de ses fréquents voyages à Chinon ou à Bourges, se plaignait à sa mie de son obstination à demeurer loin de lui.

— Belle entre les plus belles, lui disait-il, que ne venez-vous à la cour du roi dont vous êtes l'unique souveraine?

Mais la dame de beauté préférait sa tranquille solitude. Si parfois le roi insistait pour l'emmener à Paris, si la reine joignait ses instances à celles de son époux, Agnès se jetait aux pieds de son amant et le conjurait de lui permettre de cacher au moins sa honte.

Agnès Sorel avait du reste ses raisons pour détester le séjour de Paris. Elle y était venue, en 1437, à la suite de la reine et le luxe qu'elle avait déployé en cette circonstance causa une espèce de scandale.

Agnès Sorel avait paru aux côtés de la reine vêtue de velours et de fourrures, étincelante de diamants qui faisaient éclater sa miraculeuse beauté. Les bourgeois, toujours les mêmes en tout temps et en tout pays, avaient murmuré hautement de cette grande magnificence. Des paroles malplaisantes étaient venues aux oreilles de la dame de beauté. Ces mépris, ces outrages, lui avaient fait verser bien des larmes, et elle avait dit au roi :

— « Ces Parisiens ne sont que des villains ; et si j'avais cuidé qu'on ne m'eût point fait plus d'honneur en Paris, je n'y aurais jà entré ni mis le pied. »

Cependant les ennemis de la maîtresse du roi, jaloux de sa toute-puissance, s'agitaient dans l'ombre et cherchaient à la renverser.

A la tête de ces ennemis se trouvait le fils même de Charles VII, le Dauphin Louis. On est encore à s'expliquer les motifs de la haine de ce prince sombre et dissimulé. Avait-il aimé Agnès Sorel et en avait-il été repoussé comme quelques-uns le prétendent, redoutait-il simplement l'influence d'une femme spirituelle et dévouée, c'est ce qu'il est impossible de décider; toujours est-il qu'il fit tous ses efforts pour la perdre.

On était alors à la fin de l'année 1446, Charles.VII et toute la cour habitaient le château de Chinon où Agnès était venue joindre le roi. « Le Dauphin, qui pensait que toute liaison entre le roi et sa mie serait rompue si celle-ci avait un autre amour et que cet amour vînt à être découvert, résolut de lui faire prendre cet amant qu'elle n'avait pas. »

Il fit donc appeler un de ses confidents, Antoine de Chabannes, comte de Dammartin, l'homme le plus beau et le mieux fait de la cour, et lui donna l'ordre de se faire aimer d'Agnès.

Depuis longtemps déjà, Chabannes aimait la dame de beauté, et le rusé Louis le savait fort bien lorsqu'il choisit le comte pour être l'instrument de sa haine. Mais cet amour fut le salut d'Agnès, Chabannes ne put se résoudre à faire le malheur d'une femme aimée.

C'était une périlleuse mission que le Dauphin donnait là à son confident, et longtemps Chabannes ne sut quel parti prendre, il craignait presqu'également d'échouer et de réussir.

Bien accueilli, il avait à redouter la furieuse colère du roi, et le premier mouvement de Charles VII était terrible. Repoussé, il ne se dissimulait pas qu'il aurait en Louis un redoutable ennemi.

Il choisit un terme moyen et résolut de tromper tout à la fois le Dauphin et le roi. En conséquence, il commença à entourer Agnès de soins et d'hommages.

Toute la cour s'aperçut bientôt du grand amour du comte de Dammartin pour la dame de beauté, mais Agnès agréait-

elle ou repoussait-elle ses hommages, c'est ce que les mieux in-
formés ne savaient dire.

— Avances-ce tu nos affaires, Chabannes? demandait chaque
jour le Dauphin.

Et invariablement le comte répondait .

— Je crois, monseigneur, que nos affaires sont en bonne
voie.

Le Dauphin commençait à se défier de son confident,
Charles VII, prévenu par quelques courtisans, commençait à
prendre l'éveil, lorsqu'une scène inattendue vint mettre un
terme aux assiduités de Chabannes.

Le roi revenait un soir de la chasse et regagnait seul ses
appartements, lorsqu'au détour d'un corridor sombre il se
trouva face à face avec Agnès Sorel.

Elle paraissait vivement émue ; elle courait poursuivie par
le comte.

Charles VII fronça les sourcils en les apercevant, et d'une
voix sévère demanda une explication.

Agnès lui apprit alors que depuis longtemps elle était im-
portunée par le comte. Ce soir-là, se trouvant seul avec elle il
s'était jeté à ses pieds, lui parlant avec passion de son amour.
Repoussé, il avait redoublé d'instances, et était bientôt
devenu si pressant qu'elle avait cru devoir sortir et aller
chercher un refuge dans les appartements du roi, remplis
de monde à cette heure. Chabannes alors s'était élancé
sur ses traces, et l'avait poursuivie jusque-là, non plus pour
lui parler d'amour, mais pour la conjurer de garder le silence.

La contenance embarrassée du comte, immobile à quelques
pas, prouvait au roi qu'Agnès n'avait rien dit qui ne fût l'exacte
vérité.

Charles VII, à ce récit, entra dans une épouvantable colère et ordonna au comte de quitter à l'instant même le château pour ne jamais reparaître à la cour.

Chabannes, épouvanté du courroux du roi, tremblant presque pour sa vie, courut à l'appartement du Dauphin et lui raconta ce qui venait de se passer.

Louis, bien que marri de voir son projet manqué, consola son confident.

— C'est sur mes ordres que tu t'es exposé, lui dit-il; sois sûr que je ne t'abandonnerai pas; demain même je veux parler pour toi à mon père.

Le lendemain, en effet, en présence d'Agnès, Louis demanda au roi la grâce de Chabannes.

Charles VII fut inflexible; et comme le Dauphin insistait et rappelait au roi les bons et fidèles services du comte :

— Oncques, répondit le roi, cet homme ne reparaîtra en ma présence, et il se doit estimer heureux que la dame de beauté, ma mie, veuille bien se contenter de si petit châtiment pour si mortelle injure.

— Par la Pâques-Dieu! s'écria alors le Dauphin, c'est cependant cette effrontée ribaude qui cause toutes nos querelles!

Et s'avançant vers Agnès, il lui donna un soufflet.

A cet outrage, le roi bondit sur son fils et le saisit si brusquement par les épaules qu'il le fit tomber. Menaçant et terrible, il allait frapper lorsqu'Agnès, toujours généreuse, arrêta sa main.

— Revenez à vous, mon cher Sire, et songez que c'est là votre fils.

— Soit! mais qu'il quitte à l'instant Chinon, dit le roi.

Le Dauphin, dévorant sa colère, se releva lentement; pâle et sombre, il sortit sans proférer une parole, mais dans son dernier regard Agnès put lire une terrible promesse de vengeance.

Quelques chroniques, qui font allusion à cette terrible scène entre le père et le fils, disent tout simplement que « *le jeune Dauphin, mal conseillé, se laissa aller envers Agnès à quelques promptitudes.* »

Le mot vaut la peine d'être conservé.

Et maintenant, Agnès Sorel avait-elle partagé l'amour de Chabannes, avait-elle pour lui trahi Charles VII? S'il en est ainsi, et rien n'est moins démontré, il faut féliciter le comte de sa discrétion et de son adresse. Il sut en ce cas échapper aux nombreux espions du Dauphin qui nuit et jour surveillaient ses moindres démarches, et, plutôt que de compromettre sa dame, il se laissa héroïquement exiler.

Peu de temps après l'événement que nous venons de rapporter, Agnès Sorel quitta la cour pour n'y plus revenir. Les larmes et les prières du roi, les instances de la reine et de ses amis les plus chers, ne purent vaincre sa résolution. Retirée en son logis de Loches, elle voulait, disait-elle, finir ses jours dans cette charmante retraite, qui domine un des plus beaux sites de France, et que Charles VII s'était plu à embellir de tout ce que le luxe de l'époque offrait de plus recherché. Aucun événement, en effet, ne troubla ses dernières années; les visites du roi rompaient seules la monotone uniformité de l'existence de la dame de beauté.

Vers la fin de l'année 1448, Agnès Sorel, ayant eu connaissance d'un complot tramé contre la personne du roi, alors occupé de la conquête de la Normandie, elle se décida à sortir de sa retraite.

Elle écrivait à son « cher Sire, d'avoir à se tenir sur ses

gardes, » et lui annonça que bientôt elle se mettrait en route
afin de lui communiquer des détails qu'elle n'osait confier
même à ceux dont elle se croyait sûre.

Dès les premiers jours de l'année suivante (1449), la dame
de beauté quitta son gentil manoir pour rejoindre le roi alors
à l'abbaye de Jumièges.

Mais elle ne put arriver jusque là; prise d'une indisposition subite, elle fut forcée de s'arrêter au château de Mesnil-
la-Belle, situé à quelques lieues seulement de l'abbaye qu'habitait le roi.

Cette indisposition, légère au début, offrit bientôt les symptômes les plus alarmants, et en peu d'heures la vie de la dame
de beauté fut en danger.

Elle ne s'abusa pas un instant sur sa position.

— Je vois bien, disait-elle, que tout est fini; jamais plus
ne reverrai ma Touraine.

Elle prit alors ses dispositions dernières, recommandant
ses enfants à Charles VII, pour qu'il en prît souci comme si
elle n'avait point cessé de vivre.

Elle fit alors venir toutes les demoiselles attachées à son
service et longuement les exhorta à la sagesse, « essayant de
les convaincre par le récit de ses souffrances, endurées en
secret, du peu de bonheur que l'on trouve en cette vie, lorsqu'on a cessé d'avoir le droit de supporter tous les regards
sans rougir. »

Peu d'heures après, le 9 février 1449, vers six heures du
soir, elle poussa quelques grands soupirs, dit : Ah! Jésus! et
trépassa.

Agnès Sorel avait alors quarante ans.

> Et retiré (le roi), l'hiver à Gemiège séjourne,
> Là où la belle Agnès, comme lors on disait,

Vint pour lui découvrir l'emprise qu'on faisait
Contre Sa Majesté. *La trahison fut telle*
Et tels les conjurés qu'encore on nous les cèle.....
Mais las! elle ne put rompre sa destinée,
Qui pour trancher ses jours l'avait ici menée
Où la mort la surprit.....

Ainsi s'exprime Baïf, laissant à entendre que le chef de cette conjuration, qu'Agnès allait découvrir au roi, n'était autre que le Dauphin lui-même.

La dame de beauté avait choisi pour exécuteurs testamentaires Robert Poitevin, *physicien* (médecin), maître Étienne Chevalier, trésorier du roi, et Jacques Cœur. Elle laissait des biens considérables qui furent répartis entre les trois filles qu'elle avait du roi, savoir :

CHARLOTTE, qui épousa Jacques de Brézé, comte de Maulévrier; MARGUERITE, mariée à Prégent de Coëtivi, et JEANNE, qui devint la femme de Antoine de Beuil, comte de Sancerre.

La mort de la dame de beauté plongea Charles VII dans un morne abattement :

— J'ai perdu ma meilleure amie, disait-il à tous ceux qui l'approchaient.

Puis, jour et nuit, il se répétait comme à lui-même, les larmes aux yeux :

— Las! Las! quel malheur! mourir si jeune!

Il n'y eut qu'un cri à la cour de France :

— Agnès Sorel est morte empoisonnée!

Mais quel était l'auteur de ce crime?

Tour à tour on accusa Antoinette de Maignelais, Jacques Cœur, et enfin le Dauphin de France.

Les deux premières suppositions sont parfaitement ridicules, quant à la troisième, qui paraît avoir plus de probabilité, elle ne s'appuie sur aucune preuve.

Le Dauphin, après la mort d'Agnès, fit tout son possible pour effacer toute trace de la haine passée, et plusieurs historiens, pour prouver le peu d'inimitié qui avait dû régner entre la dame de beauté et le Dauphin, racontent le fait suivant :

Bien des années après la mort d'Agnès, le Dauphin, devenu roi, était allé prier dans l'église de Loches où la dame de beauté avait été enterrée.

Les chanoines, croyant faire leur cour au monarque, lui demandèrent l'autorisation de faire enlever de leur église la tombe de cette femme dont la vie avait été si scandaleuse.

— Je croyais, leur répondit Louis XI, que cette femme avait été votre bienfaitrice : m'a-t-on trompé, ne vous a-t-elle donc rien donné ?

— Pardonnez-nous, Sire, elle nous a fait quelques présents.

— Mais quoi encore ?

— Des tapisseries assez belles, des joyaux, des ornements, une image d'argent de la Madeleine.

— Sa générosité s'est-elle donc bornée là ?

— Elle a encore donné au chapitre deux mille écus d'or et quelques terres.

— Vous oubliez, je crois, les terres de Fromenteau et de Bigorre : ne vous les a-t-elle donc pas octroyées par testament ?

— Pardonnez-nous, Sire.

— Et c'est ainsi, reprit le roi avec toutes les marques de la plus vive indignation, que vous gardez la mémoire de celle qui fut votre bienfaitrice ! Non-seulement je vous défends de troubler ses cendres, mais je veux que son tombeau soit plus respecté qu'il ne l'est.

Puis, comme l'un des chanoines essayait de se disculper :

— Souvenez-vous, dit encore Louis XI, de ne jamais mériter que je vous fasse rendre tout ce que vous a donné dame Agnès Sorel.

Cette anecdote, il est vrai, ne prouve absolument rien. Car si les uns y voient une marque d'amitié et de bon souvenir pour une femme qui en était si digne, d'autres, au contraire, y découvrent un trait d'habile politique d'un prince qui donna tant d'exemples de sa profonde dissimulation.

Antoinette de Maignelais détestait sa cousine ; elle en était jalouse, mais non pas au point de l'empoisonner; les moyens d'ailleurs lui eussent manqué. Ambitieuse et coquette, Antoinette avait tenté de supplanter Agnès Sorel dans le cœur de Charles VII; elle n'y put réussir, mais elle eut la joie de recueillir la succession de la dame de beauté; elle fut la maîtresse du roi, mais ne fut jamais son amie.

Quant à Jacques Cœur, il ne put lui venir à l'idée d'attenter aux jours d'Agnès ; en elle, au contraire, il perdit sa plus fidèle protectrice.

Les mauvais jours, hélas ! ne tardèrent pas à venir pour l'argentier de Charles VII. Le roi croyait pouvoir se passer de lui, ses ennemis levèrent la tête.

La fortune de Jacques Cœur était alors à son apogée, ses richesses étaient si grandes que les plus crédules assuraient que Raymond Lulle, mort cependant depuis plus de cent quarante ans, lui avait communiqué le secret de faire de l'or.

Les courtisans détestaient Jacques Cœur, dont le faste royal les écrasait; ils lui enviaient ses terres, ses châteaux, ses palais. Presque tous étaient ses débiteurs pour des sommes considérables : ils se dirent qu'avec le créancier disparaîtrait la dette. La perte du malheureux fut donc résolue; la dame de beauté n'était plus là pour le défendre, la reconnaissance pesait à Charles VII. L'argentier succomba.

On l'accusa d'abord d'avoir empoisonné Agnès, et Anne de Vendôme, femme de François de Montberon se chargea du rôle d'accusatrice.

Jacques Cœur fut donc arrêté; mais il se disculpa si complétement, il prouva si bien que cette femme, qui l'avait choisi pour exécuter ses volontés dernières, était son amie, qu'il fut remis en liberté et que la dame de Vendôme fut condamnée à lui faire amende honorable.

Ses ennemis ne se tinrent pas pour battus, ils l'accusèrent de concussion.

Une fois encore, l'argentier du roi fut arrêté et conduit à Poitiers. Son procès s'instruisit rapidement, on ne voulut même pas lui permettre de se défendre ; à tout prix il fallait le trouver coupable.

Ses juges ne purent le convaincre d'aucun des crimes dont on l'accusait, et cependant, aux mépris de toutes les lois divines et humaines, il fut condamné. L'arrêt portait que Jacques Cœur « durement atteint des crimes à lui imputés avait encouru la *peine de mort* que le roi lui remettait *en considération de certains services rendus* et à la recommandation du Pape.

Il va sans dire que tous les biens de l'argentier de Charles VII furent confisqués et partagés entre ses ennemis.

Moins ingrats que le roi, les commis de cet homme véritablement malheureux, se cotisèrent pour lui venir en aide et lui offrirent 60,000 écus d'or.

Jacques Cœur, profondément touché de ce témoignage d'estime et de reconnaissance, ne crut pas devoir refuser. Avec la

même intèlligence et le même bonheur il recommença l'édifice de sa fortune, et, en peu d'années, le commerce lui rendit
tout ce qu'il avait perdu.

— Je jure, disait-il à ses derniers moments, que je n'ai jamais trahi le roi! je jure que je suis innocent de la mort
d'Agnès Sorel.

Jacques Cœur, aimé et estimé de tous ceux qui l'avaient
approché, mourut à l'île de Chio, où l'on voit encore son tombeau.

Plus tard, ses enfants firent casser comme *nul, manifeste-
ment et expressément injuste*, le jugement qui l'avait condamné, mais déjà depuis longtemps l'opinion publique avait
réhabilité cet homme de bien.

Après la mort d'Agnès Sorel, Charles VII resta toujours
triste et sombre. Antoinette de Maignelais ne fut jamais pour
lui qu'une maîtresse vulgaire. Les dernières années du règne
de l'amant de la dame de beauté furent d'ailleurs troublées
par les perpétuelles rébellions du dauphin Louis.

Le roi en était arrivé à redouter tellement son fils, que,
craignant d'être empoisonné par lui, il se laissa mourir de
faim (22 juillet 1461).

Au nom de la dame de beauté sont restées attachées bien
des légendes poétiques, récits naïfs que l'on conte en Touraine, ce riant pays de ses amours.

Il ne reste plus rien, dans l'église de Loches, du tombeau
d'Agnès Sorel; sur un socle de marbre noir était sa statue
couchée, deux anges, deux amours plutôt, soutenaient l'oreil-
ler sur lequel reposait sa tête.

Il n'y a plus aujourd'hui à Loches qu'un froid monument,
dans l'une des tours du château; une barbare inscription y
« relate le nom de tous ceux qui contribuèrent à la translation

de ce mausolée, restauré avec les fonds votés par le conseil général. »

Il était cependant si facile d'y écrire la charmante strophe de François Ier, ou seulement les deux derniers vers du poème de Baïf :

> Agnès de belle Agnès portera le surnom
> Tant que de la beauté beauté sera le nom.

III.

LES AMOURS DE FRANÇOIS Iᵉʳ.

LE ROI CHEVALIER.

Dans la nuit du 1ᵉʳ janvier 1515, à l'heure même où commençait l'année, le bon roi Louis XII rendait le dernier soupir, à l'hôtel des Tournelles, non loin de la porte Saint-Antoine.

Louis XII, toute sa vie, s'était montré digne de ce glorieux surnom de *père du peuple* qui lui avait été décerné. Bien supérieur à tous les souverains de son temps, il fut bon sans faiblesse, et juste sans rigueur. La prospérité publique fut son unique mobile et avant tout il s'inquiéta du bonheur de ses peuples.

— Un bon berger ne saurait trop engraisser son troupeau, disait-il souvent.

Il disait encore :

— J'aime mieux voir rire mes courtisans de mes épargnes que de voir pleurer mon peuple de mes dépenses.

Le plus cruel souci des dernières années du vieux monarque avait été de laisser aux mains de François d'Angoulême, prince ami du faste et de l'éclat, ce peuple qui lui était si cher et au milieu duquel il aimait à se promener familièrement, monté sur une petite mule.

La France tout entière, que ne désolaient plus les guerres, que ne ruinaient plus les impôts excessifs, bénissait alors le nom du roi. La capitale était enfin calme et paisible, et l'on avait pu, pour le blason de la « bonne ville, » faire l'acrostiche suivant :

> **P** aisible domaine,
> **A** moureux vergier,
> **R** epos sans dangier,
> **I** ustice certaine,
> **S** cience haultaine.

> C'est Paris entier.

— Las ! répétait souvent Louis XII à ses conseillers, en hochant tristement la tête et en montrant le duc d'Angoulême, vainement nous besognons pour le bien du pays, voilà un gros gas qui gâtera tout cela.

Les tristes prévisions du *père du peuple* ne tardèrent pas à se réaliser.

Donc, avec la nouvelle année 1515, commença un nouveau règne. Au matin du premier janvier, les courtisans; en guise de souhaits de bonne année, vinrent saluer François d'Angoulême du nom de roi de France.

François Iᵉʳ succédait à Louis XII.

L'histoire a toujours traité François Ier en véritable enfant gâté. Mort, on a continué à le louer comme on l'avait loué vivant, et il a conservé, malgré tout, les titres de *roi-chevalier* et de *restaurateur des lettres et des arts*.

La vérité est que François ne fut remarquable que par son goût déréglé pour le faste, pour les fêtes, pour les cérémonies. Il se croyait magnifique et n'était que follement dissipateur. Il fit tout pour son orgueil et ses plaisirs, et rien pour la France, jetant au vent de toutes ses fantaisies des sommes considérables, au moment même ou ses généraux se faisaient battre, faute d'argent pour payer les soldats.

Il n'eut même pas l'habileté vulgaire de faire tourner tout son faste au profit de ses projets. A-t-il, par exemple, une entrevue avec Henri VIII, roi d'Angleterre, il lui faudra épuiser le trésor royal pour subvenir aux magnificences du *champ du drap d'or*, et il se retirera sans avoir fait autre chose qu'essayer sa force musculaire avec le robuste monarque Anglais.

A suivre l'exemple du roi, la noblesse se ruinait : « Plusieurs portaient alors sur leur dos leurs moulins, leurs forêts et leurs prés. » Mais on comptait sur la générosité du maître.

Les impôts, on doit le comprendre, avaient été considérablement augmentés, et si, comme le dit l'auteur des *Mémoires du chevalier Bayard*, « oncques n'avait esté veu roi de France de qui la noblesse s'esjouit tant, » les provinces accablées murmuraient hautement. La raillerie et la chanson, alors comme toujours depuis, étaient les seules armes des opprimés; ils s'en servaient.

Pour combler le déficit creusé par les dépenses du mariage de Jeanne d'Albret, nièce du roi, avec le duc de Clèves, il fallut établir la gabelle sur le sel dans plusieurs provinces du midi ; le peuple appelait ces noces somptueuses des *noces trop salées.*

Faible, indécis, changeant, trop présomptueux pour se l'avouer à lui-même, François Ier ne fut qu'un jouet aux mains de ceux qui l'entouraient. Pantin magnifique, dont tour à tour tenaient les fils : ses ministres, dont deux au moins furent des misérables ; sa mère, ambitieuse passionnée ; enfin toutes ses maîtresses, dirigées elles-mêmes par leur famille ou leurs amants, car il fut trahi, en amour comme en politique, sans jamais s'en apercevoir.

Amoureux de combats, de belles troupes, de gens de guerre, de grands coups de lance ou d'épée, il n'eut jamais que le courage brillant, mais alors si commun, d'un chevalier mourant les armes à la main ; il pouvait passer à deux cents pas de l'ennemi, « vingt heures, armet en tête et le cul sur la selle, » comme il l'écrivait à sa mère, mais il était incapable de diriger une bataille. Il réussit presque toujours à se faire battre et finit par tomber aux mains de l'ennemi.

Il eut recours, pour quitter la prison où le retenait Charles-Quint, à des promesses bien jésuitiques pour un roi-chevalier. Il faisait grande parade de sa foi de gentilhomme, et ne garda pas toujours scrupuleusement sa parole, sauf peut-être dans les circonstances où il eût été « politique » de la violer.

Le plus beau titre de François Ier à l'admiration et à la reconnaissance est donc celui de *Restaurateur des lettres et des arts.* Malheureusement il se trouve qu'il a plutôt entravé qu'aidé le mouvement des lumières. Il protégea, il est vrai, quelques artistes étrangers et quelques poëtes, ses adulateurs ; mais, tandis que, tour à tour, et au gré de la maîtresse régnante,

Sébastien Serlio, Le Rosso, Benvenuto Cellini et bien d'autres, trouvaient à la cour une magnifique hospitalité qu'ils payaient en chefs-d'œuvre, on essayait de supprimer l'imprimerie, sans doute dans le but de restaurer les lettres manuscrites, et on établissait la censure.

Le successeur de Louis XII prétendit être tout à la fois religieux et tolérant; il ne fut ni l'un ni l'autre. Ses convictions cependant ne devaient pas le gêner. Il avait accepté les principes de la religion réformée, et pourtant il obéissait à tous les ordres de la Cour de Rome.

Il donna l'exemple de l'horrible persécution contre les luthériens, qui, pendant trente-sept années consécutives, fit périr tant de braves gens, de sujets dévoués; il alluma les premiers bûchers qui devaient dévorer tant de victimes. Enfin il persécuta ou laissa persécuter par le Parlement ou la Sorbonne des savants que lui-même avait attirés à Paris, et laissa condamner et exécuter plusieurs professeurs, Étienne Dolet entre autres, que l'on disait, fort à tort probablement, être son propre fils.

En un mot, le restaurateur des lettres et des arts passa sa vie à éteindre d'une main, les lumières qu'il allumait de l'autre.

L'avénement de François Ier fut le signal d'un changement complet dans les mœurs de la Cour de France. Le sombre caractère de Louis XI, la simplicité bourgeoise de Louis XII ne se prêtaient guère à la représentation : « Lors on ne voyait aux résidences royales que ceux qui y avaient affaire, commandants de troupes, magistrats ou hommes d'État. Il n'était point aisé alors, d'approcher la personne royale, » le souverain passait sa vie dans une retraite pleine de majesté, « et la noblesse même était arrière. »

Le successeur de Louis XII, brillant, léger, fastueux, dissolu, entreprit de façonner son entourage à son caractère. Il réussit facilement.

Il avait le cœur héroïque, dans l'acception niaise du mot, et l'esprit fort rempli de toutes les ridicules fadaises des romans de chevalerie ; tous ceux qui l'approchaient n'aspirèrent plus qu'à atteindre les rares et sublimes perfections d'Amadis. On ne rêvait alors que fêtes et tournois, joutes et passes d'armes.

Le roi voulait avant tout une cour nombreuse : à sa voix accoururent de toutes les provinces les représentants des grandes familles: les demeures féodales ne furent plus habitées que par les hiboux et quelques vieux mécontents, représentants grondeurs d'un passé oublié.

A côté de la noblesse, se pressait la troupe des aventuriers. Point n'était besoin, alors, de faire ses preuves pour être admis à l'honneur des fêtes royales. Une belle prestance, un riche ajustement, une longue rapière, suffisaient. On avait deux cents écus par an et le titre de gentilhomme du roi.

Mais une cour sans femmes, c'est une année sans printemps, un printemps sans roses. Il fallait une dame et souveraine de la pensée à chacun de ces émules d'Amadis, une maîtresse dont il pût porter les couleurs. Que serait un tournoi pour les chevaliers qui se préparent à « bien faire dans la lice, » sans beaux yeux pour les encourager, sans petites mains pour les applaudir ?

François Iᵉʳ voulut avoir autour de lui les filles des plus nobles maisons de France : les pères durent amener leurs filles, les maris leurs femmes, les frères leurs sœurs. De sorte que jamais on n'avait vu troupe si brillante et si bien ajustée de dames de familles nobles et de damoiselles de réputation.

Il y a loin de ces « assemblées honnêtes », aux sujettes du roi des Ribauds, qu'avant cette époque traînaient à leur suite les rois de France.

Brantôme, pour sa part, félicite fort François Iᵉʳ d'avoir « institué sa belle cour, fréquentée de si belles et honnêtes « princesses, grandes dames et damoiselles ; » « désormais on « pouvait s'approprier d'un amour point sallaud, mais gentil, « net et pur. »

Faire l'amour, en effet, était la grande occupation de toute cette noblesse qui alors entourait le roi et suivait son exemple. Les dames favorisaient, il est vrai, leur amants et serviteurs, mais les pères et les maris n'étaient pas si mal avisés que de s'en fâcher, ils cherchaient à se venger ailleurs, voilà tout.

Le langage était alors à la hauteur des mœurs, tandis que toute débauche était excusée sous le nom de galanterie, on parlait comme ont écrit les vieux chroniqueurs, comme Rabelais dans *Pantagruel* et dans *Gargantua*, comme Brantôme dans *les Dames galantes,* comme Marguerite de Navarre dans ses Contes. On appelait alors chaque chose par son nom Comme le latin, le vieux français bravait la pudeur en ce *bon vieux temps* de libres mœurs et de libre parler.

La cour de François Iᵉʳ était alors la plus brillante de l'Europe, la noblesse se ruinait pour suivre l'exemple du roi qui ruinait la France. Un luxe inconnu jusqu'alors éclatait de toutes parts. Hommes et femmes semblaient lutter pour la richesse ridicule de leurs accoutrements, le velours, les fourrures, les draps d'or, étaient alors à la mode, et Brantôme nous apprend que les dames savaient fort bien se procurer les toilettes que leurs maris ou leurs familles ne pouvaient leur donner.

C'etait chaque jour une fête nouvelle, les prétextes ne manquaient pas. Tournois, bals masqués, feux d'artifices, comédies, chasses, promenades aux flambeaux, « les jours, dit un vieil auteur luthérien, ne suffisaient pas aux folies et aux divertissements, il fallait prendre sur les nuits. » Écoutons Ronsard, qui décrit, de souvenir, les splendeurs et les plaisirs des résidences royales :

> Quand verrons-nous quelque tournoi nouveau;
> Quand verróns-nous, par tout Fontainebleau
> De chambre en chambre aller les mascarades?
> Quand ouïrons-nous, au matin, les aubades
> De divers luths mariés à la voix?
> Et les cornets, les fifres, les hautbois,
> Les tambourins, violons, épinettes
> Sonner ensemble avecque les trompettes?
> Quand verrons-nous, comme balles, voler
> Par artifice, un grand feu dedans l'air?
> Quand verrons-nous, sur le haut d'une scène
> Quelque farceur, ayant la joue pleine
> Ou de farine, ou d'encre, qui dira
> Quelque bon mot qui nous réjouira?.....

Souverain magnifique de cette cour brillante et licencieuse, François 1er allait adressant de l'une à l'autre ses hommages passagers. On en était arrivé à ne plus compter ses caprices; n'importe, il ne rencontrait guère plus de cruelles que de maris jaloux. N'était-il pas le roi !

Nous ne savons au juste quelle était la physionomie de François 1er avant l'accident qui l'obligea, pour cacher une

cicatrice, à couper ses cheveux et à laisser croître sa barbe;
mais le Titien nous a laissé un portrait du roi-chevalier que
l'on admire encore dans une des galeries du Louvre.

Le peintre a su donner à cette figure un noble et grand caractère, malgré sa frappante ressemblance avec certain per-
sonnage burlesque de la Comédie Italienne, ressemblance
qui tient à la ligne du nez, trop avancée sur une lèvre mince,
et à la proéminence du menton un peu bombé et terminé
par une barbe pointue. On retrouve bien là d'ailleurs le rival
de Charles-Quint, le front un peu ramassé, mais noble cependant, l'œil ouvert et spirituel, la bouche fine, sensuelle, pleine
d'appétits et de désirs.

François Iᵉʳ était d'une stature au-dessus de la moyenne,
sa jambe nerveuse était mince et un peu maigre, sa taille
bien prise; peut-être péchait-il par les épaules, un peu bom-
bées, mais il avait adopté un costume qui dissimulait ce léger
défaut.

Tel était François Iᵉʳ à l'époque la plus florissante de son
règne. Le château d'Amboise, le palais des Tournelles étaient
devenus trop petits pour toute cette noblesse amoureuse de
mascarades et des champs clos qui vivait à l'ombre du trône.
Le roi songea alors à construire de nouvelles résidences, dignes
des nouvelles splendeurs de la cour.

Dans tous ces bâtiments, dont le roi avait pris le goût en
Italie, on retrouve comme un reflet de cette époque qui sacrifia tout au dehors. Mais Chenonceaux, Chambord, disent toute la vie du roi-chevalier : sa prodigalité, ses faiblesses, son goût pour les arts, ses fêtes, ses soucis, ses
peines d'amour.

A Chambord furent englouties bien des années du revenu de
la France, mais aussi quelle merveille!

Avez-vous quelquefois gravi ses vingt-quatre escaliers ? Vous êtes-vous promené dans ses quatre cent quarante pièces ? Avez-vous compté ses fenêtres aussi nombreuses que les jours de l'année ?

Le Primatice en a donné les dessins, dix-huit cents ouvriers ont mis douze ans à élever les pavillons, les terrasses, les galeries, à creuser les bassins, à détourner le lit des ruisseaux.

Jean Goujon et Germain Pilon avaient été chargés des sculptures ; Léonard de Vinci et Jean Cousin avaient peint les belles fresques, aujourd'hui dégradées.

Lorsque parfois quelque audacieux faisait remarquer au roi les énormes dépenses de ce merveilleux château :

— Ce ne sera jamais trop pour mes amours! répondait le roi.

C'est à Chambord, surtout, que revivent les amours de l'amant de madame d'Étampes et de la comtesse de Chateaubriant. Le temps n'a point effacé les amoureuses devises et les galants emblèmes.

Au milieu des délicates sculptures qui courent le long des corniches, ou qui pendent comme de fines dentelles du haut des piliers, on aperçoit encore bien des initiales enlacées, non loin de cette salamandre entourée de flammes, symbole choisi par le roi, avec cette devise si explicite : *nutrisco et extinguo.*

Que d'amoureux soupirs sous les charmilles des jardins, sous les ombrages frais du parc, que de tendres causeries près des fenêtres charmantes des grandes salles habillées de riches tapisseries de Flandre, que de chansons joyeuses sous ces lambris étincelants d'or !

Soupirs dans le nuage, hélas! chanteurs au tombeau!

Chambord est resté debout, muet témoin, et la légende n'est

plus qu'un vague murmure. Que de pieds légers cependant
ont gravi l'escalier secret de la chambre du roi ! qui donc a
compté les ombres qui passaient rapides le long des corridors?.

Il a trahi, le roi-chevalier, tant de serments d'amour !

Et c'est lui cependant, en un jour de mélancolie, alors qu'il
pensait au beau Brissac, peut-être, qui traçait son distique fameux :

> Souvent femme varie;
> Bien fol est qui s'y fie.

IV

MADAME DE CHATEAUBRIANT.

Marié jeune encore, et lorsqu'il n'était que duc d'Angoulême, à la fille d'Anne de Bretagne, la faible et douce Claude, François 1er ne tarda pas à devenir un époux infidèle. Il n'attendit même pas pour délaisser sa femme, la fin de la lune de miel.

Peu scrupuleux dans le choix de ses « amies, » il aimait, à la fois, en haut et en bas lieu, ne rougissant pas « de partager avec les domestiques de sa maison les faveurs de quelque dame. »

— Notre maître, disait un gentilhomme de François 1er, a eu quelques bonnes fortunes et beaucoup de mauvaises.

C'est tout à fait l'opinion de Brantôme, mais le vieux seigneur de Bourdeilles s'exprime d'une façon bien autrement énergique.

Lorsque Charles VII, profitant des rares heures de répit que lui laissait l'Anglais, courait aux genoux d'Agnès Sorel, il y avait quelque chose de désintéressé et de chevaleresque dans cette folle tendresse d'un roi, malheureux et sans couronne, pour une belle fille de Touraine.

Agnès disait à son royal amant :

— Assez de temps avez perdu à faire l'amour, mon cher Sire, tirez l'épée derechef, chassez l'Anglais et reprenez votre royaume.

Et, docile aux conseils de la dame de beauté, Charles VII quittait à regret le manoir de sa mie et se mettait à la tête de ses troupes.

Rien de pareil dans les nombreuses passions de François 1er.

— Il était si fort chevalier, dit un vieux critique, qu'il lui fallait à la fois plusieurs dames dont il entremêlait les couleurs.

On perdrait son temps, en effet, à compter les liaisons passagères du roi-chevalier, et la liste de ses maîtresses était déjà bien longue lorsqu'il monta sur le trône.

La troisième épouse du bon roi Louis XII, la belle et frivole Marie d'Angleterre, sœur du roi Henri VIII, fut la dernière passion du duc d'Angoulême.

Mais cette fois, et ce fut peut-être la seule, l'ambition et l'intérêt arrêtèrent un prince qui sacrifia toujours tout à son plaisir.

Louis XII, déjà vieux et épuisé, s'en allait mourant, et comme il n'avait pas d'enfants, sa jeune veuve allait être contrainte, à sa mort, de quitter le trône, et la France peut-être, ce plaisant pays, pour aller tristement finir ses jours de l'autre côté de la Manche, au pays de la brume.

« Mais, si par adventure, de son mari ou de quelqu'autre « plus jeune, un fils lui survenait, ce fils, au détriment du « duc François, hériterait de la couronne ; elle serait régente

« alors, et jouirait de tous les priviléges de ce beau titre pen-
« dant de longues années de minorité. »

La belle Anglaise avait peut-être calculé toutes ces éven-
tualités, lorsque, pour la première fois, il lui fut impossible
de ne pas s'apercevoir de l'amour du jeune et séduisant duc
d'Angoulême.

Elle se montra fort sensible, « plus qu'il ne convenait, »
aux empressements de l'héritier du trône. Ils étaient jeunes
tous les deux, aimables, amoureux, le dénoûment de cette
intrigue ne devait pas se faire attendre, lorsque tous les intérêts compromis vinrent se jeter à la traverse.

Un gentilhomme périgourdin, le sieur de Grignaux, décou-
vrit, le premier, le gentil roman de la reine. Il prévint en toute
hâte la mère de François, qui le chargea de désenchanter le
jeune prince, en lui faisant apercevoir un calcul habile là où
il ne croyait voir que de l'amour. Madame d'Angoulême se
réservait de brusquer une rupture si les avertissements d'un
ami ne suffisaient pas.

— Pasque-Dieu! Monseigneur, dit à François le prudent
de Grignaux, voulez-vous toujours être simple duc d'Angoulême et jamais roi de France!

Et comme l'amoureux François feignait de ne pas comprendre :

— Jour de Dieu! continua l'excellent donneur d'avis,
gardez-vous, monseigneur, des caresses de la reine; vous jouez
là à vous donner un maître, un accident est tôt arrivé: êtes-
vous si pressé de vous faire un roi?

Le jeune prince ne fit que rire des avertissements de Grignaux.

— J'aime autant, répondit-il, voir régner mes enfants que
de régner moi-même.

Et il continua d'entourer de ses galantes prévenances la reine Marie, qui l'accueillait et lui faisait fête d'une façon vraiment inquiétante pour l'honneur du vieux roi, et si ouvertement que chacun à la cour s'en apercevait.

C'est alors qu'intervinrent Louise de Savoie et Claude de France, la mère et la femme du jeune prince.

Leurs exhortations réveillèrent l'ambition dans le cœur de l'héritier de la couronne; ses yeux se dessillèrent, l'illusion s'envola.

Il avait été l'amant de Marie, il devint presque son espion, tant il craignait de voir un autre que lui se charger du soin de donner un fils à Louis XII.

La reine était devenue l'objet d'une surveillance incommode pour ses goûts, lorsque la mort du roi la délivra de tous ces argus intéressés; elle épousa le duc de Suffolk, son ancien amant, qui l'avait suivie en France, et retourna avec lui en Angleterre.

Devenu roi, peut-être pour avoir une fois en sa vie su commander à ses désirs, François ne changea point ses habitudes galantes.

La cour était toujours accompagnée d'une troupe nombreuse de dames : c'étaient d'abord les maîtresses avouées du roi, elles avaient le pas sur toutes les autres ; puis les princesses; les femmes des grands dignitaires, des favoris et des principaux officiers venaient ensuite.

Il y avait encore, au dire de Brantôme, *la petite bande*, troupe galante, choisie par le roi parmi les plus belles, les plus jeunes, les plus coquettes. Au dessus de toutes les autres, les dames de cette aimable confrérie étaient les favorites de François 1er, souvent avec elles il quittait la cour et se retirait, pour des semaines entières, quelquefois plus, suivant son humeur, dans quelqu'une des résidences royales. « Là, on courait le cerf, on dansait, on festoyait du matin au soir et du soir au matin. »

« Libre, jeune, tout-puissant, le roi aimait fort et trop ; il allait, sans différence, embrassant qui l'une, qui l'autre, si bien que celle de la veille n'était jamais celle du lendemain. »

Le nombre même des maîtresses du roi leur ôtait toute influence durable, et les choses continuèrent ainsi jusqu'au jour où, pour la première fois, il aperçut la belle Françoise de Foix, comtesse de Chateaubriant.

Belle, spirituelle, aimable, la comtesse jouit bien vite à la cour d'une grande influence et, pendant plusieurs années, elle régna, souveraine maîtresse, sur l'esprit, sinon sur les sens de son royal amant.

Françoise de Foix, comtesse de Chateaubriant, était issue de grande et noble race ; sa famille, alliée aux maisons royales de France et de Navarre, était, depuis plusieurs siècles, célèbre dans les fastes de la chevalerie.

Son père était ce Gaston de Foix, qui dut à la beauté de son visage et à ses longs cheveux blonds et bouclés le surnom de Phébus. C'était un « grand chasseur et beau sayant, » lorsqu'il rentrait le soir après avoir passé la journée à battre les grands bois, il rédigeait les préceptes du grand art de la chasse, et il a laissé un livre précieux à bien des titres : *le miroir de Phébus, avec l'art de faulconnerie et cure des bestes à ce propices.*

La mère de Françoise-Jeanne d'Aydie, était la fille aînée et l'héritière d'Odet d'Aydie, comte de Comminges.

En l'an 1495, c'est-à-dire vingt ans avant l'avénement de François Ier au trône, il y avait grand émoi au castel héréditaire de la maison de Foix : la dame châtelaine touchait au terme de sa grossesse, et d'heure en heure on attendait sa délivrance.

Phébus de Foix, qui, en sa qualité de savant homme, croyait, avec tout son siècle, à l'influence des astres, avait mandé en son logis un astrologue fort en réputation dans le midi de la France.

— Or ça, maître, lui avait-il dit, vous devez savoir ce que j'attends de vous?

L'astrologue s'inclina.

— Ma dame et épouse va présentement me donner un enfant, et je souhaiterais savoir quelles destinées l'attendent, fille ou garçon. Mettez-vous en besogne et satisfaites ma curiosité.

— Ainsi je ferai, monseigneur, et la chose me sera facile.

— Ça donc, maître, usez de mon logis et de mes domestiques comme de vôtres, pour toutes choses nécessaires à votre art, chacun ayant reçu l'ordre de vous obéir comme à moi-même, et comptez surtout sur bonne récompense.

Le sire de Foix, sur ces mots, congédia le « savant homme » et se rendit à l'appartement qu'occupait la châtelaine.

L'astrologue, lui, s'installa dans une des tourelles du château et passa la nuit à interroger le ciel, tandis que la dame de Foix mettait au monde une petite fille.

Le matin, à l'aube du jour, l'accouchée avait oublié ses souffrances, et reposait paisiblement dans le vaste lit à colonnes, entouré d'épaisses draperies, qui occupait presqu'entièrement un des côtés de la salle. La petite fille, « accorte, mignonnette, » dormait dans un riche berceau.

Monseigneur Phébus auquel le plaisir d'être père faisait oublier les émotions de la nuit, « il aimait tendrement sa femme, » chargea un page d'aller quérir l'astrologue.

Au bout d'un instant le page revint seul.

— Je n'ai point trouvé l'homme, monseigneur, dit-il, ni même aucune trace de son passage dans le réduit de la tourelle ; mais sur un escabeau, placé en évidence au milieu de la salle, j'ai aperçu le parchemin que voici.

C'était une grande feuille bizarrement découpée, presqu'entièrement couverte de dessins étranges et de figures cabalistiques. Un clou avait sans doute servi à la fixer à l'escabeau, car on voyait au milieu une petite déchirure.

Messire de Foix prit avec empressement le parchemin que lui tendait le page, et non sans difficulté il parvint à déchiffrer cette obscure prédiction, rimée comme c'était l'usage alors :

> Par beauté, et quoi qu'advienne (1)
> A l'encontre, tôt sera reine.

Un sourire de satisfaction éclaira la physionomie du bon seigneur.

— Je ne serais point surpris de cela, murmura-t-il, notre maison étant maison souveraine.

Il reprit sa lecture ·

> Aura la reine, de son fait,
> Déplaisance dure et méfait.

Messire Phébus s'interrompit un instant, cherchant sans

(1) Mss. de la Biblioth.

doute le sens de cette phrase obscure, mais ne le trouvant pas, il continua :

> Du fait du roi aura grand heur
> Las ! puis grand malheur
>
> . . . .
>
> . . . .

Là s'arrêtait la prédiction. Monseigneur de Foix eut beau tourner et retourner le parchemin, examiner avec attention chaque signe, il n'y avait rien de plus. Effrayé sans doute de ce qu'il avait lu dans les astres, l'astrologue avait jugé prudent d'en rester là. Une interruption semblable équivalait à l'annonce d'un grand malheur.

Telle fut du moins la pensée du vieux chevalier.

Il appela aussitôt et donna l'ordre de chercher partout l'astrologue et de l'amener en sa présence.

Écuyers, varlets et pages, se mirent sur l'heure en besogne. Mais vainement on fouilla tous les coins du château, vainement on battit la campagne aux environs, l'astrologue resta introuvable. Il s'était enfui sans laisser aucune trace, aucun indice, personne ne l'avait vu.

Si bien que quelques « bons écuyers » n'étaient pas fort éloignés de croire que leur maître avait eu affaire à messire Satanas en personne.

Cette singulière disparition ne laissa pas que d'inquiéter monseigneur Phébus, et, lors des fêtes qui suivirent le baptème de sa fille, il raconta cette histoire et montra l'obscur horoscope à un vieux chevalier, son compagnon.

Mais ce dernier, chose bien plus extraordinaire que la fuite de l'astrologue, était fort peu crédule de sa nature.

— Ce sont là dit-il, insignes menteries et si vous m'en croyez, vous jetterez ce grimoire au feu et n'y penserez plus.

Monseigneur Phébus n'écouta pas ce conseil. Il enveloppa, au contraire, le parchemin et soigneusement le déposa dans le coffre où il serrait d'ordinaire ses objets précieux.

La petite Françoise, tel est le nom qu'avaient donné à leur fille le seigneur et la dame de Foix, grandit rapidement à l'ombre du manoir paternel. Elle courait, tant que durait le jour, dans les grands bois des environs, s'exerçant à monter à cheval, à suivre les grandes chasses, et à lancer l'oiseau.

Telles étaient alors, avec la lecture des vieux romans de chevalerie, les uniques distractions des châtelaines du moyen âge. Seules en leur castel, entourées seulement de quelques suivantes, d'un petit nombre d'écuyers et de pages, elles restaient quelquefois des années entières sans nouvelles de leurs époux, occupés à guerroyer dans quelque province éloignée.

Françoise avait près d'elle de hardis chasseurs pour courre le cerf. Son père d'abord, ce Nemrod aux huit cents chiens de chasse, ses trois frères ensuite : Odet, vicomte de Lautrec ; de Lesparre, qu'on appelait aussi d'Asparrot, et Lescun. Vaillants soldats tous les trois, ils avaient fait leurs preuves dans les guerres italiennes de Louis XII et allaient devenir les généraux de François Ier.

C'était un noble et grand séjour, que le château de monseigneur de Foix !

La cour n'avait pas encore attiré dans son rayonnement les représentants des plus illustres familles de France. Les grands seigneurs n'avaient pas pris l'habitude d'aller dépenser leurs revenus, plus que leurs revenus souvent, auprès du souverain, afin de concourir, par leur luxe, à l'éclat de la couronne.

Les rois n'appelaient à eux la noblesse qu'à l'heure du danger ; lorsqu'il fallait ceindre le casque et tirer l'épée, elle accourait alors. Mais en temps de paix, les gentilshommes vivaient chez eux, au milieu de leurs vassaux, comme autant de petits souverains, et parfois, disons-le, de petits tyrans.

Chaque province possédait alors quelque seigneur qui, plus riche et plus puissant que les autres, attirait à lui toute la noblesse des environs et se formait ainsi une cour qui rivalisait avec celle du souverain. Il en était ainsi de monseigneur Phébus. Chaque jour arrivait à son logis quelqu'hôte nouveau, sûr d'y trouver une hospitalité royale.

Une foule de nobles hommes, de vaillants chevaliers, de hautes et puissantes dames, se pressait dans les cours du château lorsque venait l'heure de la chasse ou de quelque joyeuse chevauchée.

Les festins succédaient aux chasses, les danses aux festins. Puis venaient les joutes à armes courtoises, dans une clairière voisine, ombragée d'arbres séculaires et entourée d'estrades pour les dames. C'était la distraction suprême de l'époque, héroïque et dangereux passe-temps « d'où d'aucuns et des meilleurs revenaient souvent moulus et saignants de quelque bonne blessure. »

La gentille Françoise était la gloire et l'ornement de toutes ces fêtes; elle allait avoir quatorze ans et était, au dire de tous, un véritable miracle de beauté.

Souvent, lorsqu'il la voyait passer, si accomplie, si gracieuse sous son costume « merveilleusement riche, » le bon Phébus ne pouvait s'empêcher de murmurer les premiers vers de l'horoscope :

> Par beauté, et quoiqu'il advienne
> A l'encontre, tôt sera reine.

Reine elle était en effet, par sa beauté, par son esprit, par sa naissance; et si nul souverain encore ne lui avait adressé ses hommages, les plus vaillants et les plus nobles se disputaient ses regards et ses sourires, et sollicitaient sa main.

Jean de Laval, seigneur de Chateaubriant, en Bretagne, fut l'époux qu'au milieu de tous Phébus de Foix choisit pour sa fille chérie.

C'était un seigneur de haute et fière mine, que le comte de Chateaubriant, des plus dignes et des plus nobles, « passé maître en fait de vaillantise. » Il avait fait ses premières armes avec le connétable Anne de Montmorency, qui le tenait en grande estime.

Le mariage fut célébré en 1509. Françoise de Foix avait quatorze ans, Jean de Laval était de dix années plus âgé que sa jeune épouse.

Les fêtes et réjouissances des noces étaient à peine terminées, qu'il fallut songer aux préparatifs du départ.

Jean de Laval emmenait sa jeune femme en Bretagne, à ce manoir de Chateaubriant que, plus qu'une longue lignée de preux chevaliers, devait illustrer l'admirable auteur de *René*.

Le lendemain même de la cérémonie, Phébus de Foix avait mandé près de lui la nouvelle comtesse. Il tenait à la main, lorsqu'entra Françoise, un large pli lié avec un fil d'or et scellé à ses armes.

— Vous allez quitter votre père, ma fille, lui dit-il, gardez précieusement ceci en mémoire de l'affection qu'il eut pour vous.

Il lui remit en même temps le pli. Françoise, émue de l'air solennel du vieux seigneur, était près de fondre en larmes.

— Maintenant, continua Phébus, jurez-moi de ne jamais

briser ce scel, à moins que dans votre vie advienne quelque grave événement qui vous trouble et vous inquiète.

Françoise fit le serment que lui demandait son père.

Cependant l'heure de la séparation était venue. Les chevaux et les mulets de bagage emplissaient les cours. Écuyers et pages achevaient en toute hâte les derniers apprêts, donnaient un coup d'œil aux harnais, fixaient solidement les coffres.

Une dernière fois, monseigneur Phébus embrassa sa fille chérie.

— Vous emportez, comte, dit-il à Jean de Laval, mon plus cher trésor; je suis sûr que vous ne tromperez point la confiance que j'ai mise en vous.

Jean de Laval, pour toute réponse, se jeta dans les bras de son beau-père.

Or, c'était bien à la jeune comtesse que s'appliquait le titre de plus cher trésor; il n'y avait pas d'équivoque possible, la fille de la noble maison de Foix n'avait eu en mariage d'autre dot que son esprit et sa beauté.

Les yeux rouges de larmes, la belle comtesse de Chateaubriant monta sur sa blanche haquenée. Jean de Laval s'élança à cheval et toute la troupe se mit en route.

Phébus de Foix rentra tristement dans son manoir désert. Longtemps accoudé au parapet d'une de ses tours, il suivit des yeux à travers les sinuosités de la vallée Jean de Laval et Françoise qui chevauchaient lentement en tête de leur escorte.

La vie de la comtesse de Chateaubriant s'écoula paisible et ignorée pendant les premières années de son mariage. Jean de Laval avait pris au sérieux ses devoirs de mari. Il possédait un trésor, il le savait, aussi veillait-il sur sa jeune femme avec une sollicitude inquiète que les voisins taxaient de jalousie.

Les femmes attachées à leurs devoirs n'ont pas d'histoire ; celles-là sont heureuses.

Tant qu'elle habita le manoir de Chateaubriant, Françoise se contenta d'être la plus belle et la plus aimée des châtelaines.

L'amour de son époux lui suffisait; elle l'accompagnait partout, aux fêtes des châteaux des environs et aux grandes chasses qui se renouvelaient souvent.

La Bretagne était alors un merveilleux pays pour courre, la propriété n'était pas morcelée à l'infini. Le pays n'était pas comme aujourd'hui coupé de fossés profonds et de talus de six pieds, qui font du champ de chaque propriétaire comme un camp retranché, inaccessible aux chevaux et aux chiens.

Pendant ces premières et trop courtes années, Louis XII était mort et François Ier était monté sur le trône.

Un des premiers actes du jeune roi avait été de nommer deux maréchaux de France, hommes de guerre fort en renom : l'un était Jacques de Chabannes, sieur de la Palice, l'autre, Odet de Foix, vicomte de Lautrec, frère de la comtesse de Chateaubriant.

On était alors à l'aurore éblouissante d'un règne nouveau. François Ier, dans la première ivresse du pouvoir suprême, ne songeait qu'à la joie.

Ardent au plaisir comme au danger, il avait aux jours de fête la même ardeur que sur les champs de bataille. « Qui m'aimera me suive ! »

Et chacun suivait le roi à qui mieux mieux.

D'Amboise à Romorantin et à Vendôme, ce n'étaient, à ce moment que fêtes, bals costumés, petites guerres, grands repas et grande liesse. Tout l'or des impôts y suffisait à peine, mais nul n'en prenait souci. C'était une vie toute nouvelle.

C'est à cette époque, et pendant les fêtes du carnaval, que le futur protecteur des lettres provoqua, sans le vouloir, une révolution dans l'art de la coiffure.

Les longs cheveux, on le sait, étaient au xvie siècle la marque distinctive, le privilége exclusif de la noblesse. Les longs cheveux étaient interdits aux vilains, et c'est Pierre Lombard, l'illustre maître des *Sentences*, qui leva cette interdiction. Mais il n'y parvint pas sans peine, et la noblesse protesta toujours.

Elle eût protesté longtemps encore, et la révolution en question n'eût point été accomplie, sans l'accident survenu au roi de France.

La cour était alors à Romorantin et chacun fêtait le jour des rois. François Ier allait se mettre à table lorsqu'on vint lui dire que le comte de Saint-Paul avait fait en son logis un roi de la fève.

— Par ma foi de gentilhomme! s'écria-t-il, voilà un roi que je détrônerai tout à l'heure. Qu'on aille avertir Saint-Paul de bien veiller sur son élu.

Ainsi défié, le comte de Saint-Paul s'apprêta à faire bonne résistance. C'était un moyen sûr d'être agréable au roi. La terre était alors couverte de neige : il en fit transporter des monceaux dans l'intérieur de son hôtel, et tandis qu'une partie de ses amis et de ses gens préparaient des pelotes, les autres s'éparpillaient de tous côtés, en quête d'œufs et de pommes, munitions ordinaires de ces simulacres de combats.

Lors donc que parut la troupe royale, elle fut accueillie par une grêle de projectiles. Un siége en règle commença aussitôt.

L'assaut était vaillamment et habilement mené, mais les assiégés se défendaient avec vigueur et le combat menaçait de durer longtemps encore, lorsque les pelotes de neige et les pommes vinrent à manquer dans l'intérieur de la place.

Les amis de Saint-Paul allaient ouvrir les portes de l'hôtel et se rendre faute de munitions, lorsque l'un d'eux, espérant retarder l'heure de la défaite, eut la malheureuse idée de prendre dans le foyer un tison enflammé et de le lancer au milieu d'un groupe d'assaillants.

Le dangereux engin de guerre atteignit François 1er à la tête et lui fit une profonde blessure.

A ces cris : « le roi est blessé ! » assiégeants et assiégés se précipitèrent près du jeune souverain, il fut placé sur un brancard et transporté en son logis. Les médecins, déjà prévenus de l'accident, étaient accourus. Après un court examen, ils déclarèrent que la blessure n'offrait aucune gravité, mais sous leurs ciseaux tombèrent les beaux cheveux noirs du roi.

Dès le lendemain tous les courtisans étaient « tondus comme des œufs. » Bourgeois et manants imitèrent les gentilshommes, et, dès lors, les longs cheveux furent déclarés ridicules.

« A dater de cet accident le roi laissa croître sa barbe, et chacun tenant à honneur de suivre l'exemple royal, on ne rencontra plus que têtes rases et visages barbus. »

La maladie de François Ier fut de courte durée, et bientôt les fêtes recommencèrent plus brillantes et plus nombreuses que jamais.

Cependant, le renom de la beauté de madame de Chateaubriant était venu jusqu'à François Ier, et ce roi, qui voulait que « sa cour fût comme un parterre où viendraient s'épanouir les plus rares beautés de France, » avait, plusieurs fois déjà, témoigné le désir de voir la comtesse.

D'ordinaire, ses moindres désirs étaient des ordres, presqu'aussitôt exécutés que donnés ; mais cette fois, nul ne sembla en tenir compte.

Le seigneur breton avait bien été averti du désir du roi ;

plusieurs courtisans s'étaient fait un devoir.de lui envoyer message sur message; mais tous ces avertissements n'avaient fait que le confirmer dans sa résolution de ne point paraître à la cour. La réputation du roi était, il faut l'avouer, de nature à conseiller ce parti à tout homme jaloux de son honneur.

Enfin, un jour, cédant à l'irrésistible attrait du fruit défendu, François Ier s'adressa directement à Odet de Foix, maréchal de France, frère de madame de Châteaubriant.

— J'ai ouï parler, Lautrec, lui dit-il, de la merveilleuse beauté de la comtesse votre sœur, pourquoi donc s'obstine-t-elle à rester tristement au fond de sa Bretagne, pourquoi ne la voit-on pas à la cour, comme toutes les grandes dames de France?

— Sire, le comte Jean de Laval, son mari, est, à ce qu'il paraît, le plus soupçonneux des hommes; il redoute pour sa femme les plaisirs et les fêtes de la cour la plus brillante du monde.

Le roi sourit à cette délicate flatterie.

— Cependant, reprit-il, je vois, ce me semble, des femmes de grande vertu à la cour, Lautrec, est-ce donc que je me trompe?

— Votre Majesté a parfaitement raison, Sire, et chacun sait que la reine est une femme sans égale et la princesse Marguerite une merveille à tous égards.

— Bien parlé, Lautrec, pour un homme de guerre. Raison de plus pour faire comprendre au sire de Laval qu'il n'a pas le droit de cacher, ainsi qu'il le fait, sa femme à tous les yeux.

— Je crains, Sire, que cela ne soit difficile.

— Pourquoi donc? il peut être tranquille. Par ma foi de

gentilhomme! on aura pour la comtesse tous lés égards qu'elle mérite.

C'était un ordre, et des plus formels. Lautrec se hâta d'écrire à son beau-frère que le roi le demandait, et l'engageait à amener sa femme.

Cette lettre ne surprit aucunement le comte, depuis longtemps il s'y attendait. Son parti fut vite pris.

— Madame, dit-il à la comtesse, je viens de recevoir une lettre de votre frère; il paraît que le roi a grand désir de nous voir à la cour.

— Et comptez-vous, messire, obéir aux ordres du roi? demanda timidement madame de Chateaubriant.

— C'est le devoir de tout loyal sujet, madame; et, avant qu'il soit trois jours, je veux me mettre en route.

— Ne dois-je point vous suivre?

— Non, madame, non certainement. Le séjour de la cour est dangereux pour une femme attachée à ses devoirs, surtout lorsque le maître est un roi comme le nôtre; j'ai donc résolu de vous laisser ici, où vous êtes en sûreté.

— Mais ne craignez-vous pas la colère du roi?

— La colère du roi m'affligerait grandement, répondit le comte d'un air sombre; mais je préfère ce malheur à celui qui pourrait advenir si, suivant le conseil de votre frère, je vous conduisais à la cour.

La comtesse se tut. Elle aimait son mari, le vaillant Jean de Laval; elle se plaisait en son beau château de Bretagne; les splendeurs de la cour, dont maintes fois elle avait entendu des descriptions, ne la tentaient nullement; mais c'est avec une secrète et indéfinissable angoisse qu'elle voyait s'éloigner le comte.

Soucieux et triste, le seigneur de Chateaubriant surveilla

les préparatifs de son voyage; lorsqu'enfin tout fut terminé, que le moment des derniers adieux fut venu :

— Françoise, dit-il à sa femme, il se peut que, tandis que je serai près du roi, on vous tende des piéges pour vous attirer à la cour.

— Soyez certain, messire, que je ne veux obéir qu'à vos ordres.

— Je le crois, Françoise; mais il se peut encore que le roi me force de vous écrire moi-même de venir, sans que telle soit mon intention; d'un autre côté, il est possible que je veuille véritablement vous appeler près de moi.

— Mais alors, comment faire?

— J'ai pensé à cela, Françoise; il y a longtemps que je prévoyais ce qui arrive. Voici donc ce que j'ai imaginé : si véritablement je souhaite vous avoir près de moi, je vous enverrai la bague que je porte toujours au doigt et qui me sert de scel; et comme il pourrait encore y avoir erreur ou tromperie, je vous donne cette autre qui est absolument semblable; en comparant donc et la bague que vous recevrez et celle que je vous laisse, vous pourrez vous assurer de la vérité.

La comtesse prit les deux bagues, les examina un instant; puis, en rendant une à son mari, elle passa l'autre à son doigt.

— Vous avez sagement fait, dit-elle, et de cette façon, il sera vraiment impossible de me tromper.

— Je le crois comme vous, Françoise; et maintenant, quelque message, quelque lettre que vous receviez, même de moi, demeurez au château, faites répondre que vous êtes trop malade pour entreprendre un voyage; mais si vous recevez mon anneau, accourez.

Sur ces mots le comte embrassa sa femme une dernière fois et partit.

François Ier attendait avec la plus vive impatience la réalisation des désirs si nettement exprimés au maréchal de Lautrec, lorsqu'un soir on lui annonça le comte de Chateaubriant. Ce fut avec un empressement visible qu'il donna l'ordre de le faire approcher. Mais lorsqu'il vit que le comte était seul, il fronça le sourcil, et sans se soucier de contenir son dépit :

— N'avez-vous donc pas, comte, dit-il d'un ton bref, amené votre femme?

— Hélas! sire, balbutia le mari de la belle Françoise, la comtesse est fort malade à cette heure, et mon dévouement au roi a pu seul me décider à l'abandonner en si fâcheux état.

Le roi ne répondit rien, mais il tourna brusquement le dos au pauvre comte, et les courtisans aussitôt s'éloignèrent de cet homme qui venait d'encourir la disgrâce royale.

François Ier, cependant, ne se tint pas pour battu; il fit prendre des informations. Mais le comte avait si bien pris ses mesures, il avait lui-même si bien joué son rôle que tout le monde, Lautrec le premier, était convaincu de la maladie de la comtesse. Plusieurs fois déjà, M. de Chateaubriant avait, devant son beau-frère, écrit à sa femme de le venir rejoindre, le doute n'était presque pas possible. L'enquête secrète démontra que le comte avait dit vrai.

Certain qu'un obstacle imprévu, involontaire, avait seul arrêté le comte, le roi ne tarda pas à lui rendre ses bonnes grâces; il allait même l'engager à retourner en Bretagne, près de sa femme, lorsque la trahison d'un domestique vint rendre inutiles toutes les précautions prises par le malheureux époux,

Ce serviteur infidèle avait, par une porte entrebâillée, surpris le dernier entretien du comte et de la comtesse. Arrivé à la cour, à la suite de son maître, et sachant la grande impatience qu'avait le roi de voir la belle dame de Châteaubriant, il songea à tirer parti du secret qu'il possédait, comptant avec raison recevoir un bon prix de sa délation.

Il alla trouver un des confidents du roi, et après s'être assuré une récompense honnête, raconta l'invention des deux bagues.

Une heure après, François Ier savait la vérité.

En apprenant qu'il avait été joué, l'impétueux monarque entra dans une furieuse colère ; il voulait sur-le-champ user de son autorité, se venger de ce qu'il appelait une « déloyale traîtrise, » faire emprisonner le mari et enlever la femme, sa complice.

Heureusement ou malheureusement, les confidents du roi parvinrent à le calmer et à le faire renoncer à ses projets. Ils lui persuadèrent d'employer la ruse, et, à son tour, de tromper le trompeur.

Il fut décidé qu'à tout prix on enlèverait, pour quelques heures, la bague du comte ; un ouvrier habile l'imiterait avec toute la promptitude et l'exactitude possibles.

Maître du gage de reconnaissance, le roi pourrait, lorsqu'il le voudrait, faire venir la comtesse, qui arriverait à la cour au moment où son mari l'attendrait le moins.

Ce plan fut exécuté de point en point, grâce à l'adresse du domestique de M. de Chateaubriant. Cet homme parvint à dérober la bague de son maître et à la lui restituer sans qu'il s'aperçût de cette disparition momentanée. Un orfèvre habile prit l'empreinte, se mit aussitôt à l'œuvre, et moins de huit jours après, un messager galopait vers la Bretagne, porteur d'un gage de reconnaissance imité de façon à tromper l'œil du mari le plus soupçonneux.

Certain de la réussite de son stratagème, le roi se réjouissait fort de voir arriver la comtesse, et d'avance se faisait une fête de la surprise et de la colère du comte de Chateaubriant.

Il allait justement y avoir de grandes fêtes à la cour. Un fils était né au roi, et le Pape, qui avait bien voulu être le parrain de ce nouveau-né, avait envoyé, pour le représenter au baptême du Dauphin de France, son neveu, Laurent de Médicis, duc d'Urbin.

On faisait au château d'Amboise de grands préparatifs pour les cérémonies, qui devaient être splendides : bals, festins, joutes, grandes chasses, le roi ne voulait rien épargner. Grands seigneurs, nobles dames, princes étrangers, ambassadeurs de toutes-les puissances, accouraient de tous côtés. Le roi pensait avec orgüeil que madame de Chateaubriant, cette beauté célèbre, ne serait pas insensible aux hommages d'un roi entouré de ce magnifique appareil de puissance et de grandeur.

En attendant, François Ier faisait au triste comte l'accueil le plus charmant. Il l'arrêtait, toutes les fois qu'il le rencontrait, et lui demandait, avec les marques du plus touchant intérêt :

— Comment se porte donc votre femme, comte ? avez-vous de ses nouvelles ?

— Hélas ! Sire, répondait le malheureux époux, la comtesse va très-mal.

C'est avec une surprise profonde que madame de Chateaubriant reçut des mains du messager le faux gage de reconnaissance qui l'appelait à la cour. Elle eut un éclair de doute et compara les deux bagues; elles étaient bien exactement pareilles; il n'y avait pas à douter.

Quelle cause avait donc pu déterminer le comte à lui faire entreprendre ce voyage qu'il redoutait naguère si fort? La belle comtesse se perdait en conjectures; mieux que personne, elle connaissait le caractère jaloux de son mari, plusieurs fois elle avait eu à en souffrir, il avait fallu de bien graves motifs pour changer ainsi ses déterminations.

Enfin, elle allait voir la cour, le roi. Elle allait assister à ces fêtes splendides, qui trouvaient un écho jusqu'au fond des manoirs les plus reculés de la Bretagne.

Tandis qu'elle faisait en toute hâte ses préparatifs, le cœur serré par de vagues inquiétudes, elle se souvint de ce pli mystérieux, que le lendemain de son mariage lui avait remis son père et que la douce monotonie de son existence lui avait fait presque oublier. Elle se dit que le moment était venu de l'ouvrir, un grave événement bouleversant sa vie; d'une main tremblante elle brisa le fil d'or et lut:

> Par beauté, et quoiqu'il advienne
> A l'encontre, tôt sera reine.

C'était bien là l'expression des pressentiments qu'elle n'osait s'avouer à elle-même : serait-elle donc la maîtresse du roi?

Le comte de Chateaubriant assistait à un grand bal donné dans la cour d'honneur du château d'Amboise, transformée en une salle splendide; lorsqu'un serviteur vint l'avertir que sa femme l'attendait en son logis.

Le roi, prévenu quelques instants avant de l'arrivée de la comtesse, suivait des yeux le malheureux époux. Il le vit chanceler sous ce coup inattendu; rougir d'abord, puis pâlir affreusement; son œil étincela, ses lèvres se contractèrent, enfin il s'élança dehors.

— Qu'on suive le sire de Laval, dit le roi à un de ceux qui étaient dans le secret, il est capable de faire quelque malheur.

Le comte, en effet, arrivé en présence de sa femme, laissa éclater sa colère, elle fut terrible.

Éperdue, tremblante, sans force pour prononcer une parole de justification, l'infortunée Françoise de Foix ne sut que tomber à genoux en élevant au-dessus de sa tête les deux gages de reconnaissance.

À la vue de ces deux bagues, si parfaitement semblables, le comte comprit tout; sa colère tomba subitement pour faire place à un calme plus effrayant encore.

Sans mot dire il ôta de son doigt la bague un instant dérobée par les ordres du roi et la présenta à la comtesse.

— Partons, oh! partons, messire, s'écria alors Françoise; quittons ce séjour de tromperie et retournons en notre manoir.

Mais le sire de Laval, après un instant de réflexion :

— Non, madame, non. N'essayons pas de lutter davantage; celui qui a employé la ruse est assez puissant pour employer la force. De ce jour je vous abandonne la garde de mon honneur, voyez ce que vous en voulez faire. Songez toutefois qu'un jour viendra où je vous en demanderai compte. Ce jour pourra être terrible pour vous.

La présentation de la belle comtesse fut un véritable triomphe. A chaque pas, dans les salles du château, à la promenade, le long des rues de la ville, le comte entendait cette exclamation qui redoublait sa jalousie et son effroi :

— Dieu! qu'elle est belle !

A sa vue, François Ier fut ébloui et il n'essaya pas de cacher l'impression que produisait sur son cœur cette merveil-leuse beauté.

— J'ai enfin aperçu la comtesse votre sœur, disait-il à Lautrec, et ceux qui m'avaient vanté ses charmes étaient res-tés bien au-dessous de la vérité.

Aux cérémonies du baptême du Dauphin succédaient alors les réjouissances du mariage du duc d'Urbin, qui épousait Madeleine de La Tour, héritière du comte d'Auvergne. La belle Françoise de Foix était déjà la reine de toutes ces fê-tes, l'amour du roi n'était plus un secret pour personne.

Vainement le sire et la dame de Laval essayaient de se per-dre dans la foule, vainement ils se réfugiaient dans les salles les plus éloignées, François 1er, bien servi par ses familiers, finissait toujours par découvrir la retraite de la comtesse et bientôt il était auprès d'elle.

Chaque jour d'ailleurs elle recevait quelque présent du roi. C'était un collier d'or, une parure de perles, un bracelet déli-catement ouvragé. Gages d'amant que le comte eût voulu renvoyer à celui qui les offrait, et qui soulevaient en son cœur d'horribles désirs de vengeance.

Pour comble d'infortune, le comte s'aperçut bientôt que sa femme n'avait pu voir, sans en être touchée, le roi de France à ses pieds. Jour par jour, pour ainsi dire, il put suivre les progrès de cet amour. La comtesse résistait encore, mais tôt ou tard elle devait succomber.

Le sire de Laval ne voulut pas être témoin de son malheur. Sa femme venait d'être nommée dame d'honneur de la reine, et cette charge désormais l'attachait à la cour. Mais rien ne l'y retenait, lui; aussi se décida-t-il à partir. Il courut cacher au fond de son castel de Bretagne, ce muet témoin des jours heureux, sa honte et son désespoir.

Sa femme essaya faiblement de le retenir.

— Allez-vous donc, messire, lui dit-elle, m'abandonner ainsi seule, au milieu des fêtes de la cour?

— Vous ne serez point seule, madame, répondit-il avec un rire amer. Un plus puissant que moi vous protégera désormais. Faites en sorte seulement que jamais le bruit de vos amours adultères ne vienne troubler la paix de ma solitude.

Et il partit, maudissant le roi de France et sa femme.

C'en était fait, La noble fille de Phébus de Foix était la maîtresse déclarée de François Ier.

Ce ne fut pas sans résistance, et sans remords que la belle comtesse se donna à son royal amant. Elle se sentait glacée, au souvenir de son époux outragé, ses dernières paroles retentissaient menaçantes à son oreille. Souvent, lors de ses premières entrevues avec le roi, elle tressaillait au moindre bruit, et toute frissonnante elle disait :

— N'avez-vous rien entendu, Sire, j'ai cru reconnaître les pas du sire de Laval. Ah! quelque jour il voudra me ramener avec lui au château de Combourg.

— N'ayez aucune crainte, madame, répondait François, tant que mon cœur battra, je vous aimerai, tant que je vous aimerai vous me trouverez debout pour vous défendre.

Les douces paroles du roi rassuraient la comtesse. Bientôt elle n'eut plus le loisir de songer à sa faute. Son amant l'avait entourée d'un luxe vraiment royal, et tous les courtisans, tous ceux qui aspiraient aux bonnes grâces du roi étaient à ses pieds. Enivrée d'amour, elle se laissait aller au tourbillon des plaisirs de cette cour licencieuse et folle.

Le roi s'était hautement déclaré le chevalier de la comtesse de Chateaubriant. A la face de tous il avait mêlé ses couleurs aux siennes, la salamandre en feu à la pourpre et à l'hermine de Laval. Pour elle, il descendait dans la lice aux jours de tournoi, pour ses beaux yeux il rompait des lances, et s'il désirait remporter le prix, c'est qu'il voulait le déposer à ses pieds.

Alors François Ier avait essayé de rajeunir et de remettre à la mode tout le bric-à-brac des vieux romans de chevalerie, lui-même se piquait d'être le parangon et le modèle des preux présents et à venir.

On ne rêvait alors que choses héroïques, impossibles et merveilleuses; le réel, le vraisemblable étaient considérés comme choses plates et communes. Les exploits de Roland, d'Oger le Danois, de Renaud de Montauban, et de Lancelot du Lac, qui devaient troubler la cervelle du bon chevalier de la Manche, remplissaient alors tous les esprits. Les dames surtout, après avoir admiré les hauts faits de ces héros illustres, rêvaient les perfections d'Angélique, de Bradamante ou de Marphise.

La belle Françoise de Foix fut la reine des derniers tournois, de ces fêtes de la chevalerie qui devaient tomber sous les coups redoublés du ridicule, et dont Rabelais riait déjà de son gros rire.

L'influence de la comtesse de Chateaubriant fut bientôt très-grande à la cour. François Ier ne voyait que par les yeux de sa belle maîtresse, et, à son gré, elle disposait des places et des commandements.

Mais cette influence même fut plus tard une des causes de la disgrâce de la comtesse. La mère du roi, Louise de Savoie, habituée à gouverner sous le nom de son fils, ne put voir sans dépit la toute-puissance de la favorite; de ce moment, elle jura sa perte, et attendant une occasion favorable, elle aida à lui susciter des rivales. Mais le crédit de la comtesse n'en fut point ébranlé, et, après ses passagères infidélités, François revenait toujours aux pieds de sa belle maîtresse, plus épris que jamais.

Il faut rendre à la comtesse de Chateaubriant cette justice, qu'elle n'abusa jamais de son pouvoir sur le roi. Elle s'en servit pour faire la fortune de sa famille, de ses trois frères surtout, Lautrec, Lescun et Lesparre. Mais tous trois étaient de vaillants hommes de guerre et d'habiles capitaines, déjà en renom, les deux premiers surtout, avant que leur sœur fût devenue la maîtresse du roi.

Tous trois, il est vrai, jouèrent de malheur en Italie et comprómirent singulièrement le pouvoir du roi; mais presque tous leurs échecs doivent être attribués à la lutte sourde de la favorite et de la mère du roi.

Lautrec se trouvait en Italie à la tête de soldats mercénaires braves à la condition d'être bien payés, et capables pour la moindre augmentation de solde de passer d'un côté à l'autre; et c'est un général commandant de pareilles troupes qu'on laissait sans argent! Madame de Chateaubriant obtenait 500,000 livres pour son frère, mais la reine mère arrêtait cet argent en route, il ne parvenait pas, les soldats désertaient, et Lautrec, après avoir sacrifié son bien et celui de ses amis, se voyait sans armée et était forcé de battre en retraite.

Ce que désirait Louise de Savoié faillit arriver: après la bataille de la Bicoque, Lautrec fut rappelé, mais la comtesse lui fit rendre son commandement. Il repartit pour l'Italie emportant... beaucoup de promesses que l'on ne tint jamais.

Lesparre, après l'impolitique attaque de Reggio, qui décida Léon X à se déclarer contre la France, fut également sauvé par sa sœur d'une disgrâce méritée. La comtesse sut détourner les effets de la colère royale.

On ne peut guère lui reprocher ces faits ; malheureusement elle eut le tort d'aider à la disgrâce de Jacques Trivulce, qui après. avoir, sous trois rois, rendu des services réels à la France, se vit privé de ses commandements et exilé de la cour.

Desservi par Lautrec et par la comtesse, ce vieillard, qui ne méritait que des récompenses, était devenu odieux au roi. Il voulut se justifier. Trop faible pour marcher, il se fit porter sur le passage de François Ier, et quand de loin il l'aperçut il s'écria : « Sire ! Sire ! »

Mais l'ingrat monarque ne daigna point s'arrêter, ni même tourner la tête, et le vieux soldat mourut de douleur.

Aimée du roi, adulée par les courtisans, enviée par la reine mère, reine au conseil comme au bal, la belle comtesse de Chateaubriant se flattait alors de conserver toujours cette haute position, en dépit de ses ennemis. Il n'était plus question de remords, ni même de regrets. Les chroniques nous apprennent même qu'elle ne fut guère plus fidèle au roi qu'à son mari et qu'elle se vengeait à l'occasion des nombreuses trahisons de son volage amant.

Le connétable de Bourbon et l'amiral Bonnivet furent, dit-on, très-avant dans ses bonnes grâces. Ce sont là, peut-être, des calomnies, mais ces calomnies eurent au moins à l'époque assez de vraisemblance pour donner des inquiétudes au roi.

On n'a d'autre garant de la bonne fortune du connétable de Bourbon avec la belle comtesse que les assertions de Bourbon lui-même. Peut-être se vantait-il ? Quelques historiens cependant veulent voir dans ces relations un des motifs de la haine du roi contre son connétable, laquelle eut par la suite de si désastreux effets pour la France ; mais cette haine fut bien plus l'œuvre de la mère de François Ier, qui avait aimé Bourbon et en avait été repoussée.

Les heureuses aventures de l'amiral Bonnivet semblent un peu mieux prouvées, et l'on en retrouve des traces dans Brantôme, qui n'est pas, à vrai dire, une indiscutable autorité.

Favori de François Ier, l'amiral Bonnivet était une des plus parfaites copies du roi, « si hardi, si sage, dit Marguerite, que de son âge et de son temps il y a eu peu ou point d'hommes qui l'aient surpassé. »

Beau, spirituel, brave, généreux et magnifique, « quelle dépense, dit Brantôme, est impossible à un favori de roi. » Audacieux dans toutes les entreprises de guerre ou d'amour, l'amiral Bonnivet devait plaire à la belle favorite. Il la voyait souvent, tantôt ouvertement, tantôt en secret, et le roi était fort jaloux de lui.

Mais la comtesse de Chateaubriant savait si bien rassurer François Ier, que jamais l'amiral ne perdit un seul jour la faveur royale.

— Moi aimer ce fat ! disait la belle comtesse, j'aimerais autant me jeter dans un puits.

D'autres fois elle disait en riant :

— Mais il est bon, le sire de Bonnivet, qui pense être beau. Et tant plus je lui dis qu'il l'est, tant plus il le croit. Je me moque de lui et j'en passe mon temps, car il est fort plaisant et dit de très-bons mots, si bien qu'on ne saurait s'en garder de rire quand on est près de lui, tant il rencontre bien.

Après de telles paroles, le roi eût été bien difficile s'il n'eût été complétement rassuré.

Il est une anecdote, cependant, qui prouverait que jusqu'à un certain point le roi n'était pas dupe des protestations de sa belle maîtresse.

C'était un soir d'été, la comtesse et l'amiral allaient se mettre à table pour souper; tout à coup on annonce le roi.

Grande frayeur. L'amiral n'a que le temps de se glisser dans la cheminée derrière des plantes et des arbustes qui servaient à cacher l'âtre, tandis que la favorite fait disparaître toute trace de sa présence.

François Ier entre, il remercie sa mie de l'avoir attendu, bien qu'il ne dût pas venir, et gaîment il se met à table.

Tant que dura le souper le roi, qui jamais n'avait été plus joyeux, prit un malin plaisir à lancer dans la cheminée tous les débris du repas. Vins, sauces, pelures de fruits, reliefs de viande, pleuvaient sur le malheureux amiral.

Enfin, dit le texte de la chronique, qu'il est ici nécessaire d'expurger, François Ier, après un entretien fort vif et fort animé, se tourna vers la cheminée et oublia qu'il n'était pas le long d'un des grands arbres des forêts de la couronne. Gulliver en pareille circonstance faillit noyer une foule de Lilliputiens; l'heureux amant ne fut que largement arrosé.

Le roi parti, la comtesse eut toutes les peines du monde à consoler l'amiral; il était resté près de trois heures dans la plus ridicule des positions, il voulait se venger; enfin sa belle amie réussit à lui prouver que le roi était encore le plus malheureux.

Cette leçon ne corrigea nullement du reste l'amiral Bonnivet; comme son maître il aimait les femmes à la passion; mais tandis que François Ier s'adressait à des femmes de toutes conditions, il ne rechercha jamais que les plus nobles, et les plus hautes, celles en un mot dont la conquête présentait le plus de difficultés.

Aimé de madame de Chateaubriant, il voulut l'être de la reine Marguerite, et une nuit il osa s'introduire dans son appartement, par une trappe qu'il avait réussi à faire pratiquer en secret.

La belle et *sage* (!!!) reine de Navarre a pris la peine de nous raconter cette aventure dans son *Heptaméron*. Bonnivet osa essayer de la violence, mais il fut repoussé avec perte, « si bien, dit la belle conteuse, que le galant se retira, portant sur son visage les marques sanglantes de la résistance qu'il avait rencontrée. »

Brantôme prétend que la tentative audacieuse de Bonnivet eut un tout autre dénouement, mais il est convenu que le vieux seigneur de Bourdeilles s'est toujours plu à calomnier la vertu.

Cependant le beau roman d'amour de Françoise de Foix touchait à sa fin; l'horizon politique s'assombrissait de tous côtés et la guerre s'était rallumée en Italie.

François Ier, qui rêvait la gloire d'un autre Marignan, partit avec tous ses gentilshommes, pour aller prendre le commandement de ses troupes.

— Revenez-moi fidèle, mon cher Sire, lui dit la comtesse de Chateaubriant, c'est là ce que je souhaite le plus au monde.

— Les femmes changent les premières toujours, répondit le roi, je vous reviendrai fidèle, et aussi, Dieu aidant, après avoir défait les ennemis qui ont iniquement envahi mon royaume.

Ces heureuses espérances ne se réalisèrent pas. Bientôt on reçut la nouvelle d'un immense désastre, la bataille de Pavie était perdue, le roi était prisonnier. François Ier en cette journée s'était conduit comme le plus vaillant de ses chevaliers; après avoir eu son cheval tué sous lui, il avait mis pied à terre, et bien que blessé au front et à la jambe, il avait combattu presque seul, sur les cadavres entassés de ses officiers qui s'étaient fait tuer autour de lui. Déjà il avait renversé sept hommes de sa main, ses forces étaient épuisées, ses armes faussées en mille endroits ne le protégeaient plus, lorsqu'un officier du connétable de Bourbon, Pompérant, vint se jeter à ses genoux, le conjurant de se rendre à son maître qui combattait près de là.

Mais François s'écria qu'il mourrait plutôt. Il fit appeler le vice-roi de Naples, Lannoy, et lui tendit son épée, que le lieutenant du roi d'Espagne reçut en lui baisant la main.

Bonnivet, l'imprudent auteur de cet immense désastre, ne voulut pas survivre « à cette grande désaventure et destruction. » Relevant la visière de son casque, il se jeta au plus fort de la mêlée, appelant Bourbon et le défiant au combat; mais il tomba, percé de mille coups, avant d'avoir pu rencontrer son ennemi.

Il est difficile de peindre la consternation de la cour à l'arrivée de la terrible nouvelle. François Ier lui-même avait voulu l'apprendre à sa mère, et le soir même de la bataille, sous la tente de Lannoy où il était gardé à vue, il avait écrit cette lettre devenue si fameuse, et que les faiseurs de mots après coup ont résumée en cette phrase chevaleresque : « *Tout est perdu, madame, fors l'honneur.* » Voici ce qu'écrivait le roi :

« Madame. »

« Pour vous avertir comment se porte le ressort de mon
« infortune, de *toutes choses ne m'est demouré que l'honneur*
« *et la vie qui est sauve;* et pour ce que en nostre adversité,
« cette nouvelle vous fera quelque peu de resconfort, j'ai prié
« qu'on me laissât vous escripre, ce qu'on m'a agréablement
« accordé..... »

La nouvelle de la captivité du roi fut un coup de foudre pour la comtesse de Chateaubriant : le roi était son unique appui, avec lui elle perdait toute force, toute influence. Ses amis se retiraient d'elle, les ennemis seuls restaient, et à leur tête était la mère du roi, qui allait devenir régente jusqu'au retour de son fils.

Autant par douleur que par prudence, la belle favorite se renferma donc en son logis, refusant absolument de voir personne, sauf peut-être Clément Marot, le poëte, et la reine de Navarre.

Les ennemis de Françoise de Foix prétendaient que tous ses amants s'étaient donné rendez-vous à Pavie, mais qu'ils n'y avaient point eu de chance.

Le roi y avait perdu la liberté, l'amiral Bonnivet la vie, et le connétable de Bourbon l'honneur.

Cependant, Louise de Savoie, la mère du roi, avait pris la direction des affaires, que compliquait fort son impopularité, et l'on avait commencé les négociations relatives à la liberté du roi de France.

François Ier, en rendant son épée au lieutenant du roi d'Espagne, avait compté sur une de ces captivités dont on trouve de si charmantes descriptions dans les romans de chevalerie. Il s'était imaginé que Charles-Quint, en prince magnanime, devenu son ami par le seul fait de sa victoire, viendrait au devant de lui, les bras ouverts, et lui offrirait de partager son palais.

Malheureusement Charles-Quint était un homme fort positif ; ayant eu le rare bonheur de faire prisonnier son frère de France, il était parfaitement résolu à abuser de cette bonne fortune, et était décidé à ne lui rendre la liberté que sous de terribles conditions. Tout captif, à cette époque, devait une rançon. Le roi d'Espagne en voulait une en rapport avec ses intentions politiques.

François Ier fut donc conduit tout d'abord à la citadelle de Pizzitone, non loin du funeste champ de bataille de Pavie. Bientôt on le transféra à la forteresse de Sciativa, au royaume de Valence, au milieu d'un pays aride et désert, et qui servait à renfermer les prisonniers d'État.

François, qui avait repris espérance en touchant le sol d'Espagne, s'aperçut bien vite qu'il n'avait rien à espérer de la générosité chevaleresque de son vainqueur. Il était étroitement enfermé, gardé à vue, et il ne put même obtenir une entrevue avec l'empereur.

Le chagrin le prit alors, le mal du pays, il soupirait après le grand air, la liberté; bientôt sa vie fut en danger et on dut le conduire en un autre château, aussi près de Valence, entouré de forêts, de canaux et de jardins.

Cependant, à la nouvelle de la maladie de son frère, Marguerite de Navarre écrivit à Charles-Quint pour obtenir, avec un sauf-conduit, la faveur de partager la prison du royal captif. L'empereur accorda avec plaisir les autorisations nécessaires; il en était arrivé à trembler pour la vie de son prisonnier, et la mort du roi anéantissait tous ses projets. Marguerite partit donc, suivie de ses dames d'honneur, au nombre desquelles avait pris place la comtesse de Chateaubriant, impatiente de trouver son amant.

Des officiers de Charles-Quint escortèrent la reine de Navarre et les dames de sa suite ; partout, sur leur passage, elles trouvèrent un accueil royal, et lorsqu'elles arrivèrent à Madrid, où, sur ses pressantes instances, François Ier avait été transféré, on mit à leur disposition une somptueuse demeure.

Ce fut un grand bonheur, pour le pauvre prisonnier, que l'arrivée de cette sœur bien-aimée, de cette Marguerite, si spirituelle, si enjouée, qui, pour charmer les ennuis de sa captivité, accourait, avec un essaim de jeunes femmes, belles et rieuses comme elle. François accueillit avec transport la comtesse de Chateaubriant; en pressant sur son cœur sa belle maîtresse, il put croire que tous ses malheurs étaient finis.

Ce n'étaient pas cependant les fêtes folles de Fontainebleau ou d'Amboise, mais ce n'était déjà plus la triste solitude de la forteresse de Valence.

François se sentait renaître, au milieu de cette petite cour aimable et dévouée, lui qui avait failli mourir d'ennui, au milieu du lugubre cérémonial de tous ces Castillans si fiers qui l'entouraient. Lui toujours si joyeux, si aisé, si familier, il avait été pris de marasme à la vue de tous ces grands d'Espagne, esclaves de la tradition et de l'étiquette, toujours huchés sur les prérogatives de leur grandesse.

Ne s'avisèrent-ils pas un jour de vouloir, comme c'était l'usage à la cour de Charles-Quint, que François les saluât avant de retirer leurs sombrero?

De ce jour le prisonnier n'avait plus voulu voir personne, et l'ennui avait jeté sur lui son manteau glacé.

François Iᵉʳ racontait toutes ses tristesses à sa bonne Marguerite, il lui parlait des heures mortelles de la forteresse de Sciativa, il lisait les poésies composées alors qu'il n'espérait plus, et dont quelques-unes étaient adressées à madame de Chateaubriant. C'est les larmes aux yeux que la belle comtesse écoutait ces vers plaintifs, doux souvenir d'un amour royal :

O triste départie
De mon tant regretté

C.

> Deuil ne sera osté
> Qui faict mon cœur parlé.
> Sur moi laisse le fait,
> Je t'en supplie, amie,
> Car mort j'aurai pour vie,
> Si autrement ne fait.

A ces vers obscurs et incorrects, la comtesse de Chateau-briant répondait par de douces paroles de consolation, et la reine de Navarre, pour chasser les derniers nuages de tris-tesse, racontait alors quelqu'une de ces nouvelles d'amour et de galanterie qui devaient plus tard former l'*Heptaméron*.

Charles-Quint surveillait, avec une visible inquiétude, la petite cour qui entourait son prisonnier; toutes ces fêtes in-times lui paraissaient cacher quelque projet d'évasion. Fran-çois Ier ne songeait nullement à tromper la surveillance de ses gardiens; mais, réconforté par la présence de sa sœur Mar-guerite et de sa bien-aimée Françoise, il avait conçu un autre plan, beaucoup moins hasardeux, et tout aussi propre à trom-per les ambitieuses espérances de son vainqueur.

Entre sa sœur et sa mie, François Ier écrivit un acte solen-nel d'abdication. Cet acte donnait au Dauphin le titre de roi de France, la reine nommée régente prenait la direction des affaires, et lui-même, devenu simple gentilhomme, ne pré-sentait plus aucune garantie sérieuse à celui qui le retenait.

La reine-Marguerite emporta, caché dans un des plis de sa robe, cet acte qui ôtait la couronne du front de son frère. Le temps accordé par le sauf-conduit venait d'expirer, et la belle reine de Navarre, toujours suivie de son escorte de dames, avait dû regagner la France.

Lorsque Charles-Quint apprit l'existence de l'acte d'abdica-

tion, il était trop tard, la sœur du roi de France avait passé
la frontière.

Cette résolution, véritablement chevaleresque, ne fut jamais
exécutée, les rigueurs de la captivité devaient avoir raison des
projets de François 1er.

Après le départ de la reine Marguerite et de madame de
Chateaubriant, la captivité du roi de France devint plus ri-
goureuse que jamais. Charles-Quint était décidé à obtenir
toutes les concessions qu'il avait demandées, et il ne voulait
plus attendre davantage. Le prisonnier était retombé malade,
la régente se vit forcée de s'exécuter. Un traité minutieusement
rédigé fut signé à Madrid, et après un an et un mois de captivité, le roi de France put revoir son royaume.

L'heure de la délivrance de François 1er, si impatiemment
attendue par la comtesse de Chateaubriant, fut le signal de sa
disgrâce. Elle avait compté, l'infortunée, sans l'inconstance
de son amant, sans la haine que lui portait Louise de Savoie.

En arrivant à Bayonne, François Ier trouva sa mère, qui,
« jalouse d'être agréable à son fils, avait amené avec elle un
brillant cortége de dames et de demoiselles. » Il s'éprit aussitôt d'un fol amour pour la plus belle d'entre elles, la jeune
de Heilly, qu'on appelait aussi Anne de Pisseleu et qui devint
la duchesse d'Étampes.

Louise de Savoie joua en cette circonstance un assez triste
rôle : dans son désir de renverser son ancienne rivale en influence, la comtesse de Chateaubriant, elle avait longtemps
à l'avance stylé la belle de Heilly; elle la poussa, pour ainsi
dire, entre les bras de son fils.

Sunt regum matres nonnunquam filiorum suorum leonæ,
dit assez brutalement Corneille Agrippa, un rhéteur, alors
astrologue de la reine mère; ce qui signifie qu'une mère de

roi, lorsqu'il s'agit d'assurer son pouvoir, ne regarde pas à donner une maîtresse à son fils.

En apprenant qu'elle avait une rivale véritablement aimée, la comtesse de Chateaubriant fut saisie d'une douleur mortelle. Cependant elle ne voulut point s'avouer vaincue sans combattre : elle reparut à la cour, elle croyait pouvoir disputer le cœur de François Ier, mais elle n'arriva que pour être témoin du triomphe de mademoiselle de Heilly. Elle était à tout jamais sacrifiée.

Telle était déjà l'influence de l'adroite Anne de Pisseleu sur son amant, qu'elle fit commettre au roi-chevalier un de ces actes inqualifiables dont rougirait aujourd'hui le plus grossier bourgeois.

Au temps heureux de sa faveur, alors que reine et maîtresse elle voyait la cour à ses pieds, la belle Françoise avait reçu de son royal amant de riches bijoux, ornés d'amoureux emblèmes ou de galantes devises composées par la reine de Navarre.

Vaniteuse, jalouse, désireuse d'essayer son pouvoir naissant, mademoiselle de Heilly exigea du roi qu'il redemandât à son ancienne maîtresse tous les présents dont il l'avait comblée.

François Ier, dans l'aveuglement de sa passion, eut la faiblesse d'y consentir.

Il envoya vers la comtesse un de ses gentilshommes, chargé d'exiger la restitution de tous ces gages d'amour, souvenirs des heures de bonheur, mille fois plus chers à la favorite depuis qu'elle était délaissée.

« Madame de Chateaubriant, dit Brantôme, fit la malade « sur le coup, et remit le gentilhomme dans trois jours à ve- « nir et qu'il aurait ce qu'il demandait.

« Cependant de dépit, elle envoya quérir un orfèvre et luy
« fit fondre tous ses joyaux, sans respect ni exception des
« belles devises qui y étaient engravées. Et après, le gentil-
« homme étant revenu, elle lui donna tous les joyaux conver-
« tis et contournez en lingots d'or.

« — Allez, dit-elle, portez cela au roy, et dites-luy que
« puisqu'il luy a pleu de me révoquer ce qu'il m'avait donné,
« je le luy rends et renvoye en lingots. Pour quant aux devi-
« ses, je les ay si bien empreintes et colloquées en ma pensée
« et les y tiens si chères, que je n'ay peu permettre que per-
« sonne en disposast, en jouist, et en eust du plaisir que
« moy-mesme.

« Quant le roy eut receu le tout, et lingots et propos de
« cette dame, il ne fit autre chose sinon :

« — Retournez-luy le tout ; ce que j'en faisais ce n'était
« point pour la valeur, car je lui eusse rendeu deux fois plus,
« mais pour l'amour des devises ; mais puisqu'elle les a fait
« ainsi perdre, je ne veux point de l'or et le luy renvoye. Elle
« a monstré en cela plus de courage et générosité que n'eusse
« pensé pouvoir provenir d'une femme. »

Et Brantôme ajoute en manière de moralité :

« Un cœur de femme généreuse dépité et ainsi dédaigné
« fait de grandes choses. »

Délaissée par le roi, persécutée par la reine mère qui voyait
en elle une ancienne rivale de puissance et protégeait mademoiselle de Heilly, la belle, la tant aimée comtesse de Chateaubriant dut se résigner à quitter cette cour qui déjà l'avait
oubliée pour la nouvelle favorite.

Elle ne songea plus qu'à rentrer en grâce près de son mari,
homme infortuné qu'elle avait outragé dans ses affections les
plus saintes. Elle connaissait le sire de Laval, elle espérait

qu'à l'ardent amour qu'il avait jadis pour elle avait succédé un peu de pitié.

Elle partit donc pour la Bretagne.

Que de fois, le long de ce douloureux voyage, incertaine du sort qui l'attendait, elle répéta les derniers vers de son horoscope :

> Du fait du roi aura grand heur,
> Las! puis grand malheur!

Ici le roman prend la place de l'histoire.

Peu satisfait, sans doute, du vulgaire dénouement des amours de la belle maîtresse de François Ier, l'historien Varillas a jugé convenable d'y substituer un drame lugubre qui fait plus d'honneur à son imagination qu'à son amour pour la vérité.

Mainte fois répétée, amplifiée, tantôt en vers, tantôt en prose, la légende de Varillas a fini par prendre assez de consistance pour qu'il soit nécessaire de la mentionner, ne fût-ce que pour en démontrer l'invraisemblance.

Voici donc la tragique histoire qu'avec le plus beau sang-froid du monde raconte cet historien de François Ier.

Par une triste soirée d'hiver, une femme suivie d'un petit nombre de serviteurs vint frapper à la porte du manoir de Combourg; les domestiques se hâtèrent d'ouvrir.

Alors cette femme, qui n'était autre que la belle Françoise, insista pour voir, sur l'heure, le sire de Laval.

Le comte de Chateaubriant, prévenu, parut presqu'aussitôt.

En reconnaissant sa femme, il ne témoigna aucune surprise, son pâle visage ne trahit pas la plus légère émotion.

— Je vous attendais, madame, dit-il, et j'ai fait préparer votre appartement, vous êtes ici chez vous.

Offrant alors la main à la comtesse toute frissonnante devant ce calme impitoyable, il la conduisit à la chambre qui avait autrefois été leur chambre nuptiale.

— Voici, madame, dit-il, quelle sera désormais votre demeure.

Et il sortit implacable et froid comme la vengeance.

La comtesse était tombée évanouie sur le carreau, à l'aspect de la demeure que lui réservait son mari, et certes il y avait de quoi.

Aux riches tapisseries de l'appartement, on avait substitué des draperies noires, le lit était tendu de noir; les fenêtres avaient été murées, et une petite lampe d'église suspendue à une des poutres du plafond jetait seule quelques lueurs blafardes dans ce morne intérieur.

La comtesse vécut dix mois dans ce sépulcre, et chaque jour son mari venait se repaître de sa douleur et de ses larmes.

Lorsque parfois elle se jetait à ses genoux et les mains jointes lui demandait grâce :

— Avez-vous eu pitié de moi, répondait-il, lorsque vous m'avez abandonné, épouse déloyale, pour suivre votre amant?

D'autres fois l'infortunée comtesse suppliait ce barbare de lui permettre de revoir une fois encore la lumière du jour, de respirer, ne fût-ce qu'un instant, l'air pur du dehors.

Alors avec un rire effrayant il disait :

— Pourquoi le roi François, qui vous aimait tant, ne vient-il pas vous arracher à ce sépulcre? Où donc sont les belles fêtes de la cour? Que sont devenus vos amants? Pensez-vous que Clément Marot fasse encore des vers à votre louange?

Enfin, au bout du dixième mois, le comte, trouvant que sa femme ne mourait pas assez vite, pénétra un jour dans la chambre tendue de noir, avec six hommes masqués et deux chirurgiens.

— Faites votre devoir, dit-il.

Aussitôt ces maîtres bourreaux saisirent la comtesse et lui tirèrent tout le sang des veines. La vie s'exhala avec la dernière goutte.

Pour comble d'horreur, Varillas donne à la comtesse qui n'eut jamais d'enfants une petite fille qui partagea le tombeau de sa mère, mais qui, ne pouvant supporter cette horrible captivité, mourut au bout de deux mois, sous les yeux du sire de Laval.

Tel est le roman de Varillas, roman qu'accepte Sauval de la meilleure foi du monde; il ajoute que le comte de Chateaubriant tua sa femme pour pouvoir se remarier.

Malheureusement pour ce lugubre drame, une foule de preuves en démontrent la fausseté.

Depuis longtemps le sire de Laval avait pris son parti de l'infidélité de sa femme. Il dut à sa toute-puissance sur l'esprit du roi un avancement considérable qu'il accepta de la meilleure grâce du monde.

Ceci seul suffirait pour exclure la supposition de l'horrible vengeance; mais ce n'est pas tout. Plusieurs chroniques affirment que la comtesse de Chateaubriant reparut plusieurs fois à la cour après le triomphe de mademoiselle de Heilly. Après avoir été la maîtresse du roi elle sut rester son amie, et dans un recueil des lettres de François Ier, on trouve une réponse de la comtesse qui remercie son ancien amant d'une riche broderie qu'il a eu la galanterie de lui envoyer.

Enfin, il se trouve que, bien des années après celle où Varillas place son horrible drame, François Ier a visité le manoir de Chateaubriant, à deux reprises il y a passé quelques jours et y a même signé des édits. Or jamais le roi n'eût fait cette faveur à l'assassin d'une femme qui avait été sa maîtresse bien-aimée.

La vérité est que la belle Françoise de Foix, réconciliée avec son mari, vécut dans la retraite, jusqu'à l'époque de sa mort, qui arriva le 15 octobre de l'année 1537.

A la mort de sa femme, le sire de Laval fit éclater une grande douleur, et lui fit élever un magnifique tombeau dans l'église des Mathurins de Chateaubriant.

Clément Marot, qui se souvenait de celle qui avait été sa protectrice, fit pour elle, à la demande du comte, l'épitaphe gravée sur le socle de marbre qui soutenait sa statue :

<table>
<tr><td>FF</td><td></td><td>FF</td></tr>
</table>

PEU DE TELLES.

<table>
<tr><td rowspan="10">PROU DE MOINS.</td><td>

Sous ce tombeau gît Françoise de Foix

De qui tout bien chacun soulait en dire.

En le disant, onc une seule voix

Ne s'avança d'y vouloir contredire.

De grand beauté, de grâce qui attire,

De bon savoir, d'intelligence prompte,

De biens, d'honneur, et mieux que ne raconte,

Dieu éternel richement l'étoffa.

O viateur! pour abréger le compte,

Ci gît un rien, là où tout triompha.

</td><td rowspan="10">POINT DE PLUS.</td></tr>
</table>

<table>
<tr><td>FF</td><td></td><td>FF</td></tr>
</table>

V

ANNE DE PISSELEU,

DUCHESSE D'ÉTAMPES.

Le 11 mars 1526, après un an et vingt-deux jours de captivité, François Ier put enfin regagner son royaume.

Plus seul, plus triste que jamais dans sa prison après le départ de sa sœur Marguerite, le roi-chevalier s'était dit que la France après tout vaut bien un trait de plume, et il avait signé le dur traité de Madrid, avec l'intention bien arrêtée de ne le point exécuter, compromettant ainsi ce qu'il se réjouissait si fort d'avoir sauvé à Pavie.

Les deux fils aînés du roi, le dauphin François et Henri, duc d'Orléans, le plus âgé n'avait pas dix ans encore, étaient donnés en ôtage et garantissaient le traité.

L'échange des prisonniers eut lieu dans des bateaux, au

milieu de la Bidassoa. François Ier, dans sa joie d'être libre, ne songea même pas à embrasser ses enfants, il sauta dans une barque française et gagna le bord.

— Enfin, s'écria-t-il en touchant terre, enfin je suis roi derechef !

Et s'élançant sur un cheval turc que tenaient ses serviteurs, il courut à toute bride jusqu'à Saint-Jean-de-Luz, puis jusqu'à Bayonne où sa mère l'attendait avec toute la cour.

« Mais, dit une vieille chronique, le monarque qui venait
« de recouvrer sa liberté devait trouver en France de nou-
« velles chaînes, plus douces peut-être, mais bien autrement
« étroites. »

A la duchesse de Chateaubriant allait succéder Anne de Pisseleu.

Depuis longtemps déjà, l'ambitieuse Louise de Savoie avait juré la perte de la comtesse de Chateaubriant. Elle haïssait cette favorite altière, qui plus d'une fois s'était jetée à la traverse de ses projets, et dont l'influence dans le conseil balançait la sienne. Mais pour renverser la belle comtesse, il fallait lui donner une rivale dans le cœur du roi, une rivale qui sût borner son ambition à satisfaire les caprices de sa vanité. Louise de Savoie se chargea de ce soin. Elle jeta les yeux sur une de ses demoiselles d'honneur, fille de Guillaume de Pisseleu et d'Anne Sanguin, son épouse en secondes noces. Ce choix prouve que la reine mère connaissait merveilleusement le caractère de son fils.

Anne de Pisseleu, ou plutôt mademoiselle de Heilly, comme on l'appelait alors, venait d'atteindre sa dix-huitième année. Vive, enjouée, spirituelle, elle se faisait remarquer entre toutes les nobles et belles filles dont aimait à s'entourer la mère de François Ier. Son éducation était bien supérieure à celle des femmes de son époque, et chacun la savait très-érudite et bien disante.

Deux œuvres immortelles, un portrait de Primatice et un buste de Jean Goujon, nous ont conservé les traits d'Anne de Pisseleu. Sa beauté est certainement au-dessous des éloges de ses contemporains, mais sa physionomie est charmante, ses yeux d'un bleu opaque ont d'irrésistibles séductions, et sur sa bouche, « rose vermeille, » du dessin le plus délicat et le plus correct, erre un spirituel et tendre sourire.

Il est une chose enfin que n'ont pu rendre ni le sculpteur, ni le peintre, c'est la grâce de l'enchanteresse, son esprit, son savoir, et par-dessus tout sa voix « si tendre et si harmonieuse, qu'elle faisait vibrer toutes les cordes de l'âme. »

Telle était mademoiselle de Heilly, lorsque pour la première fois le roi de France l'aperçut auprès de Louise de Savoie. Il l'aima.

Ces nouvelles amours de François Iᵉʳ n'ont point, pour ainsi dire, de préface.

Il n'y eut ni luttes, ni traverses, ni même aucun mystère. La protégée de la reine mère avait un rôle à jouer, elle le joua merveilleusement. Du premier jour elle fut favorite en titre, et chacun salua avec surprise ce pouvoir nouveau qui n'avait point eu d'aurore.

Déjà le roi aimait follement la belle fille d'honneur. A ses pieds, dans l'ivresse première de la passion, il semblait avoir tout oublié : son royaume, le désastreux traité de Madrid, la captivité des enfants de France.

Il ne se souvenait plus de la tant aimée comtesse de Chateaubriant, qui, n'ayant pas osé suivre la cour à Bayonne, attendait à Paris le retour de son inconstant amant.

La cour, cependant, avait repris le chemin de la capitale.

On voyageait à petites journées, toutes les villes se disputaient l'honneur de célébrer le retour du souverain. A Bordeaux les fêtes furent magnifiques et durèrent plus de quinze jours. Anne de Pisseleu, la plus belle, la mieux parée, était partout la reine, ses moindres désirs étaient des ordres.

Après un an de privations, François Ier s'enivrait de plaisir et de bruit. Il était si heureux de retrouver enfin cette vie splendide et voluptueuse dont le souvenir avait si souvent troublé les tristes nuits de sa captivité!

La fin de cette année (1526) se passa à Cognac, où le roi, d'après le conseil des médecins, s'était arrêté pour respirer l'air natal; il s'y livra avec fureur au plaisir de la chasse et faillit se tuer en courant le cerf.

Enfin, dans les premiers mois de 1527, François Ier fit son entrée à Paris, dont il était absent depuis près de trois ans, mais il ne s'y arrêta que peu de jours, le temps de tenir un lit de justice; il avait hâte de revoir Fontainebleau, sa résidence favorite. Les affaires étaient dans le plus fâcheux état, mais le roi avait bien loisir vraiment de songer aux affaires. Il aimait chaque jour davantage la belle Anne de Pisseleu et « avait à rattraper le temps perdu pendant un an pour l'amour et pour le plaisir. » Il faisait alors construire, non loin de Paris, une nouvelle résidence ornée à la mauresque, le château de Madrid, souvenir de ses jours de captivité.

Un instant madame de Chateaubriant caressa l'espérance de ramener à elle son infidèle amant, elle voulut lutter avec Anne de Pisseleu dont le pouvoir grandissait chaque jour; mais elle n'était pas de force, elle fut brisée dans la lutte. La fille de Phébus de Foix dut se retirer, sans avoir rien obtenu qu'un sanglant outrage de ce prince à qui elle avait tout sacrifié.

Charles-Quint, cependant, réclamait plus impérieusement chaque jour l'exécution du traité de Madrid. L'ambassadeur de France, Calvimont, à bout de délais et de prétextes, ne répondait plus que des paroles évasives. Irrité de tant de mauvaise volonté, Charles-Quint s'écria en présence de Calvimont :

« Le roi de France a manqué déloyalement à sa foi de che-
« valier qu'il m'avait donnée, et s'il osait le nier, je le sou-
« tiendrais seul à seul avec lui les armes à la main. »

C'était un bel et bon défi d'armes.

François Ier, ce constant admirateur d'*Amadis des Gaules*, n'était point homme à laisser tomber ces paroles à terre. Il y répondit par un cartel que Guyenne, son héraut, alla porter à l'empereur :

« A toi, élu empereur d'Allemagne, tu en as menti par la
« gorge, quand tu soutiens que j'ai manqué à ma foi de gen-
« tilhomme; j'accepte ton défi. Assigne un lieu de combat,
« promets-moi la sûreté de camp, et terminons par l'épée ce
« qui s'est trop continué par l'écriture. »

A la grande surprise de tous, Charles-Quint ne refusa pas le défi :

— « Rapporte au roi ton maître, dit-il au héraut de France, que j'accepte son cartel. Le lieu fixé pour le combat sera l'île de Bidassoa, la place même où François Ier m'a donné sa parole de gentilhomme d'exécuter le traité. »

L'empereur, toujours si politique, si froid, prenait ce duel fort au sérieux. Il choisit un second, le brave Baltazar Castiglione, et envoya en France un héraut. Ce fut alors à François Ier à chercher des prétextes pour éviter le combat.

Lorsque se présenta Bourgogne, le héraut d'Espagne, porteur de la provocation de son maître, on refusa tout d'abord de le conduire au roi. On le promena de résidence en résidence, sans lasser sa ténacité. Il allait précédé de trompettes, et du gonfalon aux armes de Castille, de Fontainebleau à Paris, de Paris à Lonjumeau. De guerre lasse on le mena devant le roi. Alors il commença à lire le cartel de l'empereur. Interrompu dix fois, il s'obstina à recommencer, quand même. Mais on le contraignit à quitter la cour et il s'éloigna sans avoir pu achever la lecture du défi.

Le *Miroir de la chevalerie* à la main, il est assez difficile d'expliquer d'une façon satisfaisante la conduite de François Ier. Cependant on ne peut douter du courage du héros de Marignan, du chevalier qui à Pavie se précipitait presque seul au milieu de la mêlée. Toutes ces tergiversations tiennent probablement à quelque cause politique qui n'est pas venue jusqu'à nous.

Ainsi finit l'histoire passablement grotesque de ce défi dont on ne trouve guère d'exemple que dans les romans de chevalerie, au temps où les empereurs faisaient profession de rompre des lances au coin des bois avec de mystérieux chevaliers, au temps où Charlemagne, comme dans *Roland furieux*, ne dédaignait pas de se mesurer avec le terrible *sacripant*.

Les armées des deux adversaires furent, selon l'usage, chargées de vider la querelle. L'Italie, comme toujours, était le champ de bataille. Bourbon n'était plus, il avait été tué sous les murs de Rome par l'arquebuse de Benvenuto Cellini, le merveilleux artiste, mais ses soldats avaient trouvé d'autres chefs. Hordes indisciplinées qui l'avaient adoré lorsqu'il les conduisait à la victoire, qui avaient marché sur la ville sainte « pour faire danser la sarabande aux cardinaux et pendre le Pape, » et qui pour venger sa mort avaient promené le massacre, le viol et l'incendie sur les sept collines, aux cris de: *Carne ! Sangue ! Cierra ! Bourbon !*

La lutte menaçait de s'éterniser et les forces des deux partis s'épuisaient. L'empereur n'espérait plus guère l'exécution du traité de Madrid, le roi de France battu sur tous les points comprenait qu'il devait céder quelque chose. Charles et François s'entendirent alors pour que la question se débattît à huis clos entre eux. Le premier envoya sa tante Marguerite d'Autriche, le second sa mère, à Cambrai, et les négociations commencèrent, mystérieuses, entre les deux princesses. Après trois semaines de conférences le traité de Cambrai fut signé. On l'appella la Paix des Dames.

François Ier, en dépit de ses allures chevaleresques abandonnait sans pudeur tous ses alliés, mais il obtenait la liberté de ses fils moyennent deux millions d'écus d'or; enfin, il s'engageait à épouser sans retard la princesse Eléonore d'Autriche, sœur de Charles-Quint, et veuve d'Emmanuel le Grand, roi de Portugal, celle-là même qui avait été promise au connétable de Bourbon.

Tout aussitôt commencèrent d'immenses préparatifs. François Ier voulait par le luxe de sa cour, par la splendeur des fêtes surprendre, étonner la sœur de Charles-Quint, cette princesse espagnole dont la vie jusqu'alors avait été close et voilée comme celle des femmes mauresques. C'était alors ainsi, au pays des Espagnes, le couvent remplaçait le sérail.

Avant tout cependant il fallait trouver deux millions d'écus d'or pour la rançon du Dauphin et de son frère. Somme énorme! mais pour une cause sacrée, chacun tenait à honneur de se dépouiller. La noblesse, le peuple et le clergé s'exécutèrent. La matière manquait-elle, le roi empruntait à ses sujets leur vaisselle d'argent dont le trésorier donnait des reconnaissances. Vases, coupes, aiguières, bijoux précieux, on portait tout à la monnaie, tant était grande l'impatience de re-

voir les fils de France. Le chancelier du Prat eut même l'idée
d'altérer la monnaie, il fit mêler à l'or un fort alliage de cuivre. Mais les commissaires espagnols étaient à la hauteur de
cette ruse, ils éventèrent la fraude et, bon gré mal gré, il fallut
compléter la somme.

Enfin les derniers écus d'or furent remis aux mains des Espagnols, les fêtes commencèrent. Depuis trois mois déjà des
hérauts d'armes parcouraient la province, ils allaient de château en château, convier toute la noblesse au mariage du roi
de France, aux cérémonies et tournois qui devaient en être la
suite.

Ce furent, dit Marot, « de gorgiales fêtes. » François Ier
s'était porté suivi de toute sa cour, et de sa bien-aimée Anne
de Pisseleu, jusqu'à Bayonne où tout avait été préparé pour
recevoir dignement la sœur de Charles-Quint.

En revoyant ses deux fils, le roi pleura d'attendrissement,
longtemps il les tint serrés sur sa poitrine. Le mariage fut
célébré à Bordeaux, et c'est à cette occasion que fut repré-
sentée en France la première *bergerie.* Les acteurs étaient
habillés de riches étoffes qui n'avaient pas coûté moins de
cinquante livres tournois.

Partout sur le passage de la cour, « qui chevauchait vers
Paris en grande pompe, par monts et par vaux, » éclataient
les transports des populations. Le peuple voyait dans cette
union avec une fille d'Espagne un gage de paix et de bonheur.
Les cathédrales étaient trop étroites pour contenir la foule qui
venait remercier Dieu; les cloches sonnaient à toute volée, les
feux d'artifice éclataient partout, dans la nuit.

Mais de toutes les fêtes, la plus belle, la plus riche, la plus
désirée eut lieu à Paris, à la porte Saint-Antoine. Tournoi
magnifique dont les splendeurs dépassèrent de beaucoup tout

ce qu'on avait vu jusqu'à ce jour. De toutes les contrées de l'Europe, des chevaliers étaient accourus; les plus nobles et les plus riches, couverts d'armures étincelantes, se pressaient dans la lice.

Huit jours durant on rompit des lances aux acclamations des nobles dames. Le roi lui-même voulut combattre sous les yeux de sa nouvelle épouse, et ses coups, disent les chroniques, ne furent ni les moins durs ni les moins forts.

On ne savait rien alors au-dessus de ces grandes fêtes de la chevalerie. Les dames se passionnaient pour ce dangereux passe-temps ; et, pour encourager les chevaliers à bien faire, elles jetaient dans l'arène leurs joyaux d'abord, puis leurs vêtements, jusqu'à se trouver presque nues.

Non moins que les dames, le peuple était avide de ces terribles jeux d'armes. Ce bruit de fer lui montait à la tête; il saluait les vainqueurs de formidables acclamations et applaudissait avec frénésie, comme la Rome païenne aux combats des gladiateurs.

De toutes ces fêtes données en l'honneur de la nouvelle épouse de François Ier, la reine véritable était la séduisante favorite. N'était-elle pas la plus belle, sous sa riche parure? Elle portait une robe de drap d'or frisé et une cotte de toile d'or incarnat semée de pierreries.

C'est elle que le roi cherchait des yeux lorsque, descendu dans la lice, il frappait quelque bon coup. C'est elle qui remettait aux heureux chevaliers le prix de l'adresse et du courage.

La reine Eléonore ne tarda pas à s'apercevoir qu'elle ne serait jamais rien pour son époux. Abandonnée comme l'avait été la première femme du roi, la douce et malheureuse Claude, ses jours s'écoulèrent dans une tristesse morne, dans une humiliante solitude. Que de fois, en voyant les hommages dont on entourait la favorite, elle dut regretter une union accuellie avec tant de joie! Car elle, aussi, s'était laissé prendre aux brillants dehors de François Ier.

La devise d'Eléonore était un phénix avec cette légende : *Unica semper avis*, oiseau toujours unique. Les beaux esprits de la cour riaient tout bas de cet emblème bien ambitieux pour une épouse délaissée, pour une reine sans influence.

Cependant la belle Anne de Pisseleu était devenue l'une des plus riches et des plus grandes dames de France. L'amour si brusque et si impétueux du roi ne s'était point affaibli, malgré ses caprices passagers et les intrigues des ennemis de la favorite. Il l'avait comblée de présents et de richesses, et enfin, pour lui assurer à la cour un état digne de ses fonctions, il l'avait mariée à Jean de Brosse, mari de facile composition, qui, en échange de son nom, ne demanda rien que de l'argent et des honneurs.

Jean de Brosse était fils d'un complice du connétable de Bourbon, René de Brosse, mort à la bataille de Pavie en combattant sous les drapeaux étrangers. Les biens du coupable avaient été confisqués, et son fils réclamait vainement leur restitution, exigible en vertu d'une clause du traité de Cambrai.

Déchu de son ancienne splendeur, Jean de Brosse menait en France une vie misérable, lorsqu'on vint lui proposer le marché honteux qui ferait de lui l'époux de la maîtresse du roi. En échange, on lui offrait de le remettre en possession des domaines de sa famille.

Il accepta. La pauvreté était pour lui une trop lourde charge, et de l'infamie il ne considéra que le prix. Il était grand :

François Ier fit Jean de Brosse comte de Penthièvre, chevalier
de ses ordres et enfin duc d'Etampes.

Le mariage fut célébré en grande pompe. Les trois complices, le roi, la femme et le mari portaient fort allégrement leur
honte. A l'issue de la cérémonie Jean de Brosse s'éloigna.
Comme il ne devait point voir sa femme on l'envoyait gouverner en Bretagne.

De ce jour on n'appela plus Anne de Pisseleu que la duchesse d'Etampes.

Un des premiers soins de la duchesse, lorsqu'elle fut bien
sûre de son pouvoir, fut d'enrichir sa famille. Dépositaire
de toutes les grâces, elle en abusa avec une prodigalité inouïe.
Le trésor de l'Etat, les dignités, les bénéfices de l'Eglise furent
littéralement mis au pillage.

Antoine Sanguin, son oncle maternel, devint archevêque de
Toulouse; Charles, François, et Guillaume de Pisseleu, ses
frères, eurent les évêchés de Condom, d'Amiens et de Pamiers,
et se partagèrent en outre un grand nombre de riches abbayes.
Ses sœurs ne furent point oubliées : deux furent nommées ab-
besses; les autres alliées aux maisons de Barbançon-Cany, de
Chabot-Jarnac et du comte des Vertus.

Les sept années qui suivirent le traité de Cambrai furent les
plus brillantes du règne de madame d'Etampes. Elle était
alors à l'apogée de sa puissance et de sa beauté. Nulle rivale
encore ne songeait à contrebalancer son influence. Réalisant
les prévisions de Louise de Savoie, elle s'abstenait complétement
de politique et ne semblait occupée que de fêtes et de plaisirs.
Le roi, qui n'était heureux que près d'elle, passait à ses pieds
de longues journées; il aimait son esprit, son humeur enjouée,
ses fantaisies les plus folles, ses caprices.

Instruite, savante même pour son temps, la duchesse d'Etampes avait une cour nombreuse de poëtes et d'artistes. Les uns faisaient des vers à sa louange, les autres sculptaient son buste ou reproduisaient sur la toile ses traits charmants. François Ier, que les arts enchantaient, se plaisait au milieu des protégés de sa maîtresse bien-aimée; en échange d'une hospitalité royale, ils lui donnaient des chefs-d'œuvre ou chantaient les perfections infinies de celle qu'on appelait *des belles très-érudite et des érudites très-belle.*

Le roi faisait-il présent à la favorite du duché d'Etampes, Marot aussitôt prenait la plume et envoyait ces jolis vers :

> Ce plaisant val que l'on nommait Tempé,
> Dont mainte histoire est encore embellie,
> Arrosé d'eaux, si doux, si attrempé,
> Sachez que plus il n'est en Thessalie.
> Jupiter roi, qui les cœurs gagne et lie,
> L'a de Thessale en France remué,
> Et quelque peu son nom propre mué :
> Car pour Tempé veut qu'Etampes s'appelle.
> Ainsi lui plaît, ainsi l'a situé,
> Pour y loger de France la plus belle.

Une autre fois, la duchesse d'Etampes avait, à la suite des fatigues d'un long voyage, perdu quelque peu de sa fraîcheur; aussitôt Marot de s'écrier :

> Vous reprendrez, je l'affirme
> Par la vie,
> Ce teint que vous a osté
> La déesse de beauté
> Par envie.

A chaque instant dans les œuvres du poëte, on retrouve le nom de la duchesse d'Etampes, c'est pour elle qu'il aiguise en pointes ses plus délicates pensées, qu'il cisèle ses plus gracieux rondeaux, qu'il cherche ses rimes les plus riches. Ecoutez ces jolies étrennes :

> Sans préjudice de personne,
> Je vous donne
> La pomme d'or de beauté,
> Et de ferme loyauté
> La couronne.

> —Dix et huict ans je vous donne,
> Belle et bonne;
> Mais à votre sens rassis
> Trente-cinq ou trente-six
> J'en ordonne.

En échange de cet encens prodigué à pleines mains, la duchesse d'Etampes accordait à Clément Marot sa haute protection. Et cértes, le valet de chambre de Marguerite de Valois, car télles étaient les fonctions du poëte, en avait plus besoin que personne.

Remuant et batailleur, il avait souvent maille à partir avec les sergents; plus d'une fois il fut arrêté sur la voie publique. Original, amateur d'idées nouvelles, il eut plus d'un démêlé avec la Sorbonne qui ne plaisantait pas, et avec le Châtelet. Aussi, il faut voir sa colère quand il parle des gens de justice. C'est du Châtelet qu'il disait :

> Là, sans argent pauvreté n'a raison.

A chaque affaire nouvelle il se promettait d'être plus prudent, « mais bridez donc la langue d'un poëte ! » si bien que lorsqu'il n'était pas en prison, il travaillait à s'y faire mettre.

Une grave accusation d'ailleurs pesait sur lui. On le disait huguenot. On avait raison, mais toute vérité n'est pas bonne à dire. Marot fut même arrêté à ce sujet, sa *mie* l'avait dénoncé dans un jour de brouille :

> Un jour j'écrivis à ma mie
> Son inconstance seulement.
> Mais elle, ne fut endormie,
> A me le rendre chaudement.
> Dès lors, elle tint parlement
> Avec ne sais quel papelard,
> Elle lui dit tout bellement :
> Prenez-le..... Il a mangé du lard.

Manger du lard ! épouvantable accusation à une époque où ne point observer les abstinences de l'Eglise était un crime. Manger du lard !... A quoi pensait la *mie* du poëte ! le résultat d'une plaisanterie de ce genre pouvait être de vous faire flamber tout vif. On prit, ma foi, la dénonciation au sérieux, car Marot continue le récit de ses infortunes :

> Lors, six pendards ne faisant mie,
> A me surprendre finement
> Et de jour, pour plus d'infamie,
> Firent mon emprisonnement.
> Ils vinrent à mon logement
> Lors, il va dire aux gros pendards
> Par là, morbleu ! voilà Clément,
> Prenez-le..... il a mangé du lard.

Cette fois encore Marot s'en tira, « sans y rien laisser accro-
ché de sa peau. » Mais il alla mourir en exil, c'était le seul
moyen de finir tranquille.

Mais Clément Marot n'était pas le seul à sacrifier sur l'au-
el de la divinité; madame d'Etampes avait bien d'autres
poëtes, ou plutôt elle avait tous les poëtes. Pour elle, Charles
de Sainte-Marthe bouleversait le vieil Olympe avec plus d'audace que de bonheur, et son admiration lui arrachait des vers
dans le goût de ceux-ci :

> Junon, Vénus et Pallas, trois ensemble,
> Ont heu débat merveilleux à vous voir :
> Çà, dit Junon, mienne est comme me semble,
> Pour son grand los, sa jeunesse et avoir.
> Mais, fit Vénus, pour moi la veux avoir,
> Car en beauté au monde n'a seconde.
> Quoi! dit Pallas, sa très-noble faconde,
> Son bel esprit, ses grâces sont la mienne.
> Lequel aura des trois la pomme ronde
> Pour vous tenir justement comme sienne?

On pourrait citer bien d'autres vers de Sainte-Marthe, il
avait le pathos facile. Mais la duchesse le protégeait, bien
qu'excellent juge, assurent les chroniques. En fait d'encens,
peut-être tenait-elle plus à la quantité qu'à la qualité.

Mais de tous les poëtes de la cour, Mellin de Saint-Gelais
était le préféré de François Ier. Fils d'Octavien, l'évêque d'Angoulême, Saint-Gelais appartenait lui-même à l'Eglise; il était
aumônier du prince Henri, le second fils du roi. A tous ces
avantages il joignait celui d'être noble, et n'en était pas mé-
diocrement fier. On l'avait surnommé l'*Ovide fraçais*; et on

le mettait bien au-dessus de Clément Marot, « ce dernier *des enfants sans souci.* »

Saint-Gelais, dans ses vers bien autrement obscènes que tous ceux de ces contemporains, confond étrangement le paganisme et la religion chrétienne, mais il faut l'excuser, il était abbé de Reclus. C'est lui qui moralisait en ces termes une nouvelle venue à la cour :

> Si du parti de celle que voulez être
> Par qui Vénus de la cour est bannie,
> Moi, de son fils, ambassadeur et prêtre,
> Vous fais savoir qu'il vous excommunie.

François Ier trouvait charmants le tour d'esprit et les saillies de Saint-Gelais; il s'amusait à faire avec lui assaut d'*impromptus.* Il est vrai qu'il y gagnait toujours quelque bonne et grosse flatterie. Un jour, en regardant son cheval, le roi disait :

> — Joli, gentil petit cheval,
> Bon à monter, bon à descendre.

Et Saint-Gelais continuait :

> — Sans que tu sois un Bucéphal
> Tu portes plus grand qu'Alexandre.

Mais il y avait bien d'autres poëtes encore à la cour de France : Jean Daurat, Lazare le Baïf, et Jean Salmon, surnommé *le Maigre,* et Joachim du Bellay, et Ronsard, qui devait les faire oublier tous, et qui n'était encore qu'un débutant obscur.

Les érudits prenaient place à côté des poëtes. François Ier, qui de tous côtés faisait chercher des livres et des manuscrits précieux pour la bibliothèque de Fontainebleau, aimait beaucoup les savants. Il les admettait à sa table et prenait plaisir à les faire discuter. Les favoris étaient Guillaume Budée, l'*aigle des interprètes*, et Pierre Duchâtel, l'évêque de Mâcon.

La duchesse d'Étampes protégeait encore d'une façon toute spéciale l'immortel créateur de *Gargantua* et de *Pantagruel*, un des pères de la langue française, Rabelais, dont les livres avaient dès lors un immense succès.

Prenons en pitié ceux qui ne comprennent pas le large rire du philosophe gouailleur et qui préfèrent à son cynisme les petites obscénités des écrivains de son temps. Ceux-là n'ont pas compris la portée de ces bouffonneries ; ils n'ont pas su pénétrer le livre qu'il eut l'audace et l'adresse d'écrire à une époque où, pour toute lumière, on avait la lugubre lueur des bûchers.

Savants et beaux esprits vivaient en bonne intelligence à la cour de la duchesse d'Étampes ; mais il n'en était pas de même des artistes. Ces rivaux de gloire, dévorés de jalousie, emplissaient le palais de Fontainebleau du bruit de leurs querelles. François Ier, qui les aimait tous, ne savait auquel entendre, et épuisait sa diplomatie à essayer de les mettre d'accord.

Sébastien Serlio de Bologne avait commencé les travaux de Fontainebleau ; lorsque les constructions touchèrent à leur terme, une armée d'artistes, peintres et sculpteurs, Nicolao Bellini, Pellegrino, Domenico Barbieri, Lorenzo Naldino, et bien d'autres accoururent de Florence, sous les ordres du Rosso, peintre, musicien, poëte, un de ces admirables architectes comme en avait alors l'Italie, et que se disputaient les souverains.

Tant que le Rosso régna en maître à Fontainebleau, tout alla bien. Mais voici qu'un jour arrivèrent le Bolonais Primatice, élève chéri de Jules Romain, et le Florentin Benvenuto Cellini, l'admirable artiste, dont la moindre coupe se paie aujourd'hui dix fois son poids d'or.

De ce moment, la paix fut troublée. Une haine terrible divisa bientôt ces trois hommes. Le Rosso fut vaincu le premier; il s'empoisonna de douleur, en apprenant que le Primatice était envoyé en Italie pour recueillir les plus belles statues antiques.

La lutte fut alors entre le Primatice et Benvenuto. Ce dernier fut obligé de s'éloigner; il avait perdu les bonnes grâces de la duchesse d'Étampes.

Il faut lire dans les mémoires de Benvenuto Cellini le récit des querelles de l'artiste et de la favorite. Cellini avait oublié de demander l'avis de madame d'Etampes sur un travail qui lui avait été commandé. De là, grande colère. Vainement François voulut s'interposer, la favorite fut inflexible. Et comme un jour, Benvenuto, qui voulait rentrer en grâce, était allé faire sa cour à la duchesse et lui offrir une coupe qu'il venait de terminer, elle le fit attendre une journée entière dans son antichambre, et cela inutilement. De ce jour, il n'y eut plus de réconciliation possible.

Benvenuto d'ailleurs avait commis un bien plus irrémissible crime. Détestant la duchesse, sans cesse il reproduisait les traits d'une rivale qui commençait à l'effrayer, de Diane de Poitiers, qui devait plus tard régner sous le nom de son amant, second fils de François Ier.

Blessé cruellement dans son amour-propre, Benvenuto Cellini quitta la cour de France malgré les prières du roi, et pour se venger de la favorite il écrivit ses mémoires.

Il ne faut pas oublier, au nombre des artistes que protégea le roi, Léonard de Vinci, le peintre immortel de la Joconde; mais il ne prit point part à ces luttes, il était mort plusieurs années auparavant, entre les bras de François Ier.

Le Primatice resta donc seul maître à Fontainebleau.

Mais le tableau de la cour de François Ier serait incomplet, si l'on ne disait un mot des astrologues et des fous, personnages importants.

François Ier eut quatre ou cinq fous; mais deux seulement sont bien connus : Triboulet et Brusquet. Les autres, tels que Caillette, Tony et Ortis, jouèrent sans doute un moins grand rôle. Le dernier, Ortis, était nègre et quelque peu moine. Clément Marot lui fit cependant l'honneur d'une épitaphe :

> Sous cette tombé git et qui?
> Un qui chantait Lacochiqui.
> Cy git, que dure mort piqua,
> Un qui chantait Lacochiqua.
> C'est Ortis. O quelles douleurs!
> Nous le vimes de trois couleurs.
> Tout mort, il m'en souvient encore.
> Premièrement, il était mort,
> Puis en habit de cordelier
> Fut enterré sous ce pilier.
> Avant qu'il eût l'esprit rendu
> Tout son bien avait dépendu.
> Par ainsi mourut le folâtre,
> Aussi blanc comme un sac de plâtre,
> Aussi gris qu'un foyer cendreux,
> Et noir comme un beau diable ou deux.

Voici maintenant, d'après Jean Marot, dans le *Siége de Pesquaire*, le portrait de Triboulet :

> . . . . De la tête écorné,
> Aussi saige à trente ans que le jour qu'il fut né,
> Petit front et gros yeux, nes grant et taille à voste,
> Estomac plat et long, hault dos à porter hote,
> Chacun contrefaisant, dansa, chanta, prescha,
> Et de tout, si plaisant qu'onc homme se fascha.

Tout était permis à ces singuliers personnages, et leur impudence égalait leur cynisme. L'un d'eux, Triboulet, alla, dans un moment de gaîté, jusqu'à battre un prêtre à l'autel. Tous les tours des fous n'étaient pas bons, tant s'en faut, ils avaient en général plus de succès que de mérite; mais nous les retrouvons aujourd'hui riches de tout l'esprit que depuis quatre siècles leur ont prêté tous les écrivains qui les ont mis en scène.

La *mission* des astrologues était bien autrement sérieuse. Comme les fous, ils avaient la prétention de dire la vérité. On les consultait dans les graves circonstances de la vie, lors des naissances, des mariages, lorsqu'on entreprenait quelque difficile affaire. Ce métier avait bien ses périls, les astres sont si trompeurs! Henri Corneille Agrippa, astrologue de Louise de Savoie, était encore un des plus célèbres de l'époque. Malheureusement, il lui manquait la foi; lui-même appelle sa science l'*art de moucher les écus*. Chassé par Louise de Savoie, pour avoir osé lui prédire des choses déplaisantes, il s'en vengea en faisant des satires où il l'appelait *vilaine Jézabel*.

Au milieu de cette cour voluptueuse et brillante de Fontainebleau, dans ce palais peuplé d'artistes et de poëtes, que chaque jour enrichissait de quelque nouveau chef-d'œuvre, la duchesse d'Etampes régnait toujours en souveraine. Certaine de son empire absolu sur le cœur de son royal amant, elle usait les heures dans les plus doux passe-temps, préparant la veille les plaisirs du lendemain, reine toujours, au bal comme au festin, à la chasse comme au tournoi.

Elle regardait l'avenir sans inquiétude, et cependant, à côté d'elle, dans l'ombre, grandissait une puissance rivale. Lorsqu'elle s'en aperçut, il était trop tard pour la renverser; elle ne pouvait qu'accepter la lutte. Elle l'accepta, résolue à se faire arme de tout.

L'élévation de la duchesse d'Etampes, son pouvoir, ses tendances, lui avaient valu bien des ennemis. Plus que tous les autres, les Guise et les Montmorency, représentants du parti catholique et de la vieille féodalité, supportaient en frémissant ce qu'ils appelaient l'insolence de la favorite. Ils s'étaient rapprochés pour essayer, sinon de la renverser, du moins de balancer son crédit.

Ils avaient trouvé un redoutable auxiliaire dans Diane de Poitiers, veuve de Louis de Brézé, comte de Maulevrier, et qu'on appelait madame la sénéchale. A quarante ans passés, Diane était la maîtresse du second fils de François Ier, le prince Henri, qu'elle avait tenu enfant sur ses genoux, et qui avait alors dix-sept ans à peine.

Ce fut entre ces deux femmes une guerre à outrance, et la haine qui les animait l'une contre l'autre divisa bientôt la cour en deux partis.

Diane représentait les vieilles imaginations de la noblesse féodale; la duchesse, les idées nouvelles de la renaissance. L'une était le progrès, l'autre la réaction.

La duchesse d'Etampes avait beau jeu à railler sa rivale. Les amours d'une *vieille coquette* et d'un jeune homme qui n'avait point encore de duvet au menton prêtaient fort au ridicule. Madame d'Etampes demandait sans cesse des nouvelles des cheveux blancs de madame la sénéchale; et hautement, elle disait qu'elle était née le jour même où on avait signé le contrat de mariage de Diane de Poitiers.

Aux yeux des Montmorency et des Guise, le grand crime de madame d'Etampes était de protéger les calvinistes et d'user de son empire sur François Ier pour le pousser dans cette voie, tandis qu'eux ne rêvaient que bûchers et inquisition.

On comprend l'exaspération de ces grandes familles : les idées nouvelles commençaient à se faire jour en France. La réforme avait des partisans à la cour, et la sœur du roi, madame Marguerite, était fortement soupçonnée de s'être laissé gagner par l'hérésie.

Dans le peuple, on parlait de conciliabules secrets, de prédications passionnées. De hardis penseurs avaient osé émettre leur opinion. Enfin, pour tout dire, les idées de Calvin commençaient à faire d'autant plus de progrès que les scandales d'un clergé profondément gangrené étaient plus grands.

François Ier, dans sa haine contre Charles-Quint, poussé d'un autre côté par la duchesse d'Etampes, n'était pas éloigné d'accorder ouvertement son assentiment à la nouvelle doctrine. Déjà il avait tendu la main aux réformés de l'Allemagne et accepté la dédicace des œuvres de Calvin. Enfin, il avait autorisé Clément Marot à traduire en vers français les psaumes de David.

Chaque soir, sur le Pré aux Clercs, alors ombragé de grands arbres, rendez-vous cher aux Parisiens, on chantait les psaumes de Clément Marot, auxquels on avait adapté les airs les plus nouveaux et les plus populaires. Bientôt la vogue de ces psaumes fut si grande, que le roi en encouragea la continuation, et le poëte put écrire ces vers en tête de son livre :

> Puisque uoulez que je poursuive, ô Sire,
> L'œuvre royal du psaultier commencé,
> Et que tous ceux aimant Dieu le désire,
> D'y besogner m'y tiens tout disposé.

Les catholiques fervents, Guise et Montmorency en tête, attaquaient avec fureur ces chants qui *sentaient le fagot*; ils traitaient la traduction de Marot de *chansons* bonnes tout au plus pour des *mangeurs de vache à Colas*, et un écrivain du parti faisait paraître le *Contre-poison des chansons de Clément Marot*.

Sur les instances pressantes de la duchesse et de madame Marguerite, le roi se décida à une démarche bien autrement grave, bien autrement significative. Par une lettre du 28 juin 1535, il invita Mélanchton à venir à Paris conférer avec les docteurs de la Sorbonne. Il lui envoyait un sauf-conduit pour traverser la France; mais le voyage du célèbre réformateur n'eut pas lieu. Quelles en eussent été les conséquences? A quoi a-t-il tenu que la France ne devînt protestante?

Mais déjà la réaction commençait, le parti de Diane de Poitiers reprenait le dessus.

François Ier, accusé par son éternel ennemi Charles-Quint de favoriser l'hérésie, de pactiser avec les infidèles, François Ier s'épouvanta. Au loin, il entrevoyait Rome menaçante; il tremblait en songeant au pouvoir terrible et mystérieux du clergé.

Il résolut de se disculper, et c'est dans le sang qu'il lava cette

accusation. Il n'avait qu'à laisser faire. Là Sorbonne et le Châtelet guettaient leur proie depuis longtemps. La persécution
commença, les bûchers s'allumèrent. Brantôme, l'ennemi pas-
sionné des hérétiques, félicite François Ier d'en avoir *fait faire
de grands feux* et d'avoir *montré le chemin à ses brûlements*.
Ici le courtisan va trop loin, mais ses paroles resteront la honte
éternelle d'un roi qui souffrit ces abominables persécutions
contre des gens dont en secret il ne désapprouvait pas les doc-
trines.

Depuis l'année 1533, une jeune et charmante femme était
venue prendre place à la cour, aux côtés de la duchesse d'E-
tampes et de Diane de Poitiers. C'était Catherine de Médicis,
que l'on venait de donner pour femme au jeune prince Henri,
l'amant toujours épris de madame la sénéchale.

Lorsqu'elle arriva en France, la jeune Italienne trouva son
époux tout entier à son amour pour une vieille maîtresse.
Une autre eût voulu lutter sans doute, se disant qu'une femme
de dix-huit ans a facilement raison d'une femme de quarante;
elle ne l'essaya même pas. Elle attendit.

Ses débuts à Fontainebleau furent des plus habiles. Peu parler, agir moins encore, telle fut sa devise. Placée entre deux
ennemies dont l'une était la maîtresse de son mari, elle sut
ne prendre parti ni pour l'une ni pour l'autre, elle resta neu-
tre, également bien avec toutes deux. Elle dévora sa rage et sa
jalousie, se composa un visage riant, et, tout en étudiant avec
soin les partis et les hommes, elle ne sembla occupée que
d'arts et de plaisirs. Belle, de riche taille, de grande majesté,
elle semblait attacher une grande importance à ses ajustements,
et prenait plaisir, dit Brantôme, un de ses admirateurs, à
montrer ses belles jambes et ses mains d'une rare perfection.
Quelques-uns la redoutaient, mais uniquement parce qu'elle

était Italienne, car nul sous les dehors frivoles de cette jeune princesse ne songeait à deviner la sombre et habile politique qui devait être plus tard si terrible à ses ennemis.

Au milieu de cette cour où chacun ne songeait qu'à soi, où les amours et les intrigues se croisaient d'une inextricable façon, Catherine de Médicis ne semblait avoir d'autre dessein que de plaire à tous, au roi surtout. Bientôt François Ier, que la maladie et les chagrins rendaient de jour en jour plus sombre, ne put plus se passer de l'adroite Italienne. Il admirait son esprit, sa beauté, sa grâce dans les ballets, sa vaillantise à courre le cerf. Elle fut désormais de toutes les fêtes. Elle suivait le roi partout, même lorsqu'avec quelques intimes et des favorites de la *petite bande* il s'éloignait pour quelqu'une de ces parties qui se terminaient toujours en débauches. Mais elle était moins curieuse de galanterie que de politique, et son but, dit Brantôme, en prenant part à ces réjouissances, « était de voir toutes les actions du roi, d'en tirer les secrets et d'écouter et savoir toutes choses. »

Tout à coup, au mois d'août de l'année 1536, une terrible nouvelle se répandit à la cour, la mort du dauphin François, le fils aîné du roi.

Le jeune prince se trouvait alors à Lyon. Jouant à la paume avec quelques-uns de ses amis, fort échauffé par le jeu, il eut soif et vida d'un seul trait un grand verre d'eau glacée. Pris d'un mal subit, il fut emporté en quelques heures.

On ne douta pas qu'il n'eût été empoisonné, comme si l'eau glacée qu'il avait bue n'avait pas pu produire l'effet d'un poison. Mais quelle main avait commis le crime? Comme d'ordinaire, on accusait tout le monde, Charles-Quint, Catherine de Médicis.

Un gentilhomme de Ferrare, Sébastien de Montecuculli,

coupable de s'être approché du vase qui contenait le breuvage
du prince, fut arrêté. Soumis à la question, il avoua tout ce
qu'on voulut, et finalement fut écartelé. De ses révélations,
il résulta que l'empereur Charles-Quint avait ordonné le
crime. Ce fut presque un fait avéré, et Clément Marot put
dire :

> Un Ferrarais lui donna le poison
> Au veuil d'autrui qui en crainte régnait,
> Voyant François qui *César* devenait.

Malherbe, dans ses stances à Duperrier, est bien autrement
explicite, ce qui prouve que l'accusation s'était fort accré-
ditée :

> François, quand la Castille inégale à ses armes
>   Lui vola son dauphin,
> Semblait d'un si grand coup devoir jeter des larmes
>   Qui n'eussent jamais fin ;
>
> Il les sécha pourtant, et comme un autre Alcide,
>   Contre fortune instruit,
> Fit qu'à ses ennemis, d'un acte si perfide
>   La honte fut le fruit.

Plus justes, la postérité et l'histoire ont proclamé l'innocence
de Charles-Quint. Quel intérêt pouvait avoir l'empereur à cette
mort? Et il était trop habile pour commettre un crime inutile.
Le dernier vers de Malherbe nous révèle les intentions des
juges de Montecuculli. François Ier avait intérêt à jeter de l'o-
dieux sur un ennemi qui envahissait ses provinces, il saisit
avec empressement cette occasion.

Le coupable, si toutefois il y en eut d'autres que les juges qui torturèrent le gentilhomme piémontais pour lui faire avouer les accusations qu'ils lui dictaient, le coupable était à la cour de François Ier. Nul plus que Catherine de Médicis n'avait intérêt à la mort du Dauphin, rien ne la séparait plus de la couronne. On sait d'ailleurs qu'elle haïssait furieusement le fils aîné du roi, l'ambition de régner était sa seule passion, et depuis elle montra ce dont elle était capable lorsqu'il s'agissait de renverser un obstacle.

La mort du Dauphin rendit plus terrible et plus funeste à la France la rivalité de Diane de Poitiers et de la duchesse d'Etampes. L'orgueil de la première, qui voyait son amant héritier de la couronne de France, était devenu immense; la haine de la seconde était désormais doublée de crainte, elle sentait qu'à la mort de François Ier elle n'avait pas de merci à attendre de sa rivale.

De ce moment, madame d'Etampes s'appliqua à fomenter des discordes dans la famille royale. François Ier avait toujour préféré son dernier fils, le duc d'Orléans : bientôt la favorite lui rendit insupportable Henri son héritier qu'elle lui peignait toujours avec les couleurs les plus sombres. Elle le montrait à François, penché sur le lit de son agonie, attendant avec impatience l'heure de poser la couronne sur sa tête.

Une imprudence du nouveau Dauphin sembla justifier les tristes prévisions de la duchesse d'Etampes.

Soupant un jour avec ses courtisans, Henri, échauffé par le vin, se mit, en manière de plaisanterie, à leur distribuer toutes les charges de la couronne. A l'un il donnait une armée, à l'autre un gouvernement.

Averti de cette scène inconvenante par Triboulet, un de ses fous, le roi entra dans une épouvantable colère. Sautant sur son épée, il courut droit aux appartements de son fils à la tête des archers de la garde écossaise. Les jeunes fous, prévenus à temps, avaient heureusement pu s'enfuir.

François Ier s'en prit alors aux valets ; mais ceux-ci ayant réussi à sauter par les fenêtres, il *passa son courroux*, dit une vieille chronique, sur l'ameublement qu'il mit en pièces.

Cette affaire accrut la haine de François pour son fils aîné. Son affection pour le duc d'Orléans redoubla. Il l'appelait son petit Guichardet, en souvenir des *quatre fils Aymon*. Madame d'Etampes, qui protégeait ce jeune prince, poussait le roi à lui trouver un gouvernement indépendant. La santé de François était fort chancelante, et la favorite songeait à se ménager une retraite pour le jour où, avec Henri, Diane de Poitiers monterait sur le trône. On destinait alors au jeune duc d'Orléans une fille de l'Espagne, avec l'investiture du duché de Milan, et, se croyant appelé à régner en Italie, il s'habituait aux mœurs et à la langue de la Lombardie.

Au mois d'avril 1539, François Ier, triste et malade, habitait le château de Compiègne, qu'il aimait presque autant que Fontainebleau, à cause du voisinage de la forêt, lorsqu'il reçut de Charles-Quint une lettre confidentielle qui surprit et embarrassa fort son conseil.

L'empereur demandait à son frère de France passage et sauf-conduit à travers ses provinces, pour aller punir les Gantois qui s'étaient révoltés à l'occasion d'un nouveau subside que réclamait d'eux la gouvernante des Pays-Bas.

Les circonstances étaient graves : toutes les villes de métiers, Liége, Ypres, Namur, n'attendaient qu'un signal pour arborer l'étendard de la rébellion et suivre l'exemple de Gand, et au même instant les cortès de Castille faisaient retentir aux oreilles de l'empereur un langage séditieux ; les cortès réclamaient le rétablissement des franchises et des priviléges de la noblesse.

Charles-Quint était perdu si le roi de France prêtait le secours de ses armes et de son nom aux révoltés des Flandres.

C'est ce qu'objectèrent tout d'abord les conseillers du roi, lorsque la lettre de l'empereur leur fut communiquée. Madame d'Etampes, que le roi consultait toujours la première, avait déjà émis cette opinion.

Mais les premiers troubles du protestantisme dans son royaume avaient si fort épouvanté François Ier, que sans cesse il se croyait à la veille d'une révolte générale, et pour rien au monde, tant il redoutait la contagion, il n'eût voulu favoriser l'insurrection, même contre un ennemi.

A l'encontre de tous ses conseillers, le roi de France se décida donc à accorder à Charles-Quint le passage et le sauf-conduit qu'il demandait. Faut-il le dire, François Ier voyait dans cette perspective de devenir l'hôte de son plus cruel ennemi quelque chose de grand, de chevaleresque, qui flattait singulièrement ses idées. Les héros de romans n'agissaient point autrement. Ainsi eût fait Amadis des Gaules, ce miroir de la chevalerie, en pareille occurrence.

— Sur ma foi de gentilhomme! s'écria François Ier, j'accorderai passage à l'empereur, et dans mon royaume il sera traité comme si véritablement il était mon frère.

Et afin que nul ne pût mettre en doute sa sincérité et sa loyauté, il envoya ses deux fils, le Dauphin et le duc d'Orléans, jusqu'au pied des Pyrénées pour se mettre à la disposition de l'empereur. Les jeunes princes devaient lui offrir de demeurer comme otages dans quelque ville d'Espagne tant que durerait son voyage à travers la France.

François Ier écrivait en outre à Charles-Quint une lettre qui se terminait ainsi :

.... « Voulant bien vous asseurer, monsieur mon bon
« frère, par ceste lettre de ma main, sur mon honneur et en
« foy de prince et du meilleur frère que vous ayez, que pas-
« sant par mon royaulme, il vous sera faict et porté tout l'hon-
« neur cueil et bon traictement que faire se pourra et tel
« qu'à ma propre personne. »

Mais Charles-Quint n'envoya pas les jeunes princes en Espagne, il voulut les garder près de lui « pour lui faire com-
pagnie, comme fils de son meilleur compaing et confédéré. »

— La parole du roi de France, répondit-il à ceux qui lui
conseillaient de prendre ses sûretés, m'est un garant assez sûr.

Enfin on se mit en route. Les volontés de François Ier
avaient été scrupuleusement exécutées, et l'empereur était véritablement traité comme lui-même. Devant l'hôte du roi-chevalier marchait le connétable de France, portant devant lui
l'épée nue et droite, les plus nobles gentilshommes lui faisaient escorte, et chacun lui rendait les honneurs dus au
seul souverain.

Partout, sur son passage, les villes se pavoisaient aux couleurs impériales, les gouverneurs et les corporations venaient
aux portes le recevoir et lui rendre hommage. Il avait toutes
les prérogatives du *droit régalien*, faisait acte de justice et de
souveraineté, et dans chaque ville délivrait les prisonniers.

La cité de Poitiers se distingua entre toutes : les bourgeois
n'avaient point regardé à la dépense, et des fêtes magnifiques
signalèrent le passage de *l'allié* de François Ier.

« Ainsi, dit une vieille chronique, l'empereur s'avançait à
« travers les provinces, chassant sur les rivières et dans les
« forêts, s'émerveillant de la richesse du pays, et disant que

« son frère de France était bien plus riche et bien plus puis-
« sant que lui, dont les États étaient si vastes que le soleil ne
« s'y couchait jamais. »

A la cour de France, on faisait d'immenses préparatifs et
chacun attendait avec une fiévreuse impatience l'arrivée de
Charles-Quint. Le sauf-conduit avait été donné malgré l'avis
du conseil, « mais bien des gens pensaient que le roi saurait
tirer avantage de la venue de l'empereur lorsqu'il le tien-
drait en son pouvoir. » Le cardinal de Tournon engageait
fort François Ier à ne point laisser échapper une occasion si
belle d'obtenir l'investiture du duché de Milan ; Anne de
Montmorency, au contraire, était pour que l'on tînt loyalement une parole librement donnée:

Triboulet, le fou du roi, ne se gênait point pour exprimer
hautement l'opinion publique. Il avait un livre, sorte de calendrier de la folie, où il inscrivait le nom de tous ceux qui à
son avis semblaient avoir perdu la raison. Sa liste était longue. Un jour, devant le roi, il y inscrivit le nom de Charles-
Quint.

— Que fais-tu là, bouffon ? demanda le roi.

— Vous le voyez, je place dans mon livre des fous votre
frère l'empereur qui vient se mettre au pouvoir d'un ennemi.

— Mais j'ai donné ma parole, bouffon, et l'empereur sortira
librement ainsi que je l'ai promis.

— Si cela arrive, répondit Triboulet, j'effacerai son nom et
je mettrai le vôtre à la place.

La première entrevue des deux souverains eut lieu vers la
mi-décembre 1539 à Châtellerault où François Ier, bien que
malade s'était porté avec toute la cour. « Les deux rois se jetèrent dans les bras l'un de l'autre, s'embrassant avec ten-

dresse, se faisant mille protestations d'une amitié » sans doute bien loin de leurs cœurs.

Charles-Quint voulait continuer son voyage aussi promptement que possible, mais ce n'était pas le compte de François Ier. Le roi-chevalier voulait faire à son rival les honneurs de la France, et quels honneurs! Des préparatifs immenses avaient été faits dans toutes les résidences royales, le Rosso avait ordonné des fêtes magnifiques; Paris préparait une entrée digne des deux grands souverains; enfin, tous les gentilshommes, jaloux de plaire au maître, avaient emprunté de tous côtés afin de faire assaut de luxe et de richesse.

François Ier voulait éblouir Charles-Quint par son faste, par les richesses, par les splendeurs de sa cour; il réussit à l'étourdir.

Habitué au morne silence du sombre palais de l'Escurial, l'empereur se sentait mal à l'aise au milieu de cette cour bruyante. En voyant toute cette noblesse de France, si vive, si spirituelle, si tapageuse, si amoureuse de festins et de mascarades, il pensait involontairement aux mornes ricos-hombres qui habitaient ses résidences impériales sans les peupler, et qui même aux jours de fêtes, toujours silencieux et funèbres, semblaient n'avoir d'autre souci que leur dignité de grands d'Espagne.

En écoutant la longue énumération des fêtes de toutes sortes qui l'attendaient, Charles-Quint se sentit pris d'un terrible soupçon; il était payé pour savoir ce que valaient les serments de son frère de France; il trembla en pensant que toutes ces cérémonies n'étaient qu'un vain prétexte pour le retenir.

Il fit cependant « contre fortune bon cœur, » il se résigna, mais de ce jour il perdit toute confiance: son front assombri disait toutes ses inquiétudes, ses yeux toujours en mouvement semblaient chercher de quel côté allait venir le piége.

Les fêtes avaient commencé, cependant ; mais comme pour justifier les craintes de Charles, à chaque instant arrivait un accident.

A Amboise, une torche maladroite mit le feu aux tentures, il y eut une mêlée terrible. François voulait faire pendre l'auteur de l'accident, mais Charles, à peine remis d'une frayeur facile à comprendre, demanda et obtint sa grâce.

Ailleurs, une poutre mal ajustée tomba si près de l'empereur que ses vêtements furent déchirés.

Enfin le 31 décembre les deux rois couchèrent à Vincennes, leur entrée à Paris devait avoir lieu le lendemain.

Il faut lire dans les chroniques du temps les détails de cette solennelle entrée. La longueur seule du récit donne une idée de la longueur des processions. Le corps de la ville offrit à Charles-Quint *un Hercule tout d'argent, et revêtu de sa peau de lion en or; ledit Hercule de la hauteur d'un grand homme.*

Puis les fêtes de toutes sortes recommencèrent, bals, festins, concerts, mascarades, comédies burlesques, tournois, chasses aux flambeaux, le Rosso savait varier sa mise en scène.

Mais l'ambitieux Charles-Quint avait peu de goût pour ces pompes frivoles, pour ce faste bruyant, passions de François 1er. Il avait hâte de quitter la France, ses craintes avaient grandi, il ne vivait plus.

Un jour, comme il était à cheval, un chevalier sauta en croupe, et le serrant vigoureusement lui dit d'une voix forte!

— Sire empereur, vous êtes mon prisonnier.

L'empereur épouvanté se retourna. Ce n'était qu'une plaisanterie du jeune duc d'Orléans, mais quelle plaisanterie!

François Iᵉʳ, malgré la frayeur de son rival, n'en pouvait cependant rien obtenir. A plusieurs reprises il lui avait parlé de l'investiture du duché de Milan pour ce même duc d'Orléans qui faisait de si terribles espiégleries, mais il n'avait reçu que des réponses évasives.

Charles-Quint avait, il faut le dire, trouvé le moyen de se faire des amis à la cour; de ce nombre était le connétable Anne de Montmorency, dont il n'avait pas dédaigné de flatter la grossière vanité. Il l'appelait à tout propos le plus grand capitaine de l'Europe.

Il avait été moins heureux dans ses tentatives près de la duchesse d'Etampes, la véritable souveraine du royaume, et cependant il se portait fort admirateur de cette beauté célèbre, seul trésor « qu'il enviât à son frère de France. »

Un jour, à la chasse, François Iᵉʳ, qui prenait un malin plaisir à augmenter les terreurs de son hôte, lui avait dit, en lui montrant la favorite :

— Voici une belle dame, mon frère, qui me presse fort de ne vous point laisser partir sans avoir détruit à Paris l'ouvrage de Madrid.

Charles-Quint avait pâli à ces mots; cependant, avec un sourire blême il avait répondu :

— Si le conseil est bon il faut le suivre.

Mais le soir même, tandis que la duchesse d'Etampes lui présentait l'aiguière pour se laver les mains, l'empereur laissa tomber dans le bassin de vermeil un diamant d'une merveilleuse beauté et d'un prix incomparable. Et comme la duchesse voulait le lui rendre :

— Dieu me garde, dit-il, de le reprendre, il est en trop belles mains pour cela. Gardez-le en souvenir de moi.

Madame d'Etampes conserva le diamant, mais ils se sont

trompés ceux qui ont cru qu'un tel présent pouvait acheter la maîtresse de François Ier. Certes elle fut sensible à cette courtoisie, à cet hommage rendu à sa beauté, mais jusqu'à la fin elle persista dans son opinion première. Ce n'est que plus tard qu'elle devait avoir recours à l'empereur.

Après de touchants adieux, après mille protestations au sujet de la fameuse investiture, l'empereur Charles-Quint quitta François Ier et continua sa route. Il ne pouvait plus dissimuler son impatience.

A mesure qu'il approchait des frontières, il sentait son cœur plus léger et oubliait ses promesses, d'ailleurs toutes conditionnelles.

Enfin il toucha ses domaines. « Lors poussant un long soupir de satisfaction, il dit à ceux qui l'entouraient :

— « Ce soir, pour la première fois depuis que j'ai mis le pied en France, je m'endormirai tranquille. »

Fidèle à son idée, Triboulet inscrivit François Ier sur le *livre des fous.*

Quelques historiens qui nient toute bonne foi politique ont fait comme Triboulet. Ceux-là, après avoir rappelé le manque de foi de François Ier lors du traité de Madrid, se demandent pourquoi en cette circonstance il tint si scrupuleusement sa parole de gentilhomme. Qu'importe, disent-ils, un serment de plus ou de moins !

Après le départ de Charles-Quint, la cour de France, si bruyante et si gaie, tomba dans une morne tristesse. Le roi était malade, un ulcère honteux lui faisait des nuits sans repos. Les soins de la duchesse d'Étampes parvenaient à peine à le distraire. Les journées se passaient à examiner les précieux objets d'art venus d'Italie, à admirer l'œuvre des peintres et des sculpteurs, à regarder l'un après l'autre les riches manuscrits de la bibliothèque. Mais ni la gaîté de madame d'Etampes, ni la conversation des savants, ni les louanges des poëtes ne pouvaient tirer le roi de son marasme.

Peut-être la conscience de ce faible souverain était-elle troublée par les persécutions horribles que souffraient en son nom ceux de la religion réformée. Les cris des victimes devaient monter jusqu'à lui. Et cependant il laissait faire. Le chancelier avait rendu contre les novateurs une série de terribles ordonnances où il n'était question que de hart et d'estrapade. Les frères prêcheurs avaient installé un petit tribunal dans le genre de l'inquisition.

Vainement la duchesse d'Etampes qui allait au prêche, et madame Marguerite qui professait la religion nouvelle, essayèrent d'interposer leur autorité; le roi répondait qu'il ne pouvait rien. A grand'peine elles préservèrent les savants et les beaux esprits, presque tous entachés d'hérésie, qu'elles protégeaient. Le roi les aimait sans doute, il les admettait à sa table, mais il les aurait laissé pendre. En deux ou trois circonstances seulement le roi se laissa arracher une grâce.

Le peuple cependant s'habituait à la vue des supplices, la populace dansait autour des bûchers. Aux jours de grande fête, comme divertissement suprême on accrochait quelque financier aux fourches de Montfaucon. La pendaison d'un financier a toujours été d'un bon effet. Sembleçay avait été « donné aux corbeaux, » uniquement parce qu'il était riche. Une épigramme de Marot l'a vengé :

> Lorsque Maillard, juge d'enfer, menait
> A Montfaucon Sembleçay l'âme rendre,
> A votre avis, lequel des deux tenait
> Meilleur maintien ? Pour vous le faire entendre,

> Maillard semblait homme que mort va prendre,
> Et Semblançay fut le ferme vieillard
> Que l'on cuidait pour vrai qu'il menait pendre
> A Montfaucon le lieutenant Maillard.

Le chancelier Poyet ne fut point pendu, lui, mais dégradé, ruiné, il mourut dans la misère. Quel crime avait-il donc commis? Hélas, il avait déplu à madame d'Etampes, grave faute! puis il avait fait condamner un innocent, Brion. Cet innocent, qui était un peu parent de la favorite, fut bien vengé.

On demanda des comptes à Poyet, et en attendant qu'il pût les rendre on le mit à la Bastille. Il y resta trois ans. Il espérait que la duchesse d'Etampes se lasserait de le persécuter, il réclama des juges. On lui en donna.

— Qu'on le juge, dit le roi, et s'il n'est coupable que de cent crimes, qu'on l'absolve.

Les misérables qui instruisaient le procès, malgré toute leur bonne volonté, furent bien loin de ce compte. Ils ne purent trouver qu'un crime, un seul, il est vrai qu'il n'était pas bien prouvé. Poyet fut condamné cependant, mais non à mort. On se contenta de confisquer ses biens et de l'enfermer dans la grosse tour de Bourges. Lorsqu'on lui ouvrit les portes de sa prison, il chercha à gagner sa vie, il ne le put, chacun le fuyait, alors il périt de faim.

Le grand, le vrai, le seul crime de Poyet, était d'avoir été un aveugle instrument de tyrannie. Qu'avait-il fait que n'eût approuvé le roi? Il n'avait pas compris, l'insensé, que l'instrument d'un pouvoir doit prendre ses précautions et garder toujours une arme, sous peine d'être brisé, sacrifié, le jour où ses services sont devenus inutiles.

Au milieu de toutes ces tristesses, un heureux événement avait rempli de bruit et de fêtes les salles splendides du palais de Fontainebleau (1543).

La femme du Dauphin, Catherine de Médicis, venait, après dix ans de mariage, de donner un fils à la France. François Ier fut au comble de la joie, et se servant d'une phrase dont les grands-pères ont abusé depuis, il déclara « qu'il se sentait revivre en son petit-fils. »

Après les fêtes, le deuil : deux ans plus tard François Ier perdit le duc d'Orléans, ce fils bien-aimé de sa vieillesse, ce protégé de la duchesse d'Etampes. Ce jeune prince, doué des plus remarquables qualités, périt victime d'une terrible épidémie ·qui décimait l'armée. Cette fois encore on parla de poison. On compta ses ennemis, il en avait beaucoup, sans compter son frère Henri, Diane de Poitiers et Catherine de Médicis, qui convoitait pour elle-même le duché de Milan.

Cette mort a inspiré à Ronsard une admirable élégie ; Ronsard avait aimé ce jeune prince si généreux et si brave :

A peine un poil blondelet,
Nouvelet
Autour de sa bouche tendre,
A se friser commençait,
Qu'il pensait
De César être le gendre.

Jà, brave, se promettait
Qu'il était
Duc des lombardes campagnes
Et qu'il verrait quelquefois
Ses fils rois
De l'Itale et des Espagnes.

Mais la mort qui le tua
    Lui mua
Son épouse en une pierre
Et pour tout l'heur qu'il conçut
    Ne reçut
Qu'à peine six pieds de terre.

Nous touchons maintenant aux plus sombres années du long règne de la duchesse d'Etampes ; nous allons voir l'indigne favorite, aveuglée par sa haine contre Diane de Poitiers, trahir, au bénéfice de Charles-Quint, et la France et ce roi qui l'avait tant aimée.

Depuis 1541 la guerre s'était rallumée entre la France et l'Espagne, mais l'empereur marchait à coup sûr, et il allait de succès en succès, déjouant tous les plans de François Ier et de son conseil. C'est que madame d'Etampes veillait. En échange de promesses illusoires, elle livrait les secrets du conseil, les chiffres des généraux, et d'avance dévoilait tous les projets d'attaque ou de défense. Ainsi l'empereur put défendre Perpignan, prendre Saint-Dizier, s'emparer des magasins formés dans Epernay par le Dauphin. Pareille trahison livra encore Château-Thierry qui renfermait d'immenses provisions de blé et de farine. Ainsi les impériaux vivaient dans l'abondance, tandis que dans l'armée du Dauphin les soldats mouraient de privations.

Un certain comte de Bossut, de la maison de Longueval, fut l'artisan et l'intermédiaire de toutes ces trahisons. Agent gagé de Charles-Quint à la cour de France, il dut à ses infamies une grande fortune. Sous le règne de Henri II, il est vrai, tout le secret de cette affaire ayant été dévoilé, le comte faillit porter sa tête sur l'échafaud ; il n'échappa au juste châtiment dont il était menacé qu'en cédant au tout-puissant et avide cardinal de Lorraine une magnifique propriété. Après quoi « il vécut longuement, riche, heureux et honoré, » dit un historien du temps.

François Ier voyait bien qu'il était trahi; il accusait tout le monde, le Dauphin, Catherine de Médicis, la reine Eléonore, les généraux, son conseil, mais jamais un seul instant il ne soupçonna la misérable favorite.

Cependant l'armée de l'empereur était aux portes de la capitale, déjà la population épouvantée cherchait à s'enfuir. L'énergie de François Ier sauva la France. Le danger lui rendit la vigueur et l'activité de sa jeunesse. Bientôt la paix fut signée à Crépy, paix honteuse pour la France, dont tous les avantages étaient pour Charles-Quint qui ne donnait qu'une vague promesse d'un mariage avantageux pour le duc d'Orléans, avec l'investiture définitive du duché de Milan. L'empereur devait bien cette dernière clause à la favorite qui l'avait si bien servi. L'investiture pour le duc d'Orléans, tel avait été le mobile de la duchesse d'Etampes. En agissant ainsi elle croyait s'assurer une retraite lorsque le Dauphin monterait sur le trône. La mort du duc d'Orléans rendit tous ces crimes, toutes ces trahisons inutiles.

Bien tristes furent les dernières années de François Ier. Alors la perfide favorite expia sa vie. Chaque jour ajoutait une épine à la couronne de honte qui ceignait son front, couronne de duchesse. Liée, comme les suppliciés antiques, vivante à un cadavre, dévorée de regrets et de haines, assaillie d'anxiétés, elle ne savait plus elle-même si elle devait craindre ou souhaiter la mort de son amant.

Le brillant, le chevaleresque François Ier n'était plus que l'ombre de lui-même. Son mal avait empiré d'une façon terrible, et la science des médecins était impuissante. Fermait-on l'horrible ulcère, il se rouvrait plus épouvantable. Ambroise Paré lui-même, le grand chirurgien, s'avouait vaincu et ne trouvait point de remède contre les indicibles douleurs du malade .

Parfois résolu à vaincre la souffrance, il se levait et demandait des fêtes, encore des fêtes, des festins, des mascarades; mais l'instant d'après il retombait brisé sur son lit.

Fou de douleur et de rage, il ne pouvait rester nulle part; il courait, espérant fuir ses tourments horribles, de Paris à Compiègne, de Fontainebleau à Saint-Germain, puis à Loches, à Ambóise, partout. C'est où il n'était pas qu'il désirait être. Toujours à ses côtés il lui fallait la duchesse d'Etampes, non plus sa maîtresse, mais sa garde-malade.

La chasse, une chasse folle, enragée, infernale, était son unique, sa dernière passion. L'excès même du mal lui donnait quelque répit. En se brisant ainsi de fatigue, il espérait retrouver le sommeil qu'il appelait vainement et qui depuis si longtemps avait fui sa paupière.

Enfin au retour d'une chasse, à Rambouillet, il fut contraint de se mettre au lit. Les symptômes les plus graves se déclarèrent, il sentit qu'il était perdu.

— Je suis cruellement puni, dit-il, par où j'ai péché.

Puis il voulut faire une fin chrétienne; il déplora la longue saturnale de sa vie, adjura son fils de se méfier des Guises et du connétable de Montmorency, et mourut en recommandant son âme à Dieu et son peuple à son fils, deux choses qui ne l'avaient guère inquiété durant sa vie.

Au grotesque, maintenant : Pierre Castelan, qui prononça l'oraison funèbre de François Ier, dit en pleine chaire : « que sa pieuse mort avait dû le dispenser du purgatoire. »

« L'université jugea la proposition hérétique et envoya une commission de docteurs se plaindre à la cour.

— « Messieurs, leur dit l'Espagnol Jean Mendoze, maître « d'hôtel du défunt, vous venez pour débattre avec M. le grand « aumônier le lieu où peut bien être l'âme du défunt roi, « notre bon maître? Rapportez-vous-en à moi qui l'ai bien « connu, il n'était pas d'humeur à s'arrêter longtemps en « quelque lieu que ce fût. Si donc il a été en purgatoire il n'y « aura guère demeuré que le temps d'y goûter le vin en pas- « sant, selon sa coutume. »

Dans le peuple on répétait l'épigramme suivante :

> L'an mil cinq cent quarante sept
> François mourut à Rambouillet
> Du mal de Naples qu'il avait.

Le corps de François Ier n'était pas refroidi encore, que déjà la duchesse d'Etampes avait reçu l'ordre de quitter la cour et de se retirer dans ses terres. Elle se résigna. Aussi bien ses préparatifs étaient faits depuis longtemps.

Les biens de madame d'Etampes étaient considérables : le roi pendant toute sa vie s'était fait un plaisir de la combler de richesses, il lui avait prodigué les terres, les châteaux, les seigneuries, elle avait à Paris plusieurs hôtels, et voici ce qu'on lit dans Saint-Foix au sujet du logis favori de la duchesse.

« Au bout de la rue Gît-le-Cœur, dans l'angle qu'elle forme aujourd'hui avec la rue de Hurepoix, François Ier fit bâtir un petit palais qui communique à un hôtel qu'avait la duchesse d'Etampes dans la rue de l'Hirondelle.

« Les peintures à fresque, les tableaux, les tapisseries, les

salamandres, accompagnées d'emblèmes et de tendres et amoureuses devises, tout annonçait, dans ce petit palais et cet hôtel,
le dieu et les plaisirs auxquels ils étaient consacrés.

« De toutes ces devises, Sauval ne put se ressouvenir que
de celle-ci : c'était un cœur enflammé, placé entre un *alpha* et
un *oméga* pour dire probablement : *il brûlera toujours.*

« Le cabinet de bains de la duchesse d'Etampes sert à présent d'écurie à une auberge qui a retenu le nom de la *Salamandre ;* un chapelier fait la cuisine dans la chambre du *lever*
de François Ier, et la femme d'un libraire était en couches
dans son *petit salon de délices,* lorsque j'allai pour examiner les restes de ce palais. »

A dater de la mort de François Ier on perd à peu près de
vue la duchesse d'Etampes, les chroniqueurs oublient son
nom, et les poëtes qui l'avaient tant louée semblent ne plus se
souvenir d'elle.

Il est à peu près certain cependant qu'elle embrassa ouvertement la religion réformée.

Mais comment vécut-elle ? essaya-t-elle par son repentir, par
sa conduite régulière, de faire oublier ses scandaleux désor-
dres ? c'est ce qu'on ne saurait affirmer. Beaucoup prétendent
que dans sa retraite et bien qu'elle ne fût plus jeune, elle eut
plusieurs amants, Dampierre entre autres.

Au reste, du vivant du roi elle ne s'était jamais piquée d'une
grande constance, et elle lui avait largement rendu ses infidélités. Le plus connu de tous ceux qui eurent part à ses faveurs
est le comte de Bossut, celui-là même qui fut son agent lors
de ses abominables trahisons.

Ses relations avec Jarnac son beau-frère ne sont rien moins
que prouvées. Il y a même tout lieu de croire à une calomnie.
La Châtaigneraie, en effet, auteur de ces bruits, était fort avant

dans les bonnes grâces de Diane de Poitiers, qui regardait comme bons tous les moyens pour perdre une rivale ou ruiner son crédit. Ces bruits obligèrent Jarnac à provoquer la Châtaigneraie. Mais François Ier, qui avait une admirable foi en sa maîtresse, ne voulut pas autoriser le combat. Ce ne fut que partie remise, et sous le règne de Henri II nous assisterons à ce duel, le dernier des duels judiciaires.

Vers l'année 1556, la duchesse d'Etampes sortit un instant de son obscurité. Le duc d'Etampes, Jean de Brosse, son mari, — car il ne faut pas l'oublier, elle avait un mari, — lui intenta un procès.

Jean de Brosse ne cherchait aucunement à faire constater son déshonneur, il était en vérité assez prouvé. Comme c'était un homme d'ordre et qui ne voulait pas avoir donné son nom pour rien, il réclamait une grande part de la fortune de sa femme, fortune dont la duchesse et le comte de Bossut avaient disposé sans avoir aucun égard à ses droits. Le roi Henri II lui-même consentit à servir de témoin dans l'enquête qui précéda le procès. Jean de Brosse gagna. C'était justice.

La duchesse d'Etampes vécut par la suite dans une telle obscurité qu'on ignore jusqu'à la date précise de sa mort. « Où donc s'en vont, dit Beyle, les étoiles qui filent? »

VI

LA BELLE FERRONNIÈRE

Pour donner la vie au portrait de cette belle maîtresse de
François Ier, il fallait toute la puissance d'un artiste de génie,
de Léonard de Vinci, l'hôte bien-aimé du roi de France. Seul
le pinceau d'un grand maître pouvaitrendre la désolante perfection de cette tête charmante, ce col d'un dessin si ferme
et si exquis, ce front blanc et pur, cette bouche divine qu'ef-
fleure un doux sourire, et ces grands yeux ombragés de longs
cils, ces yeux adorables d'expression et de langueur.

Que nous reste-t-il aujourd'hui, cependant, de cette femme
si radieusement belle? Un bijou, que les châtelaines portaien

au front comme un diadème, et le portrait du Louvre, un chef-d'œuvre.

N'est-il pas étrange que rien ne soit venu jusqu'à nous de l'histoire de cette femme si célèbre, rien absolument? A son égard, les histoires du temps se taisent, les chroniques sont muettes, ou prononcent à peine son nom, sans une anecdote, sans un détail. O poëtes, ô beaux esprits de la cour de François Ier, quelle école buissonnière faisait donc alors votre muse? à quelle étoile adressiez-vous vos hommages? Quoi! vous si prodigues d'ordinaire et d'encens et de rimes, vous n'avez pas trouvé une louange, pas un sonnet pour la plus radieuse de toutes celles qui devant leur beauté virent ployer le genou royal!

C'est que la belle Ferronnière ne fut point une femme politique, ses intrigues ne divisèrent pas les gentilshommes. On ne trouve pas un seul édit qui la concerne, pas une donation. Elle ne demanda la grâce d'aucun grand coupable, on ne lui accorda pas le brûlement d'un seul hérétique.

Nul donc ne peut dire ce qu'ont été les amours de François Ier et de la belle Ferronnière, on en est réduit à des conjectures, c'est-à-dire à rien. Il est impossible en effet d'ajouter la moindre foi aux cinq ou six versions mises en circulation depuis, et brodées sur un même thème, saugrenu, malpropre, invraisemblable.

Tel qu'il est cependant, ce thème a fait fortune, et des historiens extrêmement sérieux en ont tiré de surprenants aphorismes moraux et en ont fait le sujet de tirades aussi longues que fastidieuses.

Voici ce que dit Mézeray, un historiographe plus grave que si quatre têtes de docteurs en Sorbonne eussent logé sous son bonnet :

« En 1538, le roi fut grièvement malade d'un fâcheux ul-
« cère. Ce mal, disait-on, était un effet d'une mauvaise aven-
« ture qu'il avait eue avec la belle Ferronnière, l'une de ses
« maîtresses. Le mari de cette femme, désespéré d'un ou-
« trage que les gens de cour n'appellent que galanterie, s'a-
« visa d'aller en un mauvais lieu s'infecter lui-même, pour la
« gâter et faire passer sa vengeance jusqu'à son rival. La mal-
« heureuse en mourut; le mari s'en guérit par de prompts
« remèdes. Le roi eut tous les fâcheux symptômes, et comme
« les médecins le traitèrent selon sa qualité plutôt que selon
« son mal, il lui en resta toute sa vie quelques-uns. »

Saint-Foix adopte l'opinion de Mézeray, mais il dramatise
considérablement le récit. Il met en scène un moine, —
un affreux moine, retour de Naples, et il en fait tout à la
fois le conseiller et l'instrument de la vengeance du mari
outragé.

Enfin dans presque toutes les histoires de France, il est dit
expressément que François Ier mourut des suites de cette
abominable machination.

A tout ceci il n'y a qu'une objection véritablement inatta-
quable, mais elle est capitale :

Léonard de Vinci, l'inimitable auteur du portrait de la
belle Ferronnière, est mort le 2 mai 1519. L'amour du roi
pour le charmant modèle est par conséquent antérieur à cette
date. Ce qui fait, nécessairement, remonter tout ce roman aux
belles années du règne de François Ier, lorsqu'il était encore
dans toute la force de la jeunesse, c'est à-dire avant sa captivité de Madrid, avant sa passion pour Anne de Pisseleu,
avant son mariage avec la princesse Eléonore. François Ier est
mort plus de vingt-cinq ans plus tard (1547). Il faut avouer
que le poison, si poison il y eut, fut lent à agir.

Quelle était la condition de la belle Ferronnière? c'est ce qu'on ne saurait décider non plus. Etait-elle, comme on le prétend, la femme d'un avocat, ou d'un drapier, ou d'un certain Féron? avait-elle été baladine, avait-elle dansé et chanté dans les rues avant d'épouser un marchand de fers? Cette dernière hypothèse est la plus probable, son surnom lui viendrait alors de la profession de son mari. A Lyon, on appelait Louise Labé *la belle cordière.*

Au milieu de toutes ces contradictions, mieux vaut s'abstenir. Une seule chose est certaine, c'est qu'on ne sait rien; peut-être même douterait-on de l'existence de la belle Ferronnière, sans le beau portrait de Léonard de Vinci, chef-d'œuvre que ne fait point pâlir l'admirable toile de la Joconde.

———◦◦◦———

François Ier eut bien d'autres maîtresses encore, mais elles ne jouèrent aucun rôle, amours de hasard et de passage, caprices d'un jour, à quoi bon] en parler? Ah! le roi-chevalier n'y allait pas de main morte. Ecoutons, pour finir, le seigneur de Bourdeilles, qui tient à donner une idée du caractère *chevaleresque* de ce roi dont il fut le courtisan :

« J'ai ouï parler que le roi François, une fois, voulut aller
« coucher avec une dame de la cour qu'il aimait. Il trouva
« son mari l'épée au poing, pour l'aller tuer; mais le roi lui
« porta son épée à la gorge, et lui commanda sur sa vie de
« ne lui faire aucun mal, et que s'il lui faisait la moindre
« chose du monde, qu'il le tuerait ou qu'il lui ferait trancher
« la tête, *et pour cette nuit, l'envoya dehors et prit sa*
« *place...* J'ai ouï dire que plusieurs autres dames obtinrent
« *pareille sauvegarde* du roi. »

Et des panégyristes se sont trouvés pour faire l'éloge du caractère chevaleresque et de la galanterie raffinée de François Ier! Pourquoi pas de la *protection* qu'il accordait aux dames?

Si tels doivent être absolument les *rois-chevaliers*, à tout jamais le ciel nous en préserve!

VII

DIANE DE POITIERS

DUCHESSE DE VALENTINOIS

Tandis que François Ier agonisait dans une des salles du château de Rambouillet, cachés dans une pièce voisine, l'ambitieux cardinal de Lorraine et Diane de Poitiers, la maîtresse toujours aimée du Dauphin, attendaient haletants d'impatience le dernier soupir du roi-chevalier.

— Il s'en va, le galant, répétaient-ils, il s'en va.

Tout à coup une rumeur profonde et contenue s'éleva dans la chambre du malade.

Le cardinal de Lorraine alla, sur la pointe des pieds, soulever la lourde portière en tapisserie de Flandres, il prêta l'oreille un instant, et revenant vers Diane, il lui dit avec une explosion de joie qu'il ne prenait plus la peine de dissimuler :

— Le roi est mort !

— Enfin je suis reine ! s'écria Diane.

Elle s'était levée, son visage rayonnait de l'orgueil du triomphe.

Ce n'était pas le dauphin Henri, en effet, qui montait sur le trône, c'était sa vieille et impérieuse maîtresse. Diane de Poitiers succédait à la duchesse d'Etampes.

Jamais empire d'une favorite ne fut plus absolu, plus tyrannique, et, il faut le dire, plus désastreux pour la France.

Diane de Poitiers était fille de Jean de Poitiers, seigneur de Saint-Vallier, et de Jeanne de Batarnay, deux des plus anciennes familles du Dauphiné.

Elevée par son père, vaillant homme de guerre et grand chasseur, elle passa ses premières années au manoir de sa famille, demeure féodale, bâtie comme une citadelle au milieu des rochers abrupts qui dominent le cours impétueux du Rhône.

Son éducation fut celle de toutes les jeunes châtelaines du moyen âge, jeunes filles au cœur viril que l'on destinait à quelque brave chevalier ou à quelque rude chasseur. La lecture des romans de chevalerie, le *déduit de la chasse* occupaient les longues heures. Comme la déesse dont elle portait le nom, Diane aimait à galoper sur les traces des meutes ardentes, dans les grands bois qui entouraient alors toutes les nobles demeures.

Elle était, dès son enfance, experte en l'art de fauconnerie et s'entendait à dresser les émerillons. Nulle plus qu'elle n'était gracieuse et hardie, lorsqu'elle s'avançait sur sa blanche haquenée, « le faucon au poing, » suivie de quelqu'un de ces merveilleux lévriers dont la race est aujourd'hui perdue.

A seize ans, et lorsque grand était déjà le renom de sa beauté, Diane épousa le seigneur Louis de Brézé, comte de Maulevrier, grand sénéchal de Normandie, dont la mère était fille d'Agnès Sorel et de Charles VII.

Ainsi, les descendants de cette grande race des Brézé purent s'enorgueillir de compter dans leur famille deux des plus célèbres maîtresses des rois de France.

La présentation à la cour de la jeune et belle comtesse de Maulevrier, présentation qui eut lieu l'année même de son mariage, fit une grande sensation. Son nom, sa fortune, sa beauté lui donnèrent aussitôt un grand état, et l'admiration des hommes, non plus que l'envie des femmes, ne lui firent défaut. On l'appelait dès lors la grande sénéchale.

François Ier, que toutes les femmes tentaient, « ne fut point insensible aux charmes de la fière comtesse. » Diane, pas plus que les autres, ne sut résister au roi ; un instant donc, elle fut sa maîtresse ; mais son règne ne dura qu'un jour. Favorite sans influence, elle n'essaya même pas de lutter contre la comtesse de Chateaubriant, alors toute-puissante.

Les relations du roi et de Diane de Poitiers furent toujours si secrètes, que le comte de Maulevrier ne se douta jamais de rien et mourut sans avoir un seul instant soupçonné la fidélité de sa femme.

Diane affichait d'ailleurs une grande passion pour son mari. Trop habile pour se laisser prendre aux apparences, elle devina qu'elle ne dominerait jamais François Ier ; elle savait son inconstance, et, pour une faveur passagère, elle ne voulut point compromettre la grande position que lui donnait le comte de Maulevrier.

On ne peut dire au juste ni l'origine, ni même la date des amours de François Ier pour la fière Diane de Poitiers ; il convient cependant de les reporter aux premières années de l'apparition à la cour de la belle comtesse.

Mais il est une autre version, pleine d'horreurs, que racontent les chroniques, et que nombre d'historiens ont adoptée, un peu légèrement peut-être.

Selon ces chroniques, c'est au pied même de l'échafaud du père de Diane, le sire de Saint-Vallier, condamné à mort comme complice de la trahison du connétable de Bourbon, que commença ce roman d'amour ; un abominable et honteux marché livra Diane de Poitiers au roi. Mais laissons parler les chroniques.

Poursuivi par la haine de Louise de Savoie, dont il avait repoussé l'amour et refusé la main, le connétable de Bourbon ne tarda pas à être victime des plus injustes persécutions. La mère et la maîtresse du roi, ces deux irréconciliables ennemies, se rapprochèrent un instant pour perdre le connétable ; elles avaient à satisfaire, l'une sa vengeance, l'autre l'insatiable ambition de sa famille.

Bientôt Bourbon fut privé de ses fiefs et de ses domaines ; on lui retira ses commandements pour les confier aux mains inhabiles des frères de la favorite ; enfin, on commença contre lui un odieux procès.

Justement irrité, le connétable entama des négociations avec Charles-Quint. L'empereur, heureux de s'attacher le meilleur général de l'Europe, n'hésita pas à lui promettre, pour prix de sa défection, une principauté indépendante et la main d'une de ses sœurs.

Toujours menacé par deux femmes qui sacrifiaient à leurs passions le véritable intérêt de la France, Bourbon n'hésita

plus. Il promit son épée et l'appui immense de son nom à
l'empereur. Il confia alors ses projets à quelques gentilshommes dont il se croyait sûr, au père et au mari de Diane,
entre autres, le sire de Saint-Vallier, un de ses plus anciens
compagnons d'armes, et le comte de Maulevrier. Tous avaient
juré le secret sur des morceaux de la vraie croix.

Le comte de Maulevrier ne tint pas son serment; il révéla
le complot, à la condition que grâce lui serait faite, ainsi qu'à
son beau-père.

Prévenu à temps, Bourbon put s'enfuir; mais le sire de
Saint-Vallier fut arrêté à Lyon et traduit devant un tribunal
composé de membres du parlement.

Vainement, pour sa défense, l'accusé invoqua les lois féodales qui le faisaient, avant tout, sujet de son seigneur im-
médiat; vainement il allégua son serment sur des morceaux
de la vraie croix, serment terrible, jurant qu'il avait fait tous
ses efforts pour détourner le connétable d'une trahison; il fut
déclaré coupable de félonie et condamné à avoir la tête
tranchée.

Tout aussitôt, les parents et les amis du sire de Saint-Vallier vinrent implorer la clémence royale. François Ier fut inflexible. Il était profondément irrité et tenait à se venger sur
quelqu'un de la perte de son meilleur capitaine, perte d'autant plus désastreuse que la guerre recommençait.

Les supplications du dénonciateur lui-même, du comte de
Maulevrier, ne furent point écoutées.

Diane de Poitiers voulut alors tenter une démarche su-
prème. Elle alla se jeter aux pieds du roi, « lui embrassant
les genoux, et, d'une voix entrecoupée par les sanglots, elle le
conjura de lui accorder la vie de son père. »

François Ier se laissa fléchir; mais il mit à la grâce du sire de Saint-Vallier une condition infâme, c'est que sa fille se donnerait à lui, sur l'heure. Diane, dans cet abominable marché, ne vit qu'une chose, le salut de son père.

« Ainsi, Diane de Poitiers devint la maîtresse du roi de France. »

Heureusement, rien n'est moins prouvé que cette horrible histoire. Presque tous les chroniqueurs qui la rapportent se contredisent entre eux et commettent d'ailleurs un grossier anachronisme.

Ainsi, selon Mézeray et les auteurs qui ont adopté son opinion, « le roi n'accorda la vie au sire de Saint-Vallier qu'a-« près avoir pris à Diane, sa fille, alors âgée de quatorze ans, « ce qu'elle avait de plus précieux. »

Or, à l'époque du procès du connétable, Diane de Poitiers avait de vingt-trois à vingt-quatre ans, et depuis plus de six ans elle avait donné à son mari, le comte de Maulevrier, « ce qu'elle avait de plus précieux.» L'âge, il est vrai, ne fait rien à l'affaire; mais outre que le caractère même de Fran-çois Ier doit éloigner l'idée d'une si affreuse action, la suite des événements ôte toute espèce de probabilité à ce marché infâme imposé à la fille d'un malheureux dont la tête allait tomber.

François Ier laissa jouer, jusqu'au dernier acte, la lugubre comédie de la mort. Un échafaud fut dressé, « haut de sept pieds, tout tendu de draperies noires. » Le condamné fut tiré de sa prison et traîné jusqu'au lieu du supplice; il était si affaibli par la maladie, qu'il ne pouvait marcher. Déjà le malheureux avait gravi l'échelle fatale; il avait posé sa tête sur le billot; le bourreau levait sa hache, lorsque la grâce arriva. Et quelle grâce! une prison perpétuelle. Plus horribles furent les souffrances du sire de Saint-Vallier : après une lente et douloureuse agonie, il mourut dans le cachot sombre où on l'avait jeté.

Ce dernier fait de la captivité du sire de Saint-Vallier suffit presque, à lui seul, pour démontrer l'impossibilité de l'histoire racontée par les chroniques. Si Diane se donna, ce jour-là, pour sauver son père, est-il possible qu'elle n'ait pas obtenu la grâce entière? Si elle devint ensuite la maîtresse de François Ier, comment croire que ce prince, toujours si faible avec les dames, ait refusé à une femme aimée la liberté de son père, tandis que bien d'autres complices du connétable n'étaient pas même inquiétés? Il est bien plus simple d'admettre que déjà, à cette époque, toutes relations entre Diane et le roi avaient cessé.

Les années qui suivirent la condamnation du sire de Saint-Vallier s'écoulèrent tranquilles, sinon heureuses, pour Diane de Poitiers. Elle n'avait pas quitté la cour, mais elle faisait peu parler d'elle. Louise de Savoie était alors toute-puissante et ne souffrait aucune influence rivale; elle régnait, tandis que son fils se donnait tout entier à ses plaisirs et à ses amours. De cette époque datent les premières liaisons de Diane et des Guise. La parole passionnée de Luther avait trouvé de l'écho en France; la religion nouvelle avait des prosélytes, et comme les princes lorrains, Diane croyait que, par tous les moyens possibles, échafauds et bûchers, il fallait arrêter les progrès de l'hérésie.

Diane de Poitiers n'aimait pas madame Marguerite, sœur du roi; plusieurs fois elle avait raillé son goût pour les savants et les beaux-esprits, presque tous entachés des principes de la doctrine nouvelle; elle avait même osé blâmer hautement sa tolérance en matière de religion et ses tendances huguenotes. Aussi, la comtesse de Maulevrier n'accompagna pas

Marguerite en Espagne, lorsqu'elle alla consoler son frère prisonnier; elle ne suivit pas non plus la cour à Bayonne, lors de la délivrance du roi.

En 1531, une meilleure occasion s'offrit à Diane de faire paraître le grand amour qu'elle avait pour son mari. Le comte de Maulevrier mourut le 23 juillet. Les regrets de la veuve éclatèrent aussitôt, mais si bruyants, si fastueux, que chacun pensa qu'il devait y avoir au moins un peu d'exagération.

Ce fut, du reste, une des grandes préoccupations de la vie de Diane de Poitiers, de faire croire à cet amour pour son mari, et aux regrets que lui causait sa mort. Toute sa vie, elle porta le deuil de cet homme si cher, et même aux premiers jours de ses amours avec le jeune prince Henri, elle s'habillait de noir et de blanc, comme une veuve de l'année. Mais dans le choix de ces couleurs, qui devinrent celles de son amant, il y avait plus de coquetterie que d'austérité, et selon Brantôme, un de ses admirateurs, cependant, « il y avait, dans son ajustement noir et blanc, plus de mondanité que de réformation, et surtout toujours montrait sa belle gorge. »

Après la mort de son mari, Diane fit élever à cet homme si tendrement aimé, et trompé, un magnifique mausolée, dans l'église de Notre-Dame de Rouen. Une longue épitaphe disait à tous et les vertus du défunt et les regrets de sa veuve inconsolable.

Elle se retira alors dans sa maison d'Anet, qui n'était encore qu'une simple et modeste demeure; elle voulait, disait-elle, dans cette solitude, pleurer éternellement son époux.

L'éternité dura un peu moins de deux ans.

Lorsque plus belle et « plus jeune que jamais, » Diane de Poitiers reparut à la cour, son premier soin fut de s'assurer quelque influence, chose capitale à une époque où tout le monde régnait, excepté peut-être le roi.

Véritablement s'assurer une influence n'était pas chose facile, toutes les places étaient prises. François Ier appartenait tout entier à madame d'Etampes, et nul n'entrevoyait même la possibilité de renverser la favorite.

Il ne fallait pas songer au fils aîné du roi, le dauphin François, prince mélancolique, toujours « tout de noir habillé, » et qui ne buvait que de l'eau. Il ressemblait fort à son grand-père Louis XII et semblait la vivante satire de cette cour débauchée. Il avait une maîtresse, cependant, la belle de l'Estrange, à laquelle une chanson faisait dire :

> Brunette suis, jamais ne serai blanche.

et que Marot célébrait ainsi dans ses *Etrennes :*

> A la beauté de l'Estrange,
>   Face d'ange,
> Je donne longue vigueur;
> Pourvu que son gentil cœur
>   Ne change.

Mais, précisément parce qu'il avait une maîtresse qu'il aimait, le dauphin François ne pouvait, en aucune sorte, servir les projets de Diane de Poitiers.

C'est alors qu'elle songea à s'emparer du prince Henri, le second fils de François Ier. A dire vrai, ce n'était encore qu'un enfant, il avait vingt ans presque de moins qu'elle; mais elle ne s'arrêta pas à ces considérations, et ne s'épouvanta nullement du ridicule qui pouvait l'atteindre.

Après avoir été la maîtresse du père, elle entreprit l'éducation du fils, douce tâche! François Ier donna, dit-on, son assentiment aux projets de Diane; il pensait qu'en fait de maîtresse, le jeune prince pouvait tomber plus mal. Il se trompait, et devait plus tard l'apprendre à ses dépens.

Henri avait, il faut le dire, toutes les qualités qui peuvent et doivent séduire une femme ambitieuse.

Bien fait, de belle et fièremine, c'était un des plus brillants cavaliers de la cour. Il maniait un cheval avec une incomparable adresse et avait sous les armes une bonne grâce inimitable. Adroit à tous les exercices du corps, il pouvait défier, sans crainte d'être vaincu, les gentilshommes les plus renommés. Il passait pour le plus agile sauteur du royaume et franchissait jusqu'à vingt-cinq pieds; enfin, il n'avait pas de rival au jeu de paume. La chasse, la petite guerre l'hiver à coups de boules de neige, les armes, tels étaient ses passe-temps favoris.

Au moral, il semblait fait pour être dominé. Timide, indécis, il était long à se décider. Avait-il un projet en tête, il prenait conseil de tous ceux qui l'entouraient. Il est vrai qu'une fois son opinion arrêtée, bonne ou mauvaise, on ne l'en faisait pas revenir facilement.

Tel était l'adolescent dont Diane de Poitiers entreprit la conquête. Elle dut se résigner à faire les premières avances; mais ses peines ne furent point perdues, et bientôt toute la cour apprit, avec stupéfaction, que la veuve inconsolable du comte de Maulevrier était la maîtresse du second fils du roi.

Un aussi beau succès ne pouvait manquer d'éveiller la jalousie; on fit pleuvoir les quolibets sur la vieille maîtresse de l'enfant royal; on osa faire les allusions les plus injurieuses; le gros mot d'inceste fut prononcé, et, à deux ou trois reprises, François Ier trouva dans sa chambre royale, sur son lit, des vers où ni lui, ni la grande sénéchale n'étaient ménagés.

Diane baissait la tête et sans mot dire laissait passer l'orage; quelque pressentiment l'avertissait sans doute qu'un jour viendrait où elle prendrait une éclatante revanche.

L'ambitieuse coquette jouait alors une grande passion pour son jeune amant, ce qui ne l'empêchait pas de porter toujours le deuil de feu monsieur de Maulevrier. Voulait-elle tromper ceux qui l'entouraient, s'abusait-elle sur ses véritables sentiments, c'est ce qu'il est difficile de dire.

Nous avons, des premiers jours de ces amours, des vers charmants, composés par Diane elle-même pour Henri; ils semblent écrits au lendemain de la chute; il est difficile de rien trouver de plus frais et de plus coquet :

> Voici vraiment qu'Amour, un beau matin,
> S'en vint m'offrir fleurette très-gentille.
> Là se prit-il à orner votre teint,
> Et vitement. Marjoleine et jonquille
> Me rejetait, à tant que ma mantille
> En était pleine, et mon cœur se pâmait.
> Car, voyez-vous, fleurette si gentille
> Etait garçon, frais, dispos et jeunet.
> Ains, tremblotant et détournant les yeux :
> — « Nenni, disais-je. — Ah ! ne serez déçue, »
> Reprit Amour; et soudain à ma vue
> Va présenter un laurier merveilleux.
> — « Mieux vaut, lui dis-je, être sage que reine ! »
> Ains me sentis et frémir et trembler.....
> Et Diane faillit...; et comprendrez sans peine
> Duquel matin je prétends reparler.

Quels vers charmants! quel trouble délicieux et naïf! Ne croirait-on pas entendre fillette de seize ans, tout inquiète de s'être laissé voler son cœur!

Ces vers donnent une idée de l'esprit de Diane de Poitiers; il était souple et brillant. Elle avait du goût, quoi qu'en aient dit les écrivains réformés, qui avaient d'ailleurs de bonnes raisons de la détester, et savait parfaitement distinguer le vrai mérite. Il ne faut donc pas s'étonner de l'effet de ses séductions sur le cœur de Henri. A dire vrai, le jeune prince l'idolâtrait, et chaque jour éclatait plus forte et moins contenue son ardente passion.

Les beaux seigneurs et les belles dames s'étonnaient déjà de la durée de ces amours. On ne se piquait pas de constance à la cour de François Ier, les lunes de miel y avaient des quartiers fort courts, et déjà plus d'une dame avait essayé de continuer l'éducation de l'adolescent. Mais lui, fidèle à sa maîtresse, « déclarait n'avoir point de pensées pour d'autre. » Le mécontentement succéda à la surprise.

Bientôt, pour expliquer la violence et la persévérance étranges de cette passion, on accusa Diane de Poitiers d'avoir ensorcelé Henri. On la disait fort curieuse de magie, et on prétendait qu'elle avait donné à son amant une bague enchantée qui devait éternellement l'enchaîner à elle. De Thou lui-même croit, ou feint de croire à l'histoire de cette bague merveilleuse.

Mais, pour retenir Henri dans ses filets, Diane de Poitiers avait bien d'autres enchantements; elle avait sa beauté d'abord, puis son esprit et ses grâces infinies; enfin, elle avait son expérience. Il est impossible ici de citer textuellement nos vieux écrivains; mais tous s'accordent à dire que « la dame, fort experte en l'art de galanterie, était encore plus impudique que belle, et plus dépravée que spirituelle. » Voilà le charme expliqué.

Cependant, l'influence de Diane de Poitiers grandissait de jour en jour, et bientôt elle put balancer le crédit de la duchesse d'Etampes, la bien aimée du roi. Nous ne rappellerons pas ici les effets désastreux de la rivalité des deux favorites. Tous les avantages de cette lutte furent pour Diane. Elle avait l'avenir pour elle, et son ennemie, maîtresse d'un roi dont la santé était depuis longtemps perdue, était à peine sûre du lendemain.

La mort même sembla se mettre du côté de la grande sénéchale.

Ainsi, le dauphin François mourut, et son amant se trouva l'héritier de la couronne. Le duc d'Orléans, sur lequel s'appuyait encore madame d'Etampes, ne tarda pas à suivre son frère, et Diane alors, dans l'avenir au moins, ne vit plus de rivale.

Diane de Poitiers ne pouvait compter comme une rivale Catherine de Médicis, la femme de son amant, cette jeune Italienne, qui avait accepté sans murmure cette singulière condition d'épouser un homme entièrement subjugué par une maîtresse moins belle et plus vieille qu'elle.

Le luxe de Diane de Poitiers était alors princier, et chaque jour elle imposait à Henri de nouveaux sacrifices pour subvenir à ses dépenses. « Après la galanterie, dit M. Hauréau, les arts étaient sa plus grande passion ; » et, autant pour satisfaire ses goûts que pour lutter avec la duchesse d'Etampes, elle voulait se faire une cour d'artistes et de poëtes. Tous les nouveaux venus à la cour devaient choisir entre les deux favorites. Benvenuto Cellini se décida pour Diane, mais il fut obligé de quitter Fontainebleau.

— Restez, disait François Ier à l'inimitable artiste, restez, je vous couvrirai d'or.

Mais le fier et indépendant ciseleur n'eût pas supporté une injure pour tout l'or du nouveau monde, et la duchesse d'Etampes l'avait abreuvé de dégoûts.

Au palais de Fontainebleau, toujours aux côtés de la favorite de François Ier, on retrouve la grande sénéchale. Cette Diane Chasseresse, aux traits si nobles et si beaux, à la démarche si pleine de majesté, c'est l'altière maîtresse du Dauphin.

Elle eut du moins le mérite de bien placer ses bonnes grâces; elle encouragea bien d'autres artistes, bien d'autres gloires. Toujours elle protégea le Primatice, elle combla Jean Goujon. Bernard Palissy, l'inimitable potier-émailleur, put la compter au nombre de ses admiratrices.

C'est une triste histoire que celle de Bernard Palissy, le glorieux artiste, l'inventeur d'un art aujourd'hui perdu. Quel courage! quelle patience! Victime de l'envie et de la bêtise, il luttait contre toutes les horreurs de la misère, tandis qu'il faisait ses premiers chefs-d'œuvre; ses enfants n'avaient pas de pain, et il brûlait son pauvre mobilier pour chauffer son four; ce four enchanté d'où sortaient ces admirables faïences dont le prix est aujourd'hui illimité, et ces plats merveilleux qui font l'admiration et le désespoir de nos artistes.

Diane s'éprit des poteries de Bernard Palissy, et bientôt il eut une autre protectrice, Catherine de Médicis. Alors les angoisses du malheureux eurent un terme; alors il paya en chefs-d'œuvre les jours de repos qu'on lui faisait. Pour Diane, pour Catherine, pour Henri II, il composa ces plats, ces assiettes marqués au chiffre royal et qui, sur la table aux jours

de gala placés à côté des vases et des coupes de Benvenuto
Cellini, devaient donner au festin un féerique appareil.

Puis elle eut ses poëtes; on lui jetait aussi l'encens à pleines mains :

> Ne vante plus, ô Rome, ta Lucrèce,
> Cessez, Thébains, pour Corinne combattre,
> Taire te faut de Pénélope, ô Grèce !
> Encore moins pour Hélène débattre :
> Et toi, Egypte, ôte ta Cléopâtre ;
> La France seule a tout cela et mieux :
> En quoi Diane a l'un des plus beaux lieux,
> Soit en vertus, beauté, faveur et race ;
> Car si n'avait le tout reçu des cieux,
> D'un si grand roi n'eût mérité la grâce.

Lorsque Le Pelletier lui envoyait ces vers, elle était reine
de France par la mort de François Ier, et depuis longtemps
son oreille s'était habituée au doux murmure de la louange.

En 1537, Marot lui envoyait ces étrennes :

> Que voulez-vous que vous donne,
> Diane bonne?
> Vous n'eûtes, comme j'entends,
> Jamais tant d'heur au printemps
> Qu'en automne.

Du Bellay, Ronsard, et bien d'autres, *la Pléiade*, eurent des
vers pour elle, et pourquoi non? « Le poëte ne chante-t-il
pas toujours les yeux tournés vers l'Orient? »

Mais les arts et les jouissances de l'esprit, choses frivoles, son amour pour le Dauphin, chose grave, ne suffisaient pas à emplir sa vie. Il fallait d'autres aliments à son ambition. Il lui fallait d'ailleurs étayer sa puissance. Elle était bien sûre de son amant, mais le pouvoir d'une favorite est chose si fragile !

C'est alors que plus que jamais elle se rapprocha des Guise, et qu'elle donna toute sa confiance au connétable Anne de Montmorency.

Ce fut en son temps un terrible soudard, que monseigneur le connétable, premier baron chrétien. Dur, cruel, superstitieux, altier, il résumait en lui tous les vices de la noblesse féodale, qui en avait un assez bon nombre. De plus, il était incapable et avare : oh ! mais d'une avarice sordide. Enfin, il se distingua par le cynisme de ses pilleries. Il recevait de toutes mains ; peu lui importait la valeur du présent, il acceptait avec la même avidité d'immenses domaines ou *une paire de brodequins neufs* achetés à Madrid. Quand on ne lui donnait pas... il prenait. Avait-on un procès, il vous en assurait le gain moyennant finance ; il vendait les ordres du roi, et, envoyé pour punir des déprédations, il partageait simplement avec les fripons. Tuteur infidèle, il ruina sa nièce, Charlotte de Laval.

Mais son « âpreté à la chasse aux écus » n'était rien comparée à sa cruauté. Il n'avait qu'un argument, la potence. Il fit en sa vie périr une foule de malheureux, coupables de lui avoir déplu. A Bordeaux, il donna aux corbeaux plus de cent bourgeois.

Avec cela fort dévot ; il jeûnait et gardait les observances. Chaque jour, il disait soigneusement ses prières ; mais on connaît les *patenôtres de M. le connétable*. Terribles patenôtres ! Brantôme nous en donne une idée : *Pater noster,*

— brûlez-moi ce village ; — *qui es in cœlis*, — pendez-moi ces coquins ; — *sanctificetur nomen tuum*, — qu'on assomme celui-ci ; — *adveniat regnum tuum*, — qu'on écartèle celui-là, etc.....

Aussi, il faut voir si on redoutait les patenôtres de ce *terrible rabroueur de personnes* qui regardait brûler des villages entiers sans passer un grain de son chapelet.

Un jour, à Fontainebleau, il trouva que les solliciteurs venaient frapper en trop grand nombre au palais du roi ; il fit élever des potences « hautes comme un clocher d'église, » et personne n'osa plus approcher.

C'est dans les derniers jours de sa vie que le terrible soudard montra surtout de quelles cruautés il était capable. Les huguenots n'eurent jamais de persécuteur plus ardent ; chaque jour, il dénonçait à François Ier quelque coupable à faire pendre. Il osa lui dire que, si on voulait extirper tous ces hérétiques damnés, il fallait frapper leurs protectrices, madame Marguerite, sœur du roi, et la duchesse d'Etampes. Le roi trouva que le connétable allait trop loin.

Tel est l'homme dont Diane de Poitiers devint la fidèle alliée. Tandis qu'elle commandait altière au Dauphin, elle se courbait sans murmure sous la terrible volonté du connétable. Anne de Montmorency fut, dit-on, plus qu'un ami pour la grande sénéchale, et cet on-dit s'appuie sur des preuves. Ecoutons ce que dit l'histoire : « Le tempérament de Diane « la portait quelquefois à chercher ailleurs le comble du plaisir, quand elle trouvait en lui (le Dauphin) le comble des « biens et des honneurs. »

Trahir un prince jeune et beau, pour un vieux soldat brutal, c'est de la dépravation ; car enfin le connétable n'avait rien de ce qui séduit une femme. Sa seule qualité était la

bravoure, une bravoure enragée. Au fort de la mêlée, il lan-
çait son cheval en criant : Gare ! gare ! et ainsi il ouvrait les
bataillons ennemis ; car ceux qui ne se garaient pas assez
vite tombaient bientôt sous ses coups.

Tout le crédit de Diane de Poitiers ne put cependant main-
tenir Anne de Montmorency : pendant les dernières années du
règne de François Ier, la duchesse d'Etampes parvint à le faire
disgracier et éloigner de la cour.

La grande sénéchale donna bien d'autres rivaux à son
royal amant ; les plus connus sont le cardinal de Lorraine et
le maréchal de Brissac. Les écrivains protestants prétendent
aussi que Marot fut très-avant dans ses bonnes grâces ; mais
rien n'est moins prouvé.

Il est constant, cependant, que Marot lui adressa ses hommages et qu'il fut assez favorablement écouté pour concevoir
des espérances. Ne dit-il pas :

> Être Phébus bien souvent je désire
> Pour être aimé de Diane la blonde.

Mais les choses tournèrent à mal, paraît-il, car ailleurs le poëte
s'écrie d'un ton désespéré :

> Je n'ai pas eu de vous grand avantage,
> Un moins aimant aura peut-être mieux.

La *mie* qui accusa Marot d'avoir *mangé du lard* et le fit
ainsi enfermer, n'est autre que Diane de Poitiers ; il s'appuie
sur ses vers :

> Bien avez lu, sans qu'il s'en faille un a,
> Comme je fus, par l'instinct de *luna*,

> Mené en lieu plus mal sentant que soufre
> Par cinq ou six ministres de ce gouffre.

Ceci se passait avant la toute-puissance de Diane. Depuis, les douceurs de Marot tournèrent à l'aigre, les épigrammes remplacèrent les éloges, et il se tourna du côté de la duchesse d'Etampes et de madame Marguerite.

Mais, dit un vieil auteur, « pourquoi la grande sénéchale l'aurait-elle fait renfermer? Etait-il trop pressant, ou craignait-elle qu'il ne devînt indiscret? »

Diane de Poitiers voulait bien, de temps à autre, choisir un amant; mais elle ne permettait pas à Henri de penser à une autre femme. Trois ou quatre fois, soit étant dauphin, soit étant roi, Henri eut quelques velléités d'amour; mais Diane sut y mettre bon ordre. Elle s'en prenait, non point au prince, mais à l'objet de son caprice. C'est ainsi qu'elle fit éloigner mademoiselle Flamyn, celle-là même qui, étant enceinte du roi, disait avec un naïf orgueil :

— « J'ai tant fait, que, Dieu merci! j'aurai un enfant du roi, dont je m'en sens très-honorée et très-heureuse. »

Mademoiselle Flamyn exprimait là ce qu'eussent pensé, à cette époque, toutes les femmes, à sa place.

Enfin, François Iᵉʳ mourut, et Diane de Poitiers monta sur le trône. Elle avait alors bien près de cinquante ans, son amant en avait vingt-neuf.

Cet amour persévérant d'un jeune roi entouré de séduction, en butte aux amoureuses tentatives de toutes les dames de la cour, cette passion pour une femme si vieille, peut sembler invraisemblable; c'est que Diane de Poitiers est un de ces rares exemples de longévité florissante qu'on ne rencontre pas une fois par siècle. Elle était admirablement belle et ne

paraissait pas vingt-cinq ans, à un âge où les femmes renon-
cent ordinairement à dissimuler leurs rides. Brantôme, qui la
vit lorsqu'elle avait plus de soixante ans, resta confondu d'admiration. « Six mois avant sa mort, dit-il, je la vis si belle
encore, que je ne sache cœur de roche qui n'en fût ému. »

Cette éternelle jeunesse, Diane la devait, dit-on, à un phil-
tre que, par reconnaissance, lui avait autrefois donné une
jeune bohémienne dont elle avait sauvé le père, condamné
à la potence. Pour un tel présent, quelle femme ne sauverait
tous les bohémiens de la terre? Outre ce breuvage magique,
elle avait, assurent des auteurs fort sérieux du temps, une
pommade enchantée, qui rendait à sa peau la fraîcheur et
l'éclat de l'adolescence.

Mais les graves auteurs se trompent. Diane rejeta toujours,
au contraire, avec le plus grand soin, les pommades et les
cosmétiques; son *eau de beauté* était simplement de l'eau de
puits : chaque jour, même par les plus grands froids, elle se
lavait le visage et tout le corps avec de l'eau glacée. Eveillée le
matin « dès six heures,» elle montait ordinairement à cheval,
faisait une ou deux lieues dans les bois, et venait se remettre
dans son lit, où elle lisait jusqu'à midi.

Le premier soin de Diane, en arrivant au pouvoir, fut de
chasser honteusement sa rivale, la duchesse d'Etampes, que
François Ier avait comblée de richesses et d'honneurs. Elle
n'osa cependant la dépouiller de ses biens, c'eût été établir
un précédent et donner pour elle-même un fâcheux
exemple.

Elle ne s'en tint point là ; « elle avait des vengeances à exer-
cer, des partisans à récompenser. » Tous ceux qui avaient été
attachés à la duchesse d'Etampes, ou qui lui devaient leur
élévation, furent disgraciés et remplacés par des créatures à

elle. D'Annebaut dut céder à Jacques de Saint-André sa charge de maréchal de France ; le maréchal de Biez fut dégradé : encore un peu, il portait sa tête sur l'échafaud. Le connétable de Montmorency fut rappelé, et partagea toute la puissance avec les Guise. Le cardinal de Lorraine remplaça le cardinal de Tournon.

Finances, armée, clergé, conseil, Diane s'assura de tout. Partout elle mit des hommes à elle, incapables de la trahir, parce qu'ils lui devaient tout et savaient qu'ils tomberaient avec elle.

Tous ces changements s'opérèrent si vite, que le troisième jour après la mort de François Ier, Montmorency, que le roi Henri II appelait son *compère*, établi à Saint-Germain-en-Laye, recevait les députés envoyés de Paris pour complimenter le nouveau roi.

Alors les Guise jetèrent les fondements de cette puissance colossale qui, sous les successeurs de Henri II, devait menacer le trône.

Les factions réunies des princes lorrains, des Montmorency et de Diane entouraient le roi de toutes parts. « Rien ne leur échappait, dit un écrivain du temps, non plus que mouches aux hirondelles, que tout ne fût englouti ; de sorte qu'il était impossible à ce prince débonnaire d'étendre à d'autres sa libéralité. »

Cruellement éclipsée par la favorite, la femme de Henri II, Catherine de Médicis, en prenait sans fausse honte son parti. « Elle s'exerçait, par avance, aux ruses de sa politique nationale, flattant, pour se les ménager, toutes les influences rivales de la sienne, quelque odieuses qu'elles pussent lui être. »

Henri II, cependant, tenait à faire montre de son pouvoir

royal, et, dans ce but, il comblait sa maîtresse bien-aimée.
Pour elle, il ne trouvait rien d'assez magnifique ; il se plaisait
à l'entourer d'un faste vraiment royal. Pour orner les logis et
les palais de Diane de Poitiers, il faisait de tous côtés recher-
cher les chefs-d'œuvre des arts de l'époque : meubles, tapisseries, tableaux, vêtements, ouvrages d'orfévrerie, riches parures. Depuis le mois d'octobre 1548, Diane avait pris le titre de
duchesse de Valentinois, du riche duché de ce nom, l'un des
plus beaux domaines de la couronne, que son amant lui
avait donné à vie.

Un remarquable événement marqua les premières années
du règne de Henri II. Le combat du sire de La Châtaigneraie
et du comte de Jarnac. Ce devait être le dernier duel judiciaire. François Ier avait cru devoir refuser le champ clos ;
son successeur l'accorda, sur les instances de Diane de Poitiers. Tous deux d'ailleurs, le souverain et la favorite, avaient
pris parti dans cette querelle, qui avait troublé le règne du dernier roi.

La Châtaigneraie n'avait été, disait-on, que l'écho du Dauphin et de sa maîtresse, et, plus tard, il était devenu leur
champion.

Voici ce qui s'était passé : Le bruit s'était tout à coup ré-
pandu à la cour de François Ier que la duchesse d'Etampes
honorait son beau-frère, le comte de Jarnac, de ses faveurs.
On voulut remonter à la source de cette accusation ; on pensait arriver jusqu'à Henri, profondément hostile à la maîtresse
de son père ; mais La Châtaigneraie s'interposa. Il déclara que
lui-même avait tenu le propos ; que, d'ailleurs, il le tenait de
Jarnac lui-même, qui lui avait fait cette confidence. Il offrait
le combat pour soutenir son dire. François Ier étouffa cette
affaire.

Mais sous Henri II la haine se réveilla, un nouveau défi fut jeté, le roi accorda le champ-clos.

Au dire de toute la cour, la lutte n'était point égale entre les deux adversaires : La Châtaigneraie, « haut de la main et querelleur, » était doué d'une vigueur extraordinaire; il excellait dans tous les exercices du corps, et passait pour la meilleure lame du royaume. Fier de son adresse et de sa vaillance, il se vantait orgueilleusement de « courir à tous venants. »

Jarnac, au contraire « était, dit Brantôme, un petit dameret qui faisait plus grande profession de curieusement se vestir que des armes de guerre. »

Cependant, on avait préparé le champ-clos dans le parc du château de Saint-Germain; on avait paré les estrades de draperies, comme pour un tournoi, et, au jour indiqué, le roi, Diane de Poitiers et toute la cour vinrent assister à ce grand combat judiciaire.

Les adversaires entrèrent en lice au coucher du soleil; leurs armes, suivant l'usage, avaient été bénies à Saint-Denis. mceo Lbat commença. La Châtaigneraie, qui ne doutait pas de la victoire, se précipita furieusement sur son ennemi; mais Jarnac para prestement, et, avec une adresse sans pareille, riposta par un coup qui renversa son adversaire.

Ce coup fameux a pris depuis le nom de *coup de Jarnac*. Il est vrai qu'on ne sait pas au juste quel il était; seulement, il n'est pas permis de douter qu'il ne fût très-loyal.

Aussitôt Jarnac fut sur La Châtaigneraie; l'épée sur la gorge, il le somma de se rétracter. La Châtaigneraie refusa. Gracié par le roi, le vaincu fut transporté, pour y être pansé, au château de son parent, le duc de Guise; mais il était trop fier pour survivre à sa défaite, il arracha tous ses appareils, préférant la mort à l'humiliation. Sur le mausolée qu'on lui fit élever, on lisait cette inscription :

AUX MANES FIÈRES DU TRÈS-VALEUREUX
CHEVALIER FRANÇAIS
FRANÇOIS DE VIVONNE
SEIGNEUR DE LA CHATAIGNERAIE.

Dès l'avénement de Henri II au trône, les persécutions contre les huguenots avaient commencé avec une fureur jusqu'alors inconnue. Sous l'inspiration des Guise, du connétable de Montmorency et de la nouvelle duchesse de Valentinois, de toutes parts on élevait des potences et des bûchers, le sang coulait à flots.

« Ce n'est pas, dit un auteur calviniste, que la favorite fût animée d'un bien grand zèle pour la religion catholique, mais la duchesse d'Etampes avait protégé la religion réformée, et cela seul avait déterminé Diane de Poitiers à faire précisément le contraire. De plus, elle et ses infâmes complices se partageaient les dépouilles de tous les martyrs de leur croyance, innocentes victimes dont on confisquait les biens. »

L'acharnement de Diane de Poitiers contre les huguenots est véritablement incroyable. Non contente d'ordonner des supplices, il lui arriva quelquefois d'assister aux interrogatoires, et d'accabler des injures les plus véhémentes les malheureux que, devant elle, on soumettait à la torture. Ainsi, suivant J. Crespin, dans l'affaire du tailleur du roi, « elle voulut elle-même assister au jugement et *en dire sa ratelée.* »

Y avait-il « quelque brûlement, » elle s'en réjouissait longtemps à l'avance, et y assistait toujours avec le roi. Accoudée
à quelque fenêtre, la tête appuyée sur l'épaule de son amant,
heureuse, souriante, elle regardait brûler les hérétiques. Les
jours de bûcher étaient jours de fête pour la cour.

Il s'est cependant trouvé des poëtes pour chanter ces fu-
reurs de Diane de Poitiers :

> Sur tout, vous avez soin
> De Dieu, de son Église,
> De vous repoulsant bien loin
> Toute malice et feintise.

Par la toute-puissance de la favorite, le cardinal de Lorraine, Charles, était comme le véritable roi de France. A chaque amant de la maîtresse royale, il fallait une part du pouvoir ; le peuple murmurait et son indignation s'exhalait en
épigrammes. Un jour, Henri II, en se mettant à table, trouvait ce quatrain sous son couvert :

> Sire, si vous laissez comme Charles désire,
> Comme Diane veut, par trop vous gouverner,
> Fondre, pétrir, mollir, refondre, retourner,
> Sire vous n'êtes plus, vous n'êtes plus que cire.

Ces vers irritaient le roi, mais ne lui donnaient pas le courage d'être le maître ; il ne pouvait se « *déguiser*. »

Le connétable de Montmorency avait peut-être plus de
pouvoir que le cardinal de Lorraine. Ses maladresses et son
incapacité ne diminuaient pas son influence. Diane le soutenait. Il s'était fait battre, puis il était tombé aux mains de

l'ennemi. Mais, du fond de sa prison, il tenait encore une des ficelles qui faisaient mouvoir Henri II. Le roi écrivait au connétable captif pour l'informer de tout ce qui se passait à la cour, pour lui dire ses griefs contre les Guise, qui parfois lui faisaient peur, enfin pour le consulter. Diane était de moitié dans la correspondance. « Le monarque tantôt servait à cette dame de secrétaire, tantôt lui cédait, puis reprenait la plume, comme on peut s'assurer par quelques lettres conservées à la Bibliothèque, qui sont de deux écritures, et se terminent ainsi :

Vos anciens et meilleurs amis,

DIANE, HENRI. »

Les persécutions contre les huguenots continuaient toujours, et leur nombre cependant allait en augmentant. Ils cherchaient et trouvaient des protecteurs pour remplacer ceux qu'ils avaient perdus, la duchesse d'Etampes et madame Marguerite.

Pauvre Marguerite! Ils étaient bien loin les jours de sa jeunesse, jours de folie et d'amour. Avec la vieillesse l'heure du repentir était venue. Après avoir écrit l'*Heptaméron*, elle avait composé *le Miroir de l'âme pécheresse*, et la Sorbonne avait voulu y voir des propositions hérétiques.

Ses protégés, savants et beaux esprits, lui furent au moins reconnaissants; ils firent des inscriptions et frappèrent des médailles où ils l'appelaient la *dixième Muse* et *quatrième Grâce*. Pour elle, Ronsard a eu des strophes charmantes :

Ici la reine sommeille,
Des reines la non pareille,
Qui si doucement chanta :

> C'est la reine Marguerite,
> La plus belle fleur d'élite
> Qu'oncques l'Aurore enfanta.

Mais ni les horreurs de la persécution ni les malheurs de la guerre ne suspendaient les plaisirs à cette cour de Henri II, « *si gentiment corrompue,* » dit Brantôme. C'était chaque jour quelque fête nouvelle, et toujours la duchesse de Valentinois en était la reine. Catherine de Médicis, l'épouse délaissée, ordonnatrice des bals et des festins, s'effaçait devant la favorite. La rusée Italienne avait alors acquis une véritable influence, occulte, il est vrai, mais qui pour cela n'en était pas moins sûre. Elle ne semblait cependant songer qu'aux plaisirs, mais les plaisirs étaient un de ses moyens favoris de gouvernement. Elle organisait l'escadron nombreux et dangereux de ses filles d'honneur, escadron charmant où les rois de France prirent l'habitude de choisir des maîtresses. Libre était la conduite des filles d'honneur, et nul, assure Brantôme, « n'y trouvait à redire, pourvu que sussent se garder de l'enflure du ventre. »

A toutes ces fêtes, chasses, bals, mascarades, Henri II ne paraissait que vêtu des couleurs de la duchesse de Valentinois. Il avait adopté ses emblèmes, un croissant placé sur des montagnes avec cette devise : *Donec totum implicit orbem.* Il faisait plus, il faisait frapper des médailles en l'honneur de l'altière favorite : la plus connue porte d'un côté cette inscription : *Diana, dux Valentinorum clarissima.* Au revers, on voit Diane foulant aux pieds un Amour, avec cette légende : *Victorem omnium vici.*

Henri II se faisait gloire de son amour; il semblait vouloir l'apprendre à tout l'univers, et en transmettre le souvenir à la postérité. Partout, sur les palais qu'il aimait à faire construire, on voit le chiffre du roi uni à celui de Diane ; on le retrouve, ce chiffre, à Fontainebleau, à Chambord et à Saint-Germain. On les aperçoit encore, ces deux lettres, amoureusement enlacées au milieu des feuilles d'acanthe qui courent le long du palais du Louvre.

De grands artistes bâtissaient de royales demeures pour le roi Henri II. Il fallait de somptueuses résidences pour loger toutes les merveilles des arts de ce temps, et jamais on ne vit tant de chefs-d'œuvre. Ce fut alors vraiment le beau moment de la Renaissance.

Le château d'Anet, bâti pour Diane de Poitiers, résumait toutes les splendeurs, toutes les magnificences de cette admirable époque.

Anet, merveilleux château, s'élevait entre les deux forêts d'Yves et de Dreux. Philibert Delorme avait donné les dessins, Cousin et Jean Goujon y épuisèrent leur génie. C'était comme un palais de fée, demeure enchantée des contes arabes. Tout y était merveille, du perron aux combles. Chaque serrure était un poëme, le moindre clou était une œuvre d'art. L'escalier avait une légèreté inimitable, les cheminées étaient des monuments. Jamais la perfection n'avait été portée si loin.

Hélas ! que reste-t-il d'Anet, le joyau du seizième siècle? quelques débris incomplets, mais si admirables encore que, devant eux, on s'arrête ébloui.

Mais on ne peut se faire une idée de la richesse de l'ameublement d'Anet. Là, madame la duchesse de Valentinois avait accumulé tous les trésors de ce siècle si riche. Les meubles étaient d'ivoire et d'ébène rehaussés d'or; l'Espagne et la Flandre avaient fourni les tentures de cuir et les tapisseries de fine laine. Les tapis venaient d'Orient, les glaces de Venise. Puis sur les étagères, sur les bahuts sculptés à jour, s'entassaient les poteries de Palissy, les coupes et les aiguières de Benvenuto; enfin, ces mille objets d'un fini si admirable, qu'exécutaient, non pas des ouvriers, mais des artistes. Luxe inouï, féerique, que nous pouvons à peine comprendre aujourd'hui.

Dans ce palais d'Anet, on voyait, aux côtés de Diane, une autre Diane, une toute jeune fille, belle, charmante; on l'appelait madame de Castro. Encore enfant, elle avait été fiancée à un autre enfant, Hercule de Farnèse, duc de Castro; mais elle était restée veuve avant d'être nubile.

On la destinait à François de Montmorency, fils du connétable.

Diane de Castro était fille de Henri II, mais nul ne connaissait sa mère; on pensait que ce pouvait bien être Diane de Poitiers, et l'on expliquait qu'encore aux premiers temps de leurs relations, les deux amants avaient dû dissimuler la naissance de cet enfant.

On dit encore que Henri II voulait légitimer Diane de Castro; mais la duchesse de Valentinois ne le voulut pas. Aux premières paroles que lui en dit le roi :

— Par ma naissance, répondit-elle, j'étais en droit d'avoir de vous des enfants légitimes; j'ai été votre maîtresse, parce que je vous aimais, mais je ne souffrirai pas qu'un arrêt me déclare votre concubine.

Singulier scrupule, chez une femme qui emplissait le monde du bruit et du scandale de ses amours.

La duchesse de Valentinois touchait à sa soixantième année; mais toujours belle, toujours jeune, plus que jamais adorée de son amant, elle pouvait espérer encore un long règne, lorsqu'un terrible accident causa la mort de Henri II, encore dans toute la force de l'âge.

Depuis longtemps une prédiction menaçait le roi d'un danger inconnu ; voici ce que disait la centurie :

> Le lion jeune le vieux surmontera
> Au champ bellique, par singulier duel
> Dans cage d'or les yeux lui crèvera :
> Deux plaies donnent la mort cruelle !

Chacun pensait bien qu'il s'agissait de quelque combat singulier à armes courtoises ou non ; mais Henri II ne croyait pas aux horoscopes.

Aussi, lors du tournoi donné à l'occasion des mariages d'Elisabeth de France et de Philippe II, roi d'Espagne, et de Marguerite, sœur de Henri II, avec le duc de Savoie, l'amant de la duchesse de Valentinois descendit dans la lice.

Déjà cent lances avaient été rompues, lorsque le roi voulut en courir une dernière contre un de ses gentilshommes, le comte de Montgomery.

Mais cette fois l'horoscope eut raison.

Atteint au-dessous de l'œil par le tronçon de la lance de Montgomery, Henri II, dangereusement blessé, dut être porté en son palais. On ne comprit pas d'abord toute la gravité de la blessure ; mais bientôt elle empira, et le roi fut en danger de mort.

— Que l'on n'inquiète pas le comte de Montgomery, avait dit le roi en tombant.

On s'était conformé à la volonté royale ; mais le meurtrier involontaire, le malheureux comte était au désespoir.

Grand aussi était le deuil autour du lit du royal malade.

grandes étaient les ambitions si longtemps comprimées qui commençaient à s'agiter. Les créatures de la duchesse de Valentinois, les amis des Guise sentaient le pouvoir leur échapper ; tous ceux qui s'étaient dévoués à Catherine de Médicis saluaient l'aurore de son règne.

Bientôt on en vint à compter les minutes que le roi avai encore à vivre. Alors Catherine jeta son masque. Sa haine contre la favorite, si longtemps contenue, éclata. Elle envoya l'ordre à la duchesse de Valentinois de rendre les bijoux de la couronne qui lui avaient été confiés par son amant, et de quitter la cour sur l'heure.

— « Le roi est-il donc mort? demanda-t-elle fièrement à celui qui avait été chargé de cette commission.

— « Non, Madame, répondit-il ; mais il ne passera pas la journée.

— « Je n'ai donc pas encore de maître, dit-elle. Je veux que mes ennemis le sachent bien : lorsque le roi ne sera plus, je ne les craindrai pas ; car si j'ai le malheur de lui survivre, ce que je n'espère pas, mon cœur sera trop occupé de sa douleur pour que je puisse être sensible aux chagrins et aux dégoûts qu'on voudra me donner. »

Henri mort, les courtisans s'éloignèrent de celle qu'ils avaient encensée aux jours de la prospérité. Retirée en son château d'Anet, elle ne dut le repos dont on la laissa jouir dans sa solitude, qu'à l'intervention du connétable de Montmorency, qui eut au moins ce rare courage de demeurer fidèle à une favorite tombée.

Elle put compter ses ennemis, le nombre en était immense. A leur tête était Gaspard de Saulx, depuis maréchal de Tavannes, qui, même du vivant du roi, haïssait si fort la favorite, qu'il avait proposé à Catherine de Médicis « *d'aller cou-*

per le nez à la duchesse de Valentinois. » Et certes, il l'eût
fait, sans la défense expresse de Catherine.

Un scandaleux procès la força un instant de sortir de sa retraite. Accusée d'avoir favorisé et partagé les rapines de ceux
qui, sous son règne, avaient tenu les gabelles, elle fut condamnée à restituer des sommes considérables; elle dut s'exécuter.

Elle avait eu de son mari, le comte de Maulevrier, deux
filles, mariées du vivant de Henri aux ducs d'Aumale et de
Bourbon; mais ses gendres cessèrent de s'occuper d'elle du
jour où elle devint inutile à leur ambition.

Fidèle au rôle de toute sa vie, la duchesse de Valentinois
en consacra les dernières années à des œuvres de piété. Elle
fonda même un hôpital, non loin de son château d'Anet, et
une chapelle sous l'invocation de la Vierge immaculée.

Sa haine contre les protestants avait redoublé avec ses malheurs; peut-être, en essayant de les persécuter encore,
croyait-elle racheter un scandaleux passé. Par une clause de
son testament, elle déshéritait ses filles, si jamais elles venaient à abandonner la religion chrétienne.

Diane de Poitiers, comtesse de Brézé, duchesse de Valentinois, mourut à Anet, le 22 avril 1566, âgée de soixante-six
ans, trois mois et vingt-sept jours. Elle était si belle encore
qu'elle ne paraissait pas la moitié de cet âge.

VIII

MARIE TOUCHET

Charles IX fut un prince malheureux.

Il hérita, en montant sur le trône, des fautes de ses pré-
décesseurs; et c'est lui seul cependant que l'histoire semble
en rendre responsable.

Engagé malgré lui dans une voie sans issue, il vit éclater
les funestes événements qu'avaient préparés les règnes de
François Ier, de Henri II, la minorité de François II et sa
minorité à lui, qui l'avait laissé sous la toute-puissance de
l'ambitieuse et rusée Catherine de Médicis.

Catherine de Médicis, voilà la vraie coupable : c'est elle qui
régna sous le nom de son fils.

Faible jouet aux mains de sa mère, Charles IX n'eut que le tort de ne point savoir résister à ses obsessions; souvent même, et pour les choses les plus importantes, il ne fut point consulté; c'est à son insu que se préparèrent les horribles massacres de la Saint-Barthelémy; prévenu, il les eût empêchés.

Il ne fut pas des moins surpris, lorsque sonna le tocsin, non pas à Saint-Germain-l'Auxerrois, comme on l'a dit à tort, mais à la grosse tour du Palais de Justice; et s'il fallait des preuves de ce que nous avançons ici, nous dirions que la princesse Marguerite, la femme de Henri de Navarre, cette sœur aimée du roi de France, n'avait point été avertie, de telle sorte qu'elle faillit tomber sous le couteau des assassins: ils pénétrèrent jusque dans son alcôve, où ils osèrent poursuivre un malheureux huguenot qui dut la vie au courage de la princesse.

Il est inutile de réfuter cette tradition ridicule qui nous montre Charles IX tirant sur ses propres sujets du haut du balcon du Louvre. Ceux qui, d'après quelques chroniques mensongères, ont colporté ce conte, ne se sont point souvenus qu'à cette époque le fameux balcon n'était point construit encore.

Charles IX a été un prince calomnié; il avait plus de bonnes qualités que de mauvaises, et certes il lui fallait un naturel heureux pour n'avoir point été complétement corrompu par l'éducation que lui donna sa mère.

La cour de France était alors plus licencieuse que jamais : tous les crimes et toutes les débauches y avaient leurs grandes entrées; on y tramait l'assassinat et on y préparait le poison. Comme appât pour ceux qu'elle voulait attirer dans ses filets, Catherine de Médicis avait ses filles d'honneur, belles et dangereuses sirènes qui mettaient leurs faveurs et leur beauté au service de la politique de la reine-mère.

Nul plus que Charles IX ne porta impatiemment le poids de la couronne.

— « Que je regrette donc d'être roi! » disait-il souvent.

Poëte, peintre, musicien, il mettait les arts bien au-dessus du pouvoir; c'est lui qui adressait à Ronsard, son poëte, son ami, ces vers charmants :

> L'art de faire des vers, dût-on s'en indigner,
> Doit être à plus haut prix que celui de régner :
> Tous deux également nous portons des couronnes,
> Mais roi, je la reçois, poëte, tu les donnes;
> Ta lyre qui ravit par de si doux accords
> T'asservit les esprits dont je n'ai que les corps;
> Elle t'en rend le maître et te sait introduire
> Où le plus fier tyran ne peut avoir d'empire.

Charles IX se plaisait au milieu d'un cénacle de poëtes, d'érudits et de beaux esprits dont la savante Marguerite était l'âme et la reine. Aux heures de loisir, il recherchait avec empressement tous les chefs-d'œuvre de l'art de cette époque, parvenu alors à son apogée; il faisait recueillir les manuscrits précieux, les tentures richement ouvragées, les meubles merveilleusement sculptés, puis les tableaux, les armures, les ouvrages d'orfévrerie. Il nous est resté de cette époque des collections aujourd'hui sans prix. La grande passion du roi était la chasse; il ne redoutait ni dangers, ni fatigues; il tuait ses chevaux à appuyer les chiens, et les favoris s'épuisaient en vains efforts pour le suivre.

Au retour, il faisait des armes; il était fier d'être la meilleure lame de son royaume; il donnait du cor à pleins poumons jusqu'à cracher le sang. Il défiait à la balle tous ses gentilshommes. On avait encore d'autres passe-temps moins dangereux et moins violents : le bilboquet venait de faire son apparition à la cour ; nul seigneur de bon air ne sortait sans le joujou à la mode, et c'était merveille, vraiment, que de voir déployer leur adresse à ce jeu, légèrement niais, des raffinés que le moindre prétexte mettait l'épée à la main.

Il y avait encore un nouveau jeu, venu tout récemment de Florence, le jeu des billes que l'on faisait rouler sur un vaste tapis ; c'était l'enfance du billard, qui devait plus tard charmer la vieillesse de Louis XIV et faire la fortune politique de M. de Chamillard.

Tel est pourtant le roi aimable et spirituel que l'on nous montre couché sanglant sur un lit d'agonie, torturé par d'horribles remords et disant avec terreur à sa nourrice, vieille huguenote ménagée, ajoute-t-on, par ses ordres :

— « Ah nourrice ! que de sang, que de sang ! »

Les amours de Charles IX et de Marie Touchet forment un contraste remarquable avec les amours de tous les rois dont nous venons de parler.

Ici point de bruit, point de faste, point de scandale. Marie Touchet n'est pas une favorite ambitieuse, c'est une maîtresse dévouée ; Charles IX eut ce rare bonheur d'être aimé pour lui-même.

Marie Touchet était fille d'un bourgeois d'Orléans, Jean Touchet, lieutenant particulier au présidial d'Orléans selon les uns, apothicaire ou parfumeur selon les autres, dans tous les cas un des beaux esprits du temps, car plusieurs poëtes lui firent des dédicaces. C'est à Blois, au retour d'une chasse, que le roi, qui n'avait encore que dix-huit ou dix-neuf ans, aperçut cette charmante fille ; il ne put la voir sans l'aimer.

La beauté de Marie Touchet était éblouissante, et, chose rare à cette époque, son esprit « était aussi incomparable que « sa beauté; » elle avait, dit un écrivain du temps, « le vi- « sage plus rond qu'ovale. Ses yeux, trop grands peut-être, « avaient une expression de douceur infinie; son nez était du « dessin le plus fin; ses cheveux noirs et merveilleusement « abondants; et sa bouche rose et mignonnette s'ouvrait sur « des dents plus blanches que neige. »

Enfin, elle méritait de tout point l'anagramme que son amant fit plus tard de son nom : *Marie Touchet*, JE CHARME TOUT.

Longtemps la passion du jeune roi pour la belle Marie Touchet fut un secret à la cour : Charles IX redoutait pour sa douce maîtresse la colère de Catherine de Médicis. L'ambi-tieuse était jalouse de tous ceux qui approchaient son fils. Toujours elle craignait de voir s'élever quelque influence qui pût contre-balancer la sienne.

Il eût été dans son caractère de donner une *amie* à son fils, quelque belle fille d'honneur dont elle eût été sûre; elle devait craindre une femme étrangère qui pouvait appren-dre au roi qu'après tout il était le maître.

Un profond mystère entoure donc les commencements de ces amours. Charles IX n'avait qu'un seul confident. Lorsque la nuit était venue, que chacun croyait le roi enfermé dans ses appartements, il s'enveloppait d'un grand manteau som-bre, rabattait un large feutre sur son visage et s'échappait par quelque porte secrète du château; seul le plus souvent, sans penser que plus d'un chef huguenot ne se fût fait aucun scrupule de s'emparer de sa personne royale.

Les deux amants avaient choisi pour leurs rendez-vous un petit logis qui jadis avait servi de halte de chasse. Là, presque chaque soir, Charles IX passait de longues heures aux pieds de la belle Marie Touchet, tandis que son confident faisait le guet dans les environs.

Ces premières entrevues furent des plus innocentes: le roi de France soupirait comme un amoureux transi et n'osait rien demander. Ce prince, qu'on s'est plu à nous représenter si terrible et si farouche, était, au fond, d'une grande timidité.

Mais, à défaut d'audace, sa passion plaida bien mieux sa cause. Marie ne sut pas résister longtemps à ce bel adolescent, qui était son seigneur et son maître, et qui priait, quand il aurait pu commander.

Elle se donna à Charles librement, sans arrière-pensée et sans conditions, non pas au monarque très-chrétien, mais au jeune et élégant gentilhomme aux moustaches et aux cheveux dorés, dont le pinceau net et suave de François Clouet nous a laissé de si charmants portraits.

Le moment arriva bientôt où leurs discrètes amours se virent menacées de l'implacable ressentiment de la reine-mère.

Marie Touchet portait dans son sein un gage de l'amour du roi.

Que se passa-t-il alors entre les deux amants? Virent-ils seulement dans le rêve de leur imagination effrayée se dresser menaçante la figure de Catherine de Médicis? ou la panique dont ils furent saisis fut-elle déterminée par la révélation de leur secret trahi ou vendu?

La chronique hésite à se prononcer sur ce point; mais pour qui connaît les pratiques et les manœuvres astucieuses dont s'armait, envers et contre tous, la politique italienne de la mère du roi, il est plus que probable qu'elle avait été informée de la grossesse de Marie par les espions dont elle formait toujours une escorte invisible à son « cher fils. »

Celui-ci, habitué à trembler devant elle, s'arrêta au parti que prennent, en pareille circonstance, les caractères faibles et dominés.

Pour sauver sa maîtresse, il l'éloigna en toute hâte; et la pauvre enfant alla faire ses couches hors de France, dans un âpre coin des terres du duc de Savoie. C'est là qu'elle donna le jour à un fils qui ne vécut que quelques mois.

Cet obstacle écarté, Catherine reprit avec ardeur l'œuvre de corruption dont elle avait fait le pivot et la base de sa puissance.

Ce qu'il fallait au roi, pour servir ses desseins et la laisser suprême maîtresse du gouvernement, ce n'était point une obscure et chaste liaison avec une petite bourgeoise, inoffensive jusqu'à présent, mais qui pouvait cesser de l'être à un moment donné.

Elle redoutait l'empire que pouvait prendre sur le cœur de Charles l'habitude, ce petit fil invisible qui maîtrise à la longue le cœur des princes comme celui des vulgaires mortels.

Elle redoutait surtout la vertu de Marie. La vertu pouvait bien, aux yeux de son royal fils, élevé au milieu de ces très-belles et très-honnêtes dames dont Brantôme fut l'historien, sembler la séduction la plus irrésistible, parce qu'elle était l'attrait le plus rare.

Et puis elle sentait qu'elle n'aurait aucune prise sur cette âme désintéressée, dénuée d'ambition peut-être, et qui n'engagerait jamais la lutte avec son génie supérieur, mais qui ne serait pas à elle.

Or, ce que Catherine voulait avant tout, c'était qu'on lui appartînt, corps et âme.

Mettant à profit l'absence de Marie, elle essaya d'effacer entièrement son souvenir de l'esprit du roi. Dans ce but, elle lui donna de sa main plusieurs autres maîtresses, des nobles dames de la cour, façonnées par elle-même à ce métier de galanterie politique qu'elle avait importé en France d'au-delà des monts.

Trois ans se passèrent dans une vie de plaisirs, de fêtes, de dissipation et d'enivrement continuel, trois ans pendant lesquels Charles IX sembla avoir oublié la pauvre exilée et son premier amour.

A la fin pourtant, il se lassa de ces joies mensongères et factices; il prit en dégoût ces courtisanes titrées qui recueillaient soigneusement chacune de ses paroles pour les verser dans l'oreille de sa mère; il s'aperçut que ces belles créatures étaient de froids espions qui calculaient, soupesaient et notaient jusqu'aux mots sans suite qu'il bégayait dans l'ivresse des sens.

Alors il se souvint de la vierge sur le sein de laquelle il avait pleuré et souri sans contrainte, et l'avenir lui apparut encore riche du passé.

Marie Touchet, cependant, avait souffert sans se plaindre de son abandon. Elle était revenue en France, pour vivre au moins près de Charles, s'il ne lui était plus permis de vivre pour lui.

Un jour que le roi se trouvait dans cette disposition d'esprit que je viens de dire et dans cette amère et profonde lassitude de son existence actuelle, il l'aperçut, par hasard, d'une fenêtre de son palais.

Elle était vêtue simplement, d'habits de couleur sombre, presque de deuil; elle lui parut mille fois plus belle dans sa douleur et sa résignation.

L'amour qui s'était échappé de son âme furtivement et à son insu y rentra en maître.

Revoir Marie, la revoir à l'instant même, telle fut la pensée irrésistible qui s'empara du prince.

Et comme il ressemblait assez peu à sa mère pour ne pas suivre son premier mouvement, cette journée bénie ne s'était pas écoulée qu'il était aux pieds de la charmante femme, implorant encore son pardon, quand il était déjà tout pardonné.

Au sortir de cette longue et délicieuse extase de l'amour partagé, Charles se réveilla transformé. Ce n'était plus l'enfant timide, dérobant par la fuite l'objet de sa tendresse aux sinistres jalousies d'une mère; c'était un homme jaloux de faire respecter le choix de son cœur, si ce n'était pas encore un roi se souvenant qu'en France le sceptre ne doit jamais tomber en quenouille.

— Je vous aime, Marie, dit-il simplement, et je vais à l'instant informer la reine, ma mère, de mes intentions à votre égard. N'ayez nulle inquiétude de ce côté, je saurai bien la faire consentir à nous laisser libres, l'un et l'autre, de nous aimer. Qu'elle règne, j'y consens; la couronne est lourde à porter pour un front de vingt ans.

— Sire, répondit Marie Touchet, il adviendra ce qu'il plaira à Dieu; en lui j'ai confiance comme aussi en vous; que votre royale volonté soit accomplie.

Le roi entoura tendrement Marie de ses bras et la baisa au front, puis il sortit précipitamment.

Quelques instants après, il était de retour au Louvre et rejoignait sa mère dans une grande salle tendue de cuir brun gaufré d'or, la seule qui subsiste encore des appartements du roi Henri II. C'était dans cette salle que Catherine de Médicis avait l'habitude de se tenir après souper; c'est là qu'elle recevait les hommages des courtisans, toujours plongée dans un grand fauteuil au coin de l'immense cheminée, encadrant dans un bonnet de velours noir façonné en pointe son visage froid et impérieux comme le masque d'une supérieure de couvent, et vêtue de noir, portant le deuil de son époux qu'elle ne quitta jamais.

Précisément, au moment où le roi son fils l'aborda, Catherine venait de congédier ses conseillers ordinaires, Nostradamus et les Ruggieri.

On sait la foi sans bornes que la fille des Médicis avait aux sciences occultes. Ses astrologues ordinaires lui avaient tiré son horoscope au début de sa vie, et elle avait vu se réaliser, avec une singulière précision, les prédictions qu'ils lui avaient faites.

Sans doute il avait été question de Charles et de ses amours dans le conciliabule qui venait d'être tenu, car aux premiers mots du roi sur le retour de Marie Touchet et sur sa passion pour elle, Catherine l'interrompit en lui disant :

— Je sais tout.

— Alors, vous savez aussi, ma mère, reprit Charles avec impétuosité, que Marie est une jeune fille sans ambition, pleine de respect et d'amour pour vous, qui n'a jamais entrevu seulement la pensée de paraître à la cour, et qui préfère à tout un bonheur modeste et ignoré de tous.

— Je connais ses sentiments, répondit lentement la reine, ei je les approuve.

— Oh ! merci pour cette bonne parole, ma mère, s'écria le roi. Ainsi, vous permettez qu'elle vive près de moi; vous ne prendrez pas d'ombrage de mon amour pour elle?

— A une condition, mon fils, fit Catherine en se levant

majestueuse et solennelle, c'est que vous ne sacrifierez pas à un caprice de votre cœur les intérêts de votre couronne. Ecoutez-moi.

— Je vous écoute, ma mère, répondit docilement Charles IX.

— Sire, continua la reine, il faut que vous vous mariiez.

— Qu'à cela ne tienne, dit le roi, dont le front soucieux s'était subitement éclairci.

— Je vous ai trouvé une femme; je ne vous dirai pas que c'est une douce et belle princesse, de tout point digne de votre amour; votre pensée étant ailleurs, vous ne me comprendriez point. Je vous dirai seulement que c'est la petite-fille de Charles-Quint, et que, dans trois mois, elle sera dans votre lit.

— Une princesse d'Autriche, ma mère!

— Oui, mon fils, dona Isabelle ; et si je vous la fais épouser, c'est pour mieux préparer la ruine de sa maison, l'éternelle ennemie de la France et de l'Italie. L'Italie, je veux qu'elle soit réunie tout entière sous le sceptre des Médicis, dont les intérêts se confondent avec ceux de la maison de France, à qui doit naturellement revenir l'héritage de la couronne d'Espagne. Un jour viendra, mon fils, ajouta-t-elle d'un air inspiré, où il n'y aura plus d'Alpes ni de Pyrénées, où ces trois peuples, France, Italie, Espagne, unis par la religion et le sang, n'en feront qu'un. Voilà pourquoi je défends le catholicisme. Monsieur, la France doit rester catholique ou disparaître de la carte d'Europe.

Mais Charles IX n'écoutait point cette politique transcendante; sa pensée n'était plus au Louvre.

A dater de ce moment, aucun nuage ne troubla plus les amours du roi et de sa douce maîtresse. Bien qu'enveloppées toujours de ce transparent mystère qui dissimule mal les passions des rois, nous les voyons inspirer la verve des poëtes ordinaires de la cour.

Tour à tour Daurat, Ronsard, Desportes et bien d'autres ont chanté la beauté de Marie Touchet sous des noms allégoriques qui ne trompaient personne.

Déjà Desportes, dans des strophes touchantes, avait célébré le rapprochement des deux amants; dans ces beaux vers, où la parole est laissée au roi, nous trouvons le portrait psychologique de ce prince qui nous aide singulièrement à restituer cette physionomie défigurée par l'ignorance et la haine des historiens :

> La royauté me nuit et me rend misérable,
> Jamais à la grandeur amour n'est favorable.
> Si je n'étais point roi, je serais plus content;
> Je la verrais sans cesse et, par ma contenance,
> Mes pleurs et mes soupirs, elle aurait connaissance,
> Que je sens bien ma faute et qu'en suis repentant.

> Digne objet de mes vœux qui m'avez pu contraindre
> Par tant d'heureux efforts, votre honneur serait moindre
> Si j'avais obéi dès le commencement :
> Deux fois vous m'avez mis en l'amoureux cordage,
> Deux fois je suis à vous; c'est l'être davantage
> Que si vous m'aviez pris une fois seulement.

> Il est bien mal-aisé qu'une amour véhémente
> Soit toujours en bonace et jamais en tourmente.
> Vénus, mère d'Amour, est fille de la mer.
> Comme on voit la marine et calme et courroucée,
> L'amant est agité de diverse pensée.
> « Qui dure en un état ne se peut dire aimer. »

Charles IX, d'ailleurs, aussi poëte que les plus illustres de
la Pléiade, n'avait pas besoin d'interprète pour rendre ses
sentiments, et voici les vers qu'il composa lui-même sur sa
maîtresse :

> *Toucher, aimer,* c'est ma devise,
> Ce celle-là que plus je prise,
> Bien qu'un regard d'elle à mon cœur
> Darde plus de traits et de flamme
> Que de tous l'Archerot vainqueur
> N'en ferait onc appointer dans mon âme.

Le roi avait logé Marie Touchet au coin de la rue de l'Autruche et de la rue Saint-Honoré, à deux pas du Louvre, dans
une jolie petite maison construite en 1520 pour la fameuse duchesse d'Alençon sur une partie du jardin du vieil hôtel de ce
nom.

C'était un pavillon élevé d'un étage seulement au-dessus
du rez-de-chaussée, bâti en briques ; les fenêtres étaient en-
cadrées de pierre blanche, fouillée en bosselage vermiculé
suivant le goût du temps. Une cour étroite la séparait de la
rue, et un petit jardin l'isolait sur le derrière de l'hôtel d'A-
lençon.

L'intérieur, pour la simplicité et le bon goût, répondait
au dehors de cette modeste habitation.

C'est dans ce nid mystérieux que Charles IX abritait ses
amours, quand il ne cachait pas sa maîtresse dans les sombres
appartements du château de Madrid.

Marie Touchet ne tarda pas à devenir mère une seconde
fois.

Elle accoucha d'un fils au château de Fayet en Dauphiné, le 28 avril 1572.

Catherine de Médicis, qui décidément lui avait accordé ses bonnes grâces, fit reconnaître cet enfant par le Parlement e t permit que le petit Charles de Valois portàt le titre de comte d'Auvergne.

Déjà elle avait fait don à la maîtresse de son fils de la seigneurie de Belleville, près Vincennes, où Marie Touchet se rendait parfois quand, après la chasse, le roi passait la nuit au château.

Moins favorisée du ciel que sa rivale, la reine Elisabeth ne donna qu'une fille au roi de France.

Décidément, l'étoile de la petite-fille de Charles-Quint pâlissait devant celle de Marie. La maîtresse royale, dans le naïf et égoïste orgueil de l'amour, ne faisait même pas à la pauvre reine l'honneur d'être jalouse d'elle.

C'est du moins ce que prétend cette mauvaise langue de Brantôme : « Cette belle dame, lorsqu'on traictoit le mariage du roy et de la royne, un jour ayant veu le portraict de la royne et bien contemplé, ne dist autre chose, sinon que : « L'Allemagne ne me fait point de peur, » inférant par là qu'elle présumait autant de soy et de sa beauté qne le roy ne s'en sçaurait passer. »

Elisabeth qui, selon le même Brantôme, « fut une des plus « douces roynes qui aient jamais été et qui ne fit oncques « mal ni déplaisir à personne, » négligée de son époux, offrait en silence ses larmes à Dieu et passait ses nuits solitaires à lire ses Heures.

Ce n'était point cette victime résignée qui pouvait faire échec à la passion du roi, surexcitée par les joies de la paternité.

Le fils de Marie Touchet, que Brantôme déclare encore être « un très-beau et très-agréable prince, et la vraie ressemblance du père en toute valeur, générosité et vertu, » ressemblait, en effet, beaucoup à Charles IX.

Tout enfant, il en avait déjà les traits, les gestes, le sourire.

Le roi passait de longues heures dans le petit logis de la rue de l'Autruche, à le faire jouer et sauter sur ses genoux.

Délicieuses soirées qui ne devaient pas avoir de lendemain!

Une nuit, Charles arriva chez sa maîtresse, pâle, l'œil hagard, convulsif, tremblant, le front baigné d'une sueur froide. Pour la première fois, il repoussa les caresses de la jeune femme et ne se pencha point sur le berceau de son fils.

C'était au lendemain de la Saint-Barthélemy; des bandes d'assassins couraient encore les rues, et, pour franchir la courte distance qui séparait le Louvre de la rue de l'Autruche, Charles IX avait trébuché sur vingt cadavres.

A dater de cette nuit terrible, où l'on avait violenté sa volonté royale, l'infortuné prince n'eut plus un instant de repos.

En vain, pour chasser le fantôme sanglant, se jeta-t-il dans tous les excès d'une débauche furieuse et se livra-t-il avec emportement aux exercices les plus violents.

Il ne fit plus, jusqu'au jour de sa mort, que de rares apparitions chez Marie Touchet, et chaque fois il lui disait d'un air sombre :

— Ma mie, je suis condamné. Je périrai bientôt!

Et il serrait le petit Charles de Valois contre son cœur et s'écriait, en versant des torrents de larmes :

— Enfant, que tu es heureux ! Tu ne seras jamais roi.

Après la mort de Charles IX, Marie Touchet, qui ne s'était en rien mêlée des affaires et n'avait pris aucune part aux intrigues, recueillit le fruit de sa sagesse.

La reine-mère laissa par testament au petit Charles de Valois ses propres, les comtés d'Auvergne et de Lauraguais.

Plus tard, la reine Marguerite, la première femme d'Henri IV, contesta la donation et la fit casser par le Parlement. Mais le roi Louis XIII indemnisa par la suite le comte d'Auvergne en lui donnant le duché d'Angoulême.

Marie Touchet épousa Charles de Balzac, marquis d'Entragues, gouverneur d'Orléans, qui l'avait connue et aimée toute jeune, avant sa liaison avec le roi.

Elle lui donna deux filles : l'aînée fut la célèbre marquise de Verneuil, maîtresse de Henri IV, qui voulut détrôner ce prince, lors de la conspiration du maréchal de Biron, pour donner la couronne à son frère utérin, le comte d'Auvergne.

Gravement compromis dans cette conspiration et même jeté en prison, celui-ci ne fut rendu à la liberté que par respect pour le sang des Valois, assure l'auteur de la *Confession de Sancy*.

C'est sans doute le même sentiment qui fit fermer les yeux à Louis XIV quand le comte d'Auvergne, devenu duc d'Angoulême avec droit de battre monnaie sur ses terres, s'amusa à altérer les titres et à se faire faux monnayeur.

Marie Touchet mourut presque nonagénaire et fut inhumée dans l'église des Minimes de la place Royale. Sur une lame de cuivre enfermée dans son tombeau, on avait gravé cette épitaphe :

CY GIST

LE CORPS DE HAUTE ET PUISSANTE DAME

MADAME MARIE TOUCHET,

DE BELLEVILLE, AU JOUR DE SON DÉCÈS,

VEUVE DE FEU HAUT ET PUISSANT SEIGNEUR

MESSIRE FRANÇOIS DE BALZAC,

SEIGNEUR D'ENTRAGUES,

CHEVALIER DES ORDRES DU ROI

ET GOUVERNEUR D'ORLÉANS,

LAQUELLE DÉCÉDA LE 28 MARS 1638,

AGÉE DE 89 ANS.

La seconde fille de Marie Touchet, Marie de Balzac, eut le malheur d'aimer un fat, Bassompierre, qui la paya de ses bontés en outrageant et en calomniant sa mère.

Voici en quels termes le galant maréchal raconte dans ses *Mémoires* le touchant épisode des amours de Charles IX et de Marie Touchet :

« Le lieutenant-général d'Orléans, nommé Touchet, fut accusé d'avoir aidé au prince de Condé de surprendre Orléans aux premiers troubles ; car il était soupçonné d'être de la religion. Ce fut pourquoi on lui suscita une accusation pour le perdre. Mais Antragues, gouverneur d'Orléans, qui l'aimait, offrit une jeune fille qu'il avait, nommée Marie, d'excellente beauté, au roi Charles, moyennant quoi il eut la vie sauve. Et la fille fut produite au roi qui la dévirgina, et elle fut à lui.

12.

Puis ensuite, étant devenue grosse, l'extrême respect que ce roi portait à sa mère fit qu'il l'envoya sur la frontière de Savoye, hors de France, où elle accoucha d'un fils qui mourut. Cependant, le roi devint amoureux de madame de Clermont d'Antragues et de madame de Narmoustier, et ne se soucia plus de Marie Touchet, jusqu'à ce qu'au bout de trois ans, l'ayant vue en une fenêtre, comme il allait au palais, il lui prit envie de la revoir, et l'engrossa de nouveau d'un fils, dont elle accoucha encore en Savoye. Et le roi Charles étant à la mort, le recommanda à la reine sa mère, qui en eut soin et le fit étudier; puis le roi Henri III le prit en amitié, et l'eût fait grand s'il eût vécu, le recommandant fort au roi Henri IV, son successeur : c'est le duc d'Angoulême. Marie Touchet depuis se maria avec le même Antragues qui l'avait produite au roi Charles. »

M. le maréchal de Bassompierre, en écrivant ces lignes, ne songeait sans doute pas à la postérité qui flétrit les lâchetés, de quelque part qu'elles viennent.

IX

LE VERT GALANT

> Vive Henri-Quatre !
> Vive ce roi vaillant !
> Ce diable à quatre
> A le triple talent
> De boire et de battre
> Et d'être un vert-galant.

Ce refrain d'une chanson dont la Restauration fit en quelque sorte une marseillaise royaliste ou tout au moins une antienne politique, nous représente admirablement le caractère de Henri IV.

Il y avait du soudard dans ce roi qui passa une partie de sa vie dans les camps, et qui après la bataille fêtait joyeusement avec ses compagnons le vin du crû, ou allait demander l'hospitalité à quelqu'une des maîtresses qu'il avait toujours dans les environs.

On attribue même à Henri IV le second couplet de la chanson :

> J'aimons les filles,
> Et j'aimons le bon vin.
> De nos vieux drilles
> ' Répétons le refrain :
> J'aimons les filles,'
> Et j'aimons le bon vin.

Certes ce couplet ne dut pas coûter de grands efforts d'imagination au roi, mais il fit plus pour sa popularité que ses victoires et sa proverbiale bonté.

Nous sommes toujours les vieux Gaulois; gaîté et gaillardise sont des fleurs naturelles du terroir. Lorsque notre maître sent, pense, agit comme nous, ce n'est plus un maître, c'est un des nôtres. Il est à nous, nous sommes à lui.

Et ceci n'est point un paradoxe. D'ailleurs la thèse n'est pas nouvelle : le marquis de Belloy l'a soutenue dans un livre brillant (1) dont je vais sans façon détacher une page ou deux :

« Oui, la gaillardise est un instrument d'autorité, un moyen d'ascendant, et c'est là ce qu'ont méconnu les meilleurs de nos souverains, nobles cœurs, mais petits esprits, faibles tempéraments à qui le *Diable-à-quatre* a vainement enseigné

____

(1) *Les Toqués*, Paris, 1860.

l'art, le seul art d'être populaire en ce pays ; car pour en revenir à Henri IV, à quoi doit-il d'être encore aujourd'hui

Le seul roi dont le peuple ait gardé la mémoire?

« A la *poule-au-pot?* mais il ne l'a jamais donnée cette fameuse poule-au-pot, que personne plus que lui ne donnera jamais au peuple : voyez le prix dont elle est maintenant.—A ses victoires, à sa bonté, à son génie? Pas davantage : saint Louis aussi, et combien d'autres ont été des victorieux ! Louis XII fut le père du peuple, et qui le connaît ce père du peuple ? Ah ! s'il l'eût été comme ce bon roi d'Yvetot, passe encore.

« Non, le secret de la popularité d'Henri IV, demandez-le à la chanson, à la plus populaire de nos chansons : *J'aimons les filles....* Mais tout le monde la sait par cœur, même les dévots, même les plus graves.

« Le fils du Vert-Galant égalait au moins son père en bravoure. S'il n'eut pas de génie, il sut se donner un ministre qui en avait, et bien qu'il le haït à juste titre, il le supporta, il s'effaça devant lui pendant tout son règne, par dévoûment pour ses sujets. Quel plus noble exemple de sagesse et d'abnégation ! Personne cependant ne lui en sut gré. Pourquoi ? Parce qu'il n'aima pas *les filles et le bon vin,* parce qu'il ne fut pas un *diable-à-quatre,* un *joyeux drille,* un *gaillard;* parce qu'il prit un jour des pincettes pour tirer un billet du sein d'une dame; et, en vérité, c'étaient bien des façons. — Je tiens de mon père, disait-il, je sens le gousset. — Il s'agissait bien du gousset !

« Louis XIV s'y était mieux pris : il avait débuté, tout jeune, par faire l'amour sur les toits pour que tout le monde le vît : c'était le programme du nouveau règne. Aussi, pendant longtemps, sa popularité fut-elle immense, d'autant plus que les suites répondirent aux commencements ; mais il perdit par le confessionnal tout ce qu'il avait gagné de terrain par les gouttières.

« Tant qu'on lui crut encore une ou deux maîtresses au moins, on lui pardonna sa grandeur, on lui aurait même passé sa piété ; mais dès qu'entre autres choses on sut que madame de Maintenon n'était que sa compagne légitime, au lieu de tout ce qu'on avait espéré il n'y eut qu'un cri, pour le coup, du Rhin jusqu'aux Pyrénées. Quelle trahison en effet, quel détestable abus de confiance ! Le tartufe ! le faux gaillard ! De ce moment la popularité du grand roi s'écroula, son nom tomba dans le mépris. Ses faiblesses ne lui furent comptées pour rien ; on ne vit plus que sa vertu. Il perdit le cœur de son peuple.

« Poursuivons ! L'histoire de France ne saurait trop être envisagée à ce point de vue.

« Parlez-moi du régent : en voilà un gaillard ! et Dubois, son ministre, la gaillardise en chapeau rouge ! et ce charmant roi Louis XV, Louis le bien-aimé ! — Mais qu'ai-je donc fait à ce bon peuple pour qu'il m'aime tant ? disait-il. — Ce que vous avez fait, Sire ? Rien encore peut-être, vous êtes si jeune ! — Il avait quatre ans, — mais on pressent ce que vous ferez. On lit dans vos yeux que vous ne serez pas comme votre aïeul Louis le Grand, Louis le délicat, Louis le dégoûté, dont le cœur était comme l'abbaye de Remiremont : pour y mettre il fallait prouver trente-deux quartiers de noblesse. Vous n'y regarderez pas de si près, ni de si loin. Vive l'égalité, morbleu ! Vous prendrez vos maîtresses de toutes mains ; la dernière fille du peuple, aussi bien que la plus grande dame, pourra être appelée à trôner un quart d'heure sur vos genoux : et si on la décrasse, si on la parfume pour la circonstance, volontiers direz-vous peut-être comme le bon Henri : Ah ! les malheureux ! ils me l'ont gâtée. »

Heureusement pour les plaisirs d'Henri IV, on ne lui gâta pas toutes ses maîtresses, surtout dans les commencements. Il aimait alors où il pouvait et quand il pouvait, des cuisines jusqu'aux combles; et Dieu sait les aventures, bonnes et mauvaises, mauvaises le plus souvent, autant vaudrait dire toujours. Il n'eut point de bonheur en amour, le roi vert-galant; mais il prenait gaîment son parti des trahisons, il était si disposé à trahir lui-même.

Aventureux en amour comme en guerre, il s'en allait contant fleurettes à toutes celles qu'il trouvait sur son passage, jolies ou laides. Au besoin il promettait mariage : ce n'est point pour rien qu'on le surnomma le roi prometteur. Il allait même jusqu'à donner des promesses écrites. Devenu roi, il conserva toutes les habitudes d'un soldat de fortune.

Lorsqu'il n'avait que la cape et l'épée, le rachat de ses promesses ne lui coûtait guère; il en fut autrement lorsqu'il eut échangé la couronne de France contre une messe : il fallait alors débourser de beaux écus. Sully grondait, mais il payait; c'était son métier d'être économe pour son maître, et il avait besoin d'être économe. Outre qu'Henri aimait le vin et les filles, il ne détestait pas le jeu, et il n'y avait pas plus de chances qu'en amour.

Alors il écrivait à Sully :

« Mon ami, j'ai perdu au jeu vingt-deux mille pistoles (plus de six cent mille francs de la monnaie de nos jours); je vous prie de les distribuer incontinent aux particuliers auxquels je les dois. »

Aux remontrances de Sully :

« Ventre-saint-gris, disait Henri IV, n'ai-je pas assez travaillé pour mes peuples, et ne puis-je pas prendre un peu de bon temps ? »

De loin la bonhomie d'Henri IV ne paraît pas toujours d'un très-franc aloi. Il est à croire que souvent sa rondeur et sa rude franchise ne furent qu'un masque ; il excellait à mettre en scène, et il ne sentait guère le besoin de promener ses enfants sur son dos que lorsqu'il devait recevoir l'ambassadeur du roi d'Espagne. — « Vous êtes père, monsieur l'ambassadeur ? — Oui, Sire. — Alors, j'achèverai la promenade. »

Il promit toujours plus de poule-au-pot qu'il ne donna de pain ; mais promettre est un grand art en ce beau pays de France. En attendant, on pendait les braconniers haut et court.

Il ne faudrait pas croire cependant qu'Henri IV se ruina pour toutes ses maîtresses. Au commencement, se ruiner lui eût été difficile ; il n'avait pas alors toujours un pourpoint neuf pour remplacer son pourpoint déchiré ; en ce temps il empruntait au lieu de donner, et deux de ses amies au moins contribuèrent puissamment à payer ses partisans et ses adversaires, ses adversaires surtout.

L'histoire ne nous dit point que le roi se soit jamais préoccupé de rendre ce qui avait été prêté au pauvre préendant.

Le scandale de ses amours n'offensait d'ailleurs que quelques calvinistes austères ou quelques catholiques défiants. Les pamphlets pleuvaient alors ; la langue latine se prêtant à toutes les licences, on dépeignait les *abominations* du huguenot converti. Jusque sur les murs du Louvre on osait afficher les

placards les plus injurieux. D'autres fois c'était seulement des
conseils un peu aigres :

> Hérétique point ne seras
> De fait ni de consentement ;
> Tous tes péchés confesseras
> Au Saint Père dévotement ;
> Les églises honoreras,
> Rétabliras entièrement ;
> Bénéfices ne donneras
> Qu'aux catholiques seulement ;
> Ta bonne sœur convertiras
> Par ton exemple doucement ;
> Tous les ministres chasseras,
> Les huguenots pareillement ;
> La femme d'autrui tu rendras
> Que tu retiens paillardement ;
> La tienne tu reprendras,
> Si tu peux vivre saintement ;
> Justice à chacun tu feras,
> Si tu veux vivre longuement ;
> Grâce ou pardon ne donneras
> Contre la mort uniquement ;
> Ce faisant tu te garderas
> Du couteau de frère Clément.

Ce funeste pronostic qui devait se réaliser n'épouvantait
point Henri IV ; il ne changea jamais rien à son genre de vie
pas plus qu'à sa politique. Mais nous n'avons point ici à juger
le roi ni l'habile homme de gouvernement qui, louvoyant entre
les partis, sut arriver au trône et créer une France forte et
une, et qui, au faîte de sa puissance, rêva, dit-on, une fédéra-

·tion européenne et la paix universelle. Le *gaillard* seul est
de notre compétence.

Henri de Bourbon avait été dans sa jeunesse un assez beau
cavalier ; sa taille au-dessus de la moyenne était bien prise ;
il avait l'air noble, le regard spirituel et fier, le teint et-les
cheveux bruns ; son nez, d'une courbure un peu trop aquiline,
donnait à son visage une expression de résolution, et son front
haut et découvert dénotait une intelligence pratique que la
finesse de sa bouche légèrement contractée aux commissures
ne démentait point.

Les fatigues de la guerre le vieillirent de bonne heure ; sa
barbe en éventail se nuança de fils d'argent ; le nez, ce trait
saillant de sa physionomie, s'allongea et se recourba davantage,
tandis que son menton se projetait en avant, effaçant de plus
en plus la bouche dégarnie de ses dents sous ses moustaches
raides et grisonnantes.

Mais s'il perdit, avec l'âge, la régularité et la bonne grâce de
ses traits, en revanche sa physionomie s'empreignait d'un
grand caractère de bonté sereine et de bienveillance sym-
pathique ; en somme le masque d'Henri IV est de ceux
qui attirent, et Lavater lui pardonnerait la flamme égrillarde
de ses yeux à cause de l'aménité de son sourire.

Naturellement simple, il poussait jusqu'à la négligence et
presque à l'incurie le soin de sa personne et le détail de son
habillement ; sa garde-robe fut toujours des plus élémentaires,
et ce n'est pas par ses agréments extérieurs qu'il dut jamais
séduire ses nombreuses conquêtes.

Il est difficile, impossible même de suivre le Vert-Galant dans
toutes ses équipées amoureuses. « Le roi avait un grand faible
pour les femmes, dit hypocritement Bassompierre, et il en ré-
sultait des scandales. » Tallemant des Réaux prétend de son

côté qu'Henri faisait plus de bruit que de besogne et qu'il
n'était pas « *grand abatteur de bois*. » Mais Tallemant écrivait
après les fatigues de la guerre.

On ferait un calendrier avec le nom de toutes les *saintes*
que fêta ce dévot de la beauté. Son histoire amoureuse commence comme une idylle : il s'adressa d'abord à des déesses
en jupons courts, vertus champêtres faciles à séduire ; il inscrivait alors sur sa liste des noms obscurs de paysannes, de
boulangères, ou de filles de service. « Il aimait le torchon, » dit
avec amertume l'austère d'Aubigné.

De tous ces noms un seul est venu jusqu'à nous, sauvé de
l'oubli par une légende naïve, celui de Fleurette. Les poètes
de mirlitons se sont emparés de l'histoire de la jardinière de
Nérac et l'ont arrangée pour les besoins de la romance et de
l'Opéra-Comique. Mais ces amours furent beaucoup moins
poétiques, et le père de Fleurette, un homme brutal, obligea
une fois le prince à sauter par la fenêtre.

Fleurette eut un enfant de Henri IV et le poète Dufresny était
arrière-petit-fils de la belle jardinière. Voltaire assure qu'il
ressemblait à son bisaïeul, et que son origine était la véritable
cause de la bienveillance de Louis XIV à son égard. Dufresny
tenait de son grand-père. Le grand roi avait renoncé à l'enrichir, la France n'y eût pas suffi ; le poète finit par épouser sa
blanchisseuse, seul moyen en son pouvoir d'acquitter la note
de ses jabots et de ses manchettes.

Les voyages forment la jeunesse. Henri IV eut bientôt un
champ plus vaste pour ses exploits galants. Dans ses courses
aventureuses, nous le voyons chaque jour entamer le premier
chapitre d'un roman nouveau, et quels romans ! Le burlesque
à chaque instant menace de tourner au tragique : on dégaîne
les épées, il pleut des coups de bâton. Déguisé en palefrenier,

le roi s'élance sur une échelle qui doit le conduire auprès de
sa belle ; mais les échelons ont été sciés à l'avance, et voilà le
galant par terre. Heureusement quelques-uns de ses compagnons faisaient le guet.

Une autre fois il s'agit encore d'une fenêtre ; elle était au
rez-de-chaussée, il n'y avait pas besoin d'échelle. Notre prince
d'aventures arrive au milieu de la nuit, pousse le volet en-
tr'ouvert et saute dans la chambre. Il court au plus pressé,
c'est-à-dire au lit ; la belle n'y était pas, mais bien un galant
plus favorisé, un galant qui avait le poignet solide. Pourtant, l'obscurité aidant, Henri put s'échapper sans esclan-
dre.

Moins heureux dans une autre circonstance, il perdit à la
bataille son pourpoint et son haut-de-chausses, et dut s'enfuir
dans un appareil trop primitif, en criant à l'aide.

Tout n'était pas profit, non plus, dans le métier d'ami du
prince, et à deux ou trois reprises de hardis compagnons qu'il
avait envoyés en reconnaissance emboursèrent pour le compte
de leur maître de bonnes volées de bois vert.

Mais à quoi bon s'appesantir sur ces amours vulgaires ?
Faut-il nommer toutes ces femmes inconnues qu'énumèrent
des compilateurs plus inconnus encore : Catherine du Luc,
mesdemoiselles de Montagu et de Tignonville, la fille du président Rebours, mesdames de Petonville Aarssen, de Ragny,
de Boinville, Le Clein et tant d'autres?

Il en est qu'une anecdote, une circonstance fortuite détachent de la trame banale de la chronique scandaleuse : c'est
d'Ayelle, cette charmante Cypriote, aussitôt délaissée que sé-
duite ; dame Martine, femme d'un docteur de La Rochelle, à
qui il fit oublier ses devoirs et le bonnet carré de son époux,
ce qui lui valut des réprimandes publiques au prêche, made-

moiselle de la Bourdaisière, fille d'honneur de la reine Louise, veuve de Henri III, qui l'occupa quelque temps, dans l'intervalle d'une de ses brouilles avec la marquise de Verneuil; la comtesse de Limoux, dont la faveur dura également le temps d'une lune rousse; l'abbesse de Vernon, qui, dit Bassompierre, « le gratifia d'un *Souvenez-vous de moi* qui ne le rendit pas plus prudent; « Catherine de Verdun, autre religieuse, « vrai ragoût de huguenot; » Louise Marguerite de Lorraine, qu'il eût peut-être épousée, « s'il n'avait, dit Sully, appréhendé la trop grande passion qu'elle témoignait pour sa maison, et surtout pour ses frères; » mademoiselle Paulet, « qu'il allait voir à l'hôtel de Zamet quand il fut assassiné en la rue de la Ferronnerie, » prétend Sauval; etc., etc.

Mais ne nous occupons que des figures qui appartiennent à l'histoire. Celles des amours de Henri IV qui y ont leur place marquée ne commencèrent qu'après son mariage avec Marguerite de Navarre, et pendant qu'il était retenu prisonnier à la cour de France.

Ce fut une union singulière que celle de Marguerite et de Henri de Navarre. Belle, spirituelle, enjouée, la jeune princesse eût pu prendre un ascendant sans contrepoids sur le cœur de son époux, ou tout au moins le fixer pour toujours, mais elle ne le tenta même pas. Elle se maria pour obéir à la politique de sa mère et ne changea rien à son genre de vie; or chacun connaît le genre de vie de la docte Marguerite : ses aventures avaient été au moins aussi nombreuses que celles de Henri; on ne comptait plus ses amants, et on disait tout bas à la cour que ses frères eux-mêmes avaient eu part à ses faveurs.

Cette union n'eut point de lune de miel; tout au plus fut-ce une association politique, et Marguerite, on doit lui rendre

cette justice, fut une alliée fidèle. Les deux époux, au lendemain de leur mariage, se regardèrent comme aussi libres que
par le passé. Ils n'attendirent même pas au lendemain. Le
soir même de la célébration des noces, Henri se contenta de
conduire sa femme jusqu'à son appartement; après de céré-
monieuses salutations, il se retira, et la porte était à peine
fermée sur lui que la fenêtre de Marguerite s'ouvrait à l'élu
du moment.

Henri aimait alors Charlotte de Beaune-Samblançay, dame
de Sauves, marquise de Noirmoustier. Charlotte, dame d'a-
tours de Catherine de Médicis, avait été élevée à son école.
Autant par sa beauté que par sa coquetterie et son esprit,
elle servait la politique de la reine-mère, qui n'eut jamais de
plus aveugle instrument de ses volontés.

Les galanteries de madame de Sauves suffiraient à défrayer
des volumes, et cinq ou six galants se partageaient ses faveurs.
C'est cette femme cependant qu'aimait ou faisait semblant
d'aimer le jeune roi de Navarre. Les chroniques n'ont point
de mots assez forts pour peindre la violence de la passion de
Henri; elles racontent que les coquetteries de madame de
Sauves faillirent plusieurs fois armer l'un contre l'autre le
Béarnais et le duc d'Alençon.

Les chroniques se trompent. Aussi rusé au moins que Catherine de Médicis, Henri ne se servit de l'espionne qu'elle
avait jetée dans son lit que pour mieux tromper l'Italienne
sur son caractère et sur ses véritables intentions. Cette liaison
dura jusqu'au moment où le roi de Navarre put s'enfuir de
la cour de France, c'est-à-dire vers la fin de février 1576.
Plus tard madame de Sauves, qui avait conservé un bon souvenir de Henri, lui rendit d'importants services en l'avertissant
des véritables intentions de la cour à son égard.

C'est dans la maison même de la reine sa femme que Henri devait trouver celle qui lui inspira sa première passion sérieuse. La petite cour du roi de Navarre s'ennuyait profondément à Nérac, quand l'époux *in partibus* de Marguerite s'éprit follement de Françoise de Montmorency, qu'on appelait *la belle Fosseuse*, suivant l'usage du temps de donner aux noms de femme une terminaison féminine, parce que son père portait le titre de baron de Fosseux.

Toute belle et toute bonne, au dire de la reine Marguerite, Fosseuse ne résista pas longtemps au roi; et bientôt, quelques précautions que prissent les deux amants, leurs rendez-vous ne furent un mystère pour personne. Loin de se fâcher, la reine Marguerite protégeait en secret les amours de son mari. Fosseuse lui rendait service. A cette époque la *guerre des Amoureux* venait d'éclater, et plusieurs fois Henri faillit être pris ou recevoir quelque arquebusade en allant voir sa belle maîtresse.

Il ne tarda pas à devenir impossible à Fosseuse de dissimuler; elle était enceinte. Le roi dut tout avouer à sa femme, et voilà comment Marguerite dans ses *Mémoires* s'explique sur cette aventure :

« Le mal prenant à Fosseuse au point du jour, étant couchée en la chambre des filles d'honneur, elle envoya quérir mon médecin et le pria d'avertir le roi mon mari; ce qu'il fit. Nous étions couchés en une même chambre, en divers lits, comme nous avions accoutumé. Lorsque le médecin lui dit cette nouvelle, il se trouva fort en peine, ne sachant que faire, craignant d'un côté qu'elle fût découverte, et de l'autre qu'elle fût mal secourue, car il l'aimait fort. Il se résolut enfin de m'avouer tout et de me prier de l'aller secourir, sachant bien que, malgré tout ce qui s'était passé, il me trouverait toujours prête de le servir én ce qu'il lui plairait. Il ouvre mon rideau et me dit :

« — Ma mie, je vous ai célé une chose qu'il faut que je vous avoue; je vous prie de m'en excuser et de ne point garder souvenir de tout ce que je vous ai dit pour ce sujet. Mais obligez-moi tant que de vous lever tout à l'heure, pour aller à l'aide de Fosseuse qui est fort mal. Vous savez combien je l'aime ! je vous en prie, obligez-moi en cela.

« Je lui dis que je l'honorais trop pour m'offenser de chose qui vint de lui, que je m'y en allais et y ferais comme si c'était ma fille propre; que cependant il s'en allât à la chasse et emmenât tout le monde, afin qu'il n'en fût point ouï parler.

« Je fis promptement ôter Fosseuse de la chambre des filles et la mis dans une chambre écartée avec mon médecin et des femmes pour la servir, et la fis très-bien secourir. Dieu voulut qu'elle ne fît qu'une fille qui encore était morte. »

A son retour de la chasse, Henri trouva Fosseuse presque rétablie et toute souriante; il se confondit en remercîments envers la reine Marguerite, mais il ne put obtenir d'elle qu'elle gardât Fosseuse et continuât à lui témoigner la même amitié.

« — Je craignais, dit Marguerite, en lui obéissant, qu'on ne me montrât du doigt. »

Ce devait être le dernier chapitre des amours de Henri et de la belle Fosseuse. Une nouvelle passion allait s'emparer du cœur du frivole monarque, Corisandre d'Andouins.

Ce fut à Bordeaux que, pour la première fois, le roi de Navarre aperçut Diane de Louvigny, comtesse de Gramont-Guiche. La belle Corisandre, dont le nom rappelle ceux des héroïnes de d'Urfé, était la fille unique de Paul, vicomte de

Louvigny, seigneur de Lescun ; elle avait épousé très-jeune Philibert de Gramont, gouverneur de Bayonne, sénéchal de Béarn, qui, ayant eu un bras emporté d'un coup de canon au siége de la Fère, mourut, quelques jours après, de cette blessure, à l'âge de vingt-huit ans à peine.

De toutes les maîtresses d'Henri IV, la belle Corisandre est celle dont l'amour paraît avoir été le plus vrai et le plus désintéressé.

Pendant qu'il tenait campagne dans les provinces du Midi, elle vendait ses diamants et engageait tous ses biens, faisait la guerre pour lui à ses dépens et lui envoyait des levées de plusieurs milliers de Gascons. Le roi, de son côté, après chaque victoire de ses armes, se dérobait à son armée pour courir dans les bras de sa maîtresse. « L'amour, dit Sully, le rappelait aux pieds de la comtesse de Guiche, pour y déposer les drapeaux pris sur l'ennemi, qu'il avait fait mettre à part pour son usage. »

Il avait promis le mariage à cette belle veuve de vingt-six ans, qui portait un des plus grands noms des provinces méridionales. On lit même, dans les *Mémoires de Gramont*, qu'il voulut reconnaître le fils que Diane avait eu de Philibert. « Il n'a tenu qu'à mon père, dit le chevalier de Gramont, d'être le fils de Henri IV : le roi voulait à toute force le reconnaître, et ce diable d'homme ne le voulut pas ; vois donc ce que seraient les Gramont sans ce beau travers, ils auraient le pas sur les César de Vendôme. »

D'Aubigné détourna le roi de ce projet d'union : — « Il faut, lui dit-il, que vous soyez *aut Cæsar aut nihil*..... Si vous devenez l'époux de votre maîtresse, le mépris que vous ferez rejaillir sur votre personne vous fermera sans ressource le chemin du trône. »

. La correspondance du roi avec la comtesse de Guiche, dont nous avons quelques fragments, est toujours d'ailleurs du ton le plus tendre et le plus respectueux :

« J'arrivai hier au soir de Marans, lui écrivait-il, en 1588. Ah! que je vous y souhaitais! C'est le lieu le plus selon votre humeur que j'aie jamais vu..... L'on peut s'y réjouir avec ce que l'on aime, et plaindre une absence. Je pars jeudi pour aller à Pons, où je serai plus près de vous; mais je n'y ferai guère de séjour. Je crois que mes autres laquais sont morts; il n'en est revenu nul. Mon âme, tenez-moi en votre bonne grâce; croyez ma fidélité être blanche et hors de tache. Il ne fut jamais sa pareille. Si cela vous porte contentement, vivez heureuse.

« HENRI. »

Oh! la fine fleur de Gascon qui parle de sa fidélité avec cette assurance ! La comtesse savait à quoi s'en tenir sur ce point; moins de six mois après, le roi lui annonçait en ces termes la mort d'un fils qu'il avait eu de quelque maîtresse obscure :

« Mon cher cœur, renvoyez-moi Bryquesières, et il s'en retournera avec tout ce qu'il vous faut, excepté moi. *Je suis fort-affligé de la mort de mon petit, qui mourut hier. Il commençait à parler.* »

La belle Corisandre avait des goûts mondains que lui reprochent les écrits satiriques du temps. Elle allait à la messe escortée de pages, de bouffons, de chiens, de singes, d'animaux privés de toute espèce. Son amant attentif à lui plaire lui écrit encore ;

« Je suis sur le point de vous recouvrer un cheval qui a l'entrepas, le plus beau que vous vîtes et le meilleur, force panache d'aigrette. Bonnières est allé à Poitiers pour acheter des cordes de luth pour vous; il sera ce soir de retour..... Mon cœur, souvenez-vous toujours de *Petiot*. »

Petiot, c'est lui-même.

Plus tard, il lui offre encore un cadeau du même genre.

« J'ai deux petits sangliers privés et deux faons de biche; mandez-moi si vous les voulez. »

Madame de Gramont resta quelque temps encore la maîtresse en titre du roi, même après qu'il eut passé la Loire et fait sa jonction avec l'armée catholique et royale; mais la beauté de Corisandre s'altéra rapidement et le charme se rompit.

Cette rupture fut peut-être précipitée par une nouvelle passion inspirée à Henri par la comtesse de Guercheville. Pourtant cette passion ne fut point heureuse, et madame de Guercheville eut ce rare honneur de résister à l'amour du roi.

C'est pendant sa campagne de Normandie que Henri s'éprit à première vue d'Antoinette de Pons, marquise de Guercheville, veuve du comte de la Roche-Guyon. Tout aussitôt, il lui adressa les billets les plus passionnés; mais les billets restèrent sans réponse. Pour l'aller voir, « il faisait, dit Bassompierre, des traites et des équipées incroyables. » Peines et soins perdus. — « Je suis trop pauvre pour être votre femme, répondait la marquise, et de trop bonne maison pour être votre maîtresse. »

Aux billets cependant succédaient les présents. La marquise ne recevait pas plus les uns que les autres, et l'amour du roi croissait avec les difficultés. Il prit alors une résolution désespérée.

Un jour, à la chasse, il perdit ses compagnons et courut à toute bride demander l'hospitalité à la belle veuve. Il fut reçu comme un roi devait l'être; le cor sonna à son arrivée, le château s'illumina du haut en bas; un souper magnifique fut préparé; la marquise, en grands habits de cérémonie, en fit les honneurs. Henri, tout heureux de cette belle réception, croyait toucher au triomphe; il accablait madame de Guercheville de ses empressements et de ses flatteries, jurant que volontiers il échangerait sa couronne contre un tel trésor de beauté.

L'heure du coucher venue, le roi fut conduit en grande pompe à son appartement par tous les gens de Guercheville. Cet apparat commençait à l'inquiéter, lorsque tout à coup il entendit, dans la cour, un grand bruit de chevaux et d'équipages. La marquise donnait des ordres pour son départ.

Henri descendit tout éperdu, et courant à elle :

« — Quoi! madame, dit-il, je vous chasserais de votre maison! »

« — Sire, répondit madame de Guercheville, un roi est le maître partout où il se trouve; et pour ne vous désobéir en rien, vous trouverez bon que je me retire. »

Et, sans écouter davantage les supplications du prince, elle monta dans son carrosse et alla passer la nuit à deux lieues de là.

Le Gascon, maudissant les vertus provinciales, s'en fut rêver batailles et grands coups d'épée.

Ce mécompte pourtant ne le découragea pas; mais, après

deux ou trois autres tentatives aussi infructueuses, il en dut prendre définitivement son parti, et trouva plus tard l'occasion de rendre un public hommage à l'héroïque résistance de la marquise de Guercheville, devenue madame de Liancourt. Il la nomma dame d'honneur de sa nouvelle épouse, Marie de Médicis.

— « Celle-là, dit-il, réhabilitera l'emploi ; je connais son honneur, m'y étant frotté. »

Une jeune religieuse, Marie de Beauvilliers, se chargea de panser la blessure de son amour-propre.

Le roi assiégeait alors Paris. Aux heures d'ennui, il allait chercher quelques distractions au couvent de Montmartre, qui était devenu le lieu de rendez-vous de tous les galants de l'armée.

Le joli couvent que c'était là !

Les ribauds de l'armée royale avaient rimé des chansons sur madame l'abbesse et ses nonains. A Paris, les ligueurs hurlaient au scandale et se donnaient de la satire à cœur joie. Cajétan, le légat du pape, ce fougueux prélat qui organisait des processions armées et courait les carrefours en criant *Guerra ! Guerra !* disait à M. de Mayenne, en faisant allusion aux passe-temps de Henri IV :

> Con sempre estar en bordello
> Ercole non se fato immortello !

S'adressant à une communauté religieuse et venant d'un prince de l'Eglise, le mot était piquant !

Marie de Beauvilliers, que la pauvreté, plutôt que la vocation, avait décidée à faire profession, saisit avec empressement l'occasion qui se présenta de jeter son béguin par-dessus les moulins de Montmartre. Henri IV, une belle nuit, la prit en croupe et la conduisit à Senlis; il lui avait juré amour éternel et lui promettait de la faire relever de ses vœux par le pape.

Ces huguenots ne doutaient de rien!

Mais cette passion ne dura qu'une campagne; ce fut un intermède entre deux batailles. Marie était encore dans la première ivresse de sa fortune que déjà le Vert-Galant songeait à bien autre chose. Décidément, il la trouvait plus jolie sous le béguin.

Triste et repentante, faute de mieux, la pauvre religieuse regagna le couvent de Montmartre; elle en devint abbesse avec la protection du roi; elle entreprit même de réformer les mœurs de ses nonnes; elles en avaient besoin. « Le couvent de Montmartre était alors dans un piteux état, dit Sauval; les revenus étaient nuls; les plus jeunes religieuses gagnaient leur pain à la pointe de leurs œillades, et les vieilles étaient réduites à garder les vaches. Marie de Beauvilliers perdit ses soins et ses peines; ses religieuses révoltées faillirent même l'assassiner.

Ici se placent les règnes successifs des deux femmes les plus aimées d'Henri IV, Gabrielle d'Estrées et la marquise de Verneuil; mais leur influence sur les affaires et la politique du temps fut trop grande pour que nous ne leur consacrions pas un chapitre à part. Nous passerons donc tout de suite à la comtesse de Moret.

Jacqueline de Bueil, se fiant à sa figure et à ses charmes, essaya de renverser la marquise de Verneuil, dont l'ambition et les tracasseries fatiguaient Henri IV; mais l'esprit lui manquait: toutes ses petites intrigues ne réussirent même point à lui donner une grande position à la cour. « Un fils qu'elle avait eu du roi, dit Bassompierre, aurait dû cependant lui donner un grand ascendant; elle était malhabile. »

Ce fils, qui fut légitimé sous le nom d'Antoine de Bourbon, et qui, plus tard, joua un rôle à la cour de Louis XIII, sous le nom de comte de Moret, était-il bien de Henri IV? C'est ce dont il est permis de douter.

La comtesse sa mère, en effet, était d'humeur plus que facile, et le roi avait beau monter la garde autour de sa vertu, l'ennemi emportait la place d'assaut; et quel ennemi! le Guise, cet éternel ennemi de Henri de-Bourbon, qui, n'ayant pu lui ravir son royaume, s'en vengeait en lui soufflant ses maîtresses.

Nous voici arrivés à la dernière passion de Henri IV, la plus violente et la plus fatale. Vieillard à barbe grise, le Vert-Galant se prit d'un amour impétueux, irrésistible, extravagant pour une enfant de seize ans, Charlotte-Marguerite de Montmorency. Bassompierre, qu'elle aimait, avait dû l'épouser; mais le roi avait prévenu son favori.

— « Je suis, lui avait-il dit, non-seulement amoureux, mais furieux et outré de mademoiselle de Montmorency. Si tu l'épouses, et qu'elle t'aime, je te haïrais; si elle m'aime, tu me haïrais. Je suis résolu de la marier à mon neveu le prince de Condé, et de la tenir près de ma famille. »

Un bon averti en vaut deux; Bassompierre, en courtisan bien appris, se retira; mais le prince de Condé eut le courage de tenter l'aventure.

Chose rare à cette époque, le prince de Condé prétendit garder sa femme pour lui seul. Henri fut outré de ce manque de respect; il ne songea plus qu'à lutter de ruses avec son neveu. La belle Charlotte, il faut le dire, n'accueillait point mal le roi ; elle semblait même assez disposée à se rendre, mais elle était gardée à vue.

Alors commence une série d'aventures qui, pardonnables chez un jeune homme, devenaient ridicules chez un barbon. Déguisé en garde-chasse ou en reître, le roi de France allait rôder sous les fenêtres de sa belle ; il avait perdu la faculté de penser à toute autre chose, et, pour attirer les regards de celle qu'il aimait, il n'est pas de folle entreprise dans laquelle il ne s'embarquât.

A Saint-Leu, le roi, accompagné de M. de Vendôme et des frères d'Elben, déguisés comme lui et porteurs de fausses barbes, fut poursuivi et arrêté : le prévôt les avait pris pour des voleurs.

Malherbe avait été nommé d'office pour chanter les amours de Henri IV ; il avait alors à peindre son désespoir et ses angoisses :

> O beauté, reine des beautés,
> Seule de qui les volontés
> Président à ma destinée,
> Pourquoi n'est, comme la toison,
> Votre conquête abandonnée
> A l'essor d'un autre Jason ?

Les essors du vieux Jason n'aboutissaient à rien, tant était vigilant M. de Condé ; il avait emmené sa femme loin de la cour et refusait obstinément de revenir : cadeaux, pensions, promesses le trouvaient inflexible. « —Le roi veut m'abaisser le cœur, disait-il, et me hausser la tête ; nenni. »

Malherbe cependant chantait toujours :

> Donc cette merveille des cieux,
> Parce qu'elle est chère à mes yeux,

En sera toujours éloignée ;
Et mon impatiente amour,
Par tant de larmes témoignée,
N'obtiendra jamais son retour.

Sully cherchait à consoler le roi, qui était inconsolable.

« — Ah ! Sire, disait le vieux ministre, que n'avez-vous fait mettre M. de Condé à la Bastille ! Vous lui eussiez pris sa femme bien plus facilement. »

C'était aussi l'avis de Bassompierre, dont la fertile cervelle ne trouvait cependant aucun expédient.

Les couches de Marie de Médicis, la seconde épouse de Henri IV, fournirent, pour attirer le prince de Condé à la cour, un prétexte auquel il ne put résister. Le roi était au comble de la joie de revoir sa bien-aimée, et Malherbe chantait ·

Revenez mes plaisirs ; ma dame est revenue,
Et les vœux que j'ai faits pour revoir ses beaux yeux,
Rendant par mes soupirs ma douleur reconnue,
Ont eu grâce des cieux.

Le roi était alors complétement métamorphosé. Jaloux de bien paraître aux yeux de sa dame, il s'habillait avec recherche, soignait sa barbe et s'inondait d'essence. Il avait à la cour tout le monde pour lui ; on trouvait impardonnable M. de Condé, et, tandis que chacun conspirait contre lui, les bons amis de cour lui insinuaient qu'il jouait gros jeu à lutter contre le maître.

Se voyant hors d'état de résister à l'orage qui menaçait son front, le prince prit le parti de fuir, et bravement il enleva sa femme, presque malgré elle.

« Le roi était au jeu, dit Bassompierre, quand le chevalier du guet lui porta la nouvelle de cette fuite. J'étais le plus proche de lui. Il me dit tout bas à l'oreille : —« Bassompierre, mon ami, je suis perdu. Cet homme mène sa femme dans un bois, je ne sais si c'est pour la tuer ou pour la conduire hors de France. »

Il se retira aussitôt dans sa chambre, confiant le jeu et son argent à Bassompierre. Il n'avait plus la tête à lui. Chez sa femme, il se livra à tous les transports d'une colère furieuse et d'un désespoir insensé. Il fit mander ses ministres et leur déclara qu'à tout prix il voulait faire revenir en France le prince de Condé et sa femme.

Malherbe, lui, chantait encore cette grande désolation :

> Quelles pointes de rage
> Ne sent point mon courage
> De voir que le danger,
> En vos ans les plus tendres,
> Vient menacer vos cendres
> D'un cercueil étranger.

Il paraît que la douleur fit maigrir Henri IV, que l'embonpoint n'avait cependant jamais gêné, car le poëte ajoute :

> Aussi suis-je un squelette ;
> Ainsi la violette
> Qu'un froid hors de saison
> Ou le soc a touchée,
> De ma peau desséchée
> Est la comparaison.

La douceur d'être comparé à une violette ne suffit pas à
consoler le roi, ni même à le faire renoncer à l'espérance de
revoir madame de Condé.

Le prince s'était réfugié dans les Pays-Bas; des émissaires
de Henri IV tentèrent un enlèvement : ils échouèrent. La diplomatie ne réussit pas mieux que le coup de main, et le roi
allait sans doute déclarer la guerre à l'Autriche, quand le
couteau de Ravaillac, le mystérieux régicide, vint détourner
le cours des événements.

Sully prête à son maître les plus vastes projets; cette lutte,
qu'il allait engager avec la maison d'Autriche, devait avoir
pour résultat le remaniement de la carte de l'Europe, à la
tête de laquelle la France se fût définitivement placée.

Il ne nous appartient pas de discuter ici la valeur de ces
assertions, et nous laissons à la sévère histoire le soin de résoudre ce grand problème politique.

Du reste, Henri IV était bien de taille à le poser. L'homme
avait ses faiblesses, mais le monarque était bien capable de
les faire servir à ses desseins.

X

LA BELLE GABRIELLE.

Entre tous les noms amoureux et chéris que la tradition s'est plu à entourer d'une poétique auréole, celui de Gabrielle d'Estrées est assurément un des plus populaires.

Cette belle maîtresse du roi de France, cependant, était loin en son temps d'être l'idole de la foule : ses titres, son luxe, son ambition offusquaient les bourgeois. Elle fut marquise d'abord, puis duchesse ; ils craignaient de la voir un jour assise sur le trône. Ils lui faisaient un crime de son esprit, de sa beauté même, beauté damnable !

Un Génevois, à Paris depuis la veille, est arrêté un matin aux portes du Louvre par la litière de la belle favorite.

— Quelle est, demande-t-il, cette grande dame si richement parée qu'entoure une si magnifique escorte de seigneurs
et de damoiselles?

— Ne faites nulle attention à *cela*, répond le bourgeois de
Paris, et remettez votre chapeau; ce n'est rien qui vaille; c'est
la maîtresse du roi.

Il faut dire que les parures de Gabrielle, ses belles robes,
ses diamants tiraient les yeux aux femmes des échevins : à
chaque cérémonie elles trouvaient amplement matière à la
critique. — « Encore un ajustement nouveau ! » et aussitôt
d'en évaluer le prix.

Le peuple s'obstinait à voir en elle la cause de tous ses
maux; « volontiers il l'eût accusée de la dureté des temps
ou du manque de récoltes. » On disait qu'elle ruinait son
amant et l'empêchait de remplir ses bonnes intentions. —
« Sans elle, depuis longtemps, nous tiendrions la poule au
pot ! »

Le temps a plus fait pour la duchesse de Beaufort que les
panégyriques de ses historiens et de ses poëtes, admirateurs
de commande. Chaque année a ajouté quelques traits charmants à la légende de ses amours, légende romanesque qui
a fini par se substituer à l'histoire, et qui n'est cependant vé-
ridique ou menteuse qu'à demi. La popularité de cette femme
séduisante a grandi à l'ombre de la popularité du Béarnais,
et désormais le nom de la Belle Gabrielle est inséparable de
celui de Henri IV.

On doit glisser légèrement sur les premières années de mademoiselle d'Estrées et se défier de toutes les exagérations
en bien ou en mal des chroniques et des mémoires du temps.
Sa position fut telle à la cour de France, qu'elle avait des
amitiés dévouées et des haines ardentes, et nul de tous ceux

qui ont parlé d'elle n'était complétement désintéressé, c'est-à-dire impartial.

Issue d'une famille qui avait déjà plusieurs quartiers de noblesse dans les fastes de la galanterie, Gabrielle suivit forcément les traditions de sa maison, et c'est sous les auspices d'une mère plus que complaisante qu'elle fit ses débuts à la cour de Henri III.

> Dans le fond d'un château, tranquille et solitaire,
> Loin du bruit des combats elle attendait son père.
> . . . .
> Son cœur, né pour aimer, mais fier et généreux,
> *D'aucun amant encor n'avait reçu les vœux.*

Ainsi parle Voltaire, lorsque, pour la première fois, il met en scène la belle amie de Henri IV. Ici nous prenons la *Henriade* en flagrant délit d'adulation, mais l'épopée a ses exigences.

Bassompierre, sur le même sujet, s'explique tout autrement; malheureusement, ce brillant séducteur est légèrement suspect de calomnie. Trop bien traité par les femmes, il paya leurs faveurs au moins en médisances.

Le premier amant de Gabrielle paraît avoir été Henri III, auquel sa mère la livra moyennant une somme de six mille écus; mais l'ami de Quélus, de Schomberg et de Maugiron, qui avait en amour sa manière de voir, se dégoûta bien vite de sa jeune maîtresse; il la trouvait trop blanche et trop délicate.—« Pour du blanc et du maigre, disait-il, j'en ai tant que j'en veux chez la reine ma femme. »

Cet échec découragea fort madame d'Estrées, que les beaux écus d'or avaient mise en appétit; et, sans doute pour remplacer la qualité des galants par la quantité, elle continua à *produire* sa fille dans le monde.

Le riche Zamet et d'autres partisans avaient succédé à Henri III, lorsque le cardinal de Guise vint à s'éprendre de Gabrielle. Cette passion durait depuis un an, quand le cardinal, étant devenu jaloux de M. de Longueville, rompit brusquement. M. de Longueville et Stanay, qui recueillirent sa succession, firent bientôt place au duc de Bellegarde, qui lui-même, à son grand regret, dut se retirer devant Henri IV.

Amant heureux de Gabrielle, enivré de cette rare fortune d'être aimé d'une femme si charmante, le duc de Bellegarde ne savait à qui conter son bonheur et vanter les charmes infinis d'une maîtresse adorée, lorsqu'il eut la malheureuse idée de choisir Henri pour confident. Il devait cependant savoir à quoi s'en tenir sur le cœur inflammable de son maître.

Du matin au soir, il ne cessait de lui décrire les infinies perfections de Gabrielle; il ne tarissait pas en éloges; il dépeignait avec passion ses grâces, sa beauté, son esprit, tant et tant qu'à sans cesse entendre exalter les charmes d'une femme qu'il ne connaissait pas, Henri IV en devint amoureux et pria Bellegarde de le mettre à même de l'admirer. Le duc y consentit, d'autant plus volontiers que son amour-propre y trouvait son compte et qu'il ne pensait pas avoir rien à redouter du roi, fort occupé alors de Marie de Beauvilliers.

La première entrevue du roi et de Gabrielle eut lieu au châ'eau de Cœuvres en Picardie. Bellegarde ne tarda pas à s'apercevoir qu'il avait fait une école, car il reçut l'ordre de ne plus penser à sa maîtresse. Il promit tout ce que voulut le roi ; mais en secret, il prévint Gabrielle des exigences de Henri. Soit qu'elle aimât réellement le duc, qui était, du reste, un des plus beaux cavaliers de la cour, soit qu'elle cherchât par une résistance calculée à irriter la passion du roi, elle le reçut fort mal au début et lui déclara net qu'elle lui préférait Bellegarde qui devait l'épouser.

Le héros de son temps éprouva un vif chagrin de ce refus, et quoique Mantes, dont il s'était fait comme une petite capitale pendant qu'il tenait la campagne aux alentours de Paris, fût distant de sept lieues du château de Cœuvres, et que la forêt à travers laquelle il fallait passer fût entourée de partis ennemis, il résolut d'aller en personne apaiser la belle courroucée. Il partit accompagné de cinq gentilshommes de sa suite seulement. A trois lieues de Cœuvres, il descendit de cheval, endossa des habits de paysan, mit un sac plein de paille sur sa tête, et se rendit à pied au château où, la veille, il avait fait annoncer son arrivée. Gabrielle lui fit le plus froid accueil, lui disant qu'il était si laid sous cet accoutrement qu'elle ne pouvait se résoudre à le regarder.

L'insuccès de cette ridicule démarche ne découragea point le roi ; il s'était piqué au jeu, et bientôt Gabrielle cessa de l'accabler de ses rigueurs. Il appela alors près de lui, à Mantes, le marquis d'Estrées sous prétexte de le faire entrer dans son conseil. Naturellement le marquis avait été invité à amener sa fille. Comme chaperon, le roi avait donné à Gabrielle une de ses tantes, madame de Sourdis, « ce qui, dit gravement Dreux du Radier, *sauvait* toutes les apparences. »

Cependant la présence d'un « bonhomme » de père ne laissait pas que d'être fort gênante pour des relations si publiques ; il y avait aussi un frère, le marquis de Cœuvres, esprit fin et délié, un des plus habiles intrigants de la cour, qui semblait vouloir surveiller la conduite de sa sœur. Le roi ne trouva d'autre expédient que de marier sa maîtresse. On trouva tout exprès pour l'émanciper un bon gentilhomme de Picardie, Nicolas d'Armeval, seigneur de Liancourt. Ce gentilhomme tergiversa bien tout d'abord, « le mariage lui semblait dur à avaler; » mais on le convainquit à force d'arguments, des arguments de poids, dirait Basile.

Il avait été convenu que le jour de la noce, à l'heure où les époux ont l'habitude de réclamer leurs droits, le roi paraîtrait, « *adsum qui feci*, » et arracherait Gabrielle à M. de Liancourt.

Le roi manqua de parole; « il était si Gascon qu'il ne pouvait même se la tenir à lui-même. » Mais, en époux bien appris, M. de Liancourt ne demanda rien, et, dès le lendemain, accompagné de sa femme, il rejoignit le roi. Disons, pour en finir avec ce comparse, que quelques mois plus tard il mit non moins de bonne volonté à rompre le mariage, en se laissant déclarer dans le seul cas qui pût alors faire prononcer un divorce.

En 1593, Gabrielle devint enceinte. La joie du roi eût été immense sans quelques doutes qu'il avait au sujet de l'authenticité de sa paternité. En effet, lorsque Alibour, son médecin, lui avait appris cette heureuse nouvelle, Henri n'en avait rien voulu croire, ayant de bonnes raisons pour cela, dit une chronique ridiculement mensongère.

— Vous rêvez, bonhomme, aurait dit le roi.

Cette jolie petite calomnie semble avoir été arrangée tout exprès pour accuser Gabrielle de la mort d'Alibour, arrivée à quelque temps de là.

Elle n'avait point cependant renoncé entièrement à Bellegarde, et peu s'en fallut qu'un beau jour, ou plutôt une belle

nuit, le roi ne les surprît. Une entreprise qu'il avait formée
l'ayant obligé de s'éloigner de trois ou quatre lieues de Gabrielle, il partit ; mais, n'ayant pas trouvé ce qu'il cherchait,
il revint aussitôt et pensa trouver ce qu'il ne cherchait point.
Bellegarde, qui avait feint de partir de son côté, était resté
auprès de madame Gabrielle.

« Au retour imprévu du roi, ils étaient ensemble. Tout ce
que put faire une confidente, ce fut de faire passer Bellegarde
dans un cabinet où elle couchait près du lit de sa maîtresse.
Cela s'était fait sans que le roi s'en aperçût, et tout était tranquille lorsqu'il s'avisa de demander des confitures qu'on mettait dans ce cabinet. Madame Gabrielle appela *la Rousse* (c'é-
tait le nom de cette confidente) ; on avait pris des mesures pour
qu'elle ne s'y trouvât point. Soit que cette absence donnât du
soupçon au roi, ou qu'il ne pensât qu'à se satisfaire sur les
confitures, il dit qu'il n'y avait qu'à forcer la serrure. Sa maîtresse s'y opposa et prétexta un grand mal de tête. Le roi,
auquel cette résistance ne parut pas naturelle, n'en devint
que plus obstiné à faire ouvrir le cabinet, et donna même
quelques coups de pied dans la porte pour l'enfoncer.

« Bellegarde était perdu s'il n'eût pris le parti de sauter
par une fenêtre qui s'ouvrait sur le jardin : heureusement il
ne se blessa point, quoiqu'elle fût assez haute. *La Rousse*, qui
était aux aguets, parut aussitôt, s'excusa sur son absence,
ouvrit la porte, et donna au roi les confitures qu'il demandait. »

Cette même *Rousse* fut plus tard embastillée avec son
mari. Chassée par Gabrielle, elle était devenue une de ses
plus cruelles ennemies ; elle se répandit en diatribes et en
calomnies, si bien que cette histoire de Bellegarde pourrait
fort bien avoir été mise en circulation par elle.

Si toutefois cette aventure est véritable, elle ne fit aucun tort à Gabrielle dans l'esprit du roi, et bientôt son influence fut immense.

Il ne faut point s'étonner de la toute-puissance de la belle Gabrielle : dans les diverses phases de ses amours avec Henri IV, elle avait pu se faire apprécier par ce prince, « qui avant tout, dans ses maîtresses, nous dit Sully, cherchait une amie dévouée et une confidente sûre. » L'esprit de Gabrielle acheva ce qu'avait commencé sa beauté.

Cette beauté était si remarquable que ce nom de belle lui avait été donné comme un titre naturel, et ses plus grands ennemis la constatent avec une amertume qui certes n'est pas suspecte.

C'était une blonde aux yeux bleus et limpides; ses cheveux légèrement ondés semblaient d'or fin; son nez était droit et délicat; sa bouche, petite, pourprine et souriante, faisait songer à une grenade pleine de perles; son teint était d'une blancheur et d'une transparence admirables, une carnation anglaise avec plus d'accent et de chaleur.

Quant à son esprit, il était des plus fins et des plus déliés. Souvent Henri IV eut recours à elle, lorsqu'elle jouait à la cour le rôle de souveraine. « Il en tirait service, dit l'historien Mathieu, aux démêlements de plusieurs brouilleries; il lui fiait les avis et rapports qu'on lui faisait de ses serviteurs, et *lui découvrait les blessures de son cœur, dont elle apaisait incontinent la douleur*, en sorte que cette grande faveur, dangereuse d'ordinaire à un sexe impérieux, soutenait chacun et n'opprimait personne. »

Voilà le grand et véritable titre de Gabrielle à notre intérêt, j'allais presque dire à notre estime. L'ambition qu'on lui a reprochée plus tard fut presque une nécessité politique. Lorsqu'il fut question de la placer sur le trône, c'est qu'elle était l'âme d'un parti, du parti huguenot, qui voyait en ses enfants des protecteurs naturels, et se trouvait débarrassé de la crainte de quelque alliance qui lui eût été opposée.

L'entrée de Henri IV à Paris est le commencement des triomphes de la belle Gabrielle. Aux côtés du roi, elle tenait la tête du cortége, à demi-couchée dans une litière « où l'or superbement se relevait en bosse. » C'est sur elle que, brillant d'ivresse et d'orgueil, s'arrêtaient les yeux de Henri IV.

Les rues de l'ancien Paris étaient trop étroites pour la foule qui se pressait bruyante et joyeuse autour du roi. Le tableau de Gérard donne une idée assez juste de cette grande scène historique.

Toute cette population parisienne, amoureuse de bruit et d'émeutes, mal remise des souffrances et des perplexités d'un siége désastreux, acclamait dans Henri IV l'homme qui allait lui rendre la paix et lui donner du pain. Aussi jamais souverain ne fit plus triomphale entrée dans une capitale reconquise. Gabrielle était femme, ce jour-là elle dut aimer Henri IV.

Mais n'était-ce pas pour elle que triomphait son amant? A chaque instant arrêtant son cheval, il venait caracoler près de la riche litière découverte où elle trônait en souveraine.

« Le roi, dit l'Estoile, avait un visage fort riant et content de voir tout ce monde crier si allégrement *Vive le roi!* Il avait presque toujours son chapeau au poing, surtout pour saluer les dames et damoiselles qui étaient aux fenêtres. »

Nous avons les plus grands détails sur cette triomphale entrée; c'est toujours l'Estoile qui nous les donne; le brave bourgeois de Paris avait dû jouer des coudes pour fendre la foule, pour tout voir, pour tout entendre. Il a compté les clous de la selle royale et mesuré la longueur des housses de drap d'or; il n'oublie point la toilette de Gabrielle, il nous la décrit avec complaisance.

« Elle avait une robe de satin noir, toute houppée de blanc, » plus constellée de pierreries et de perles « que d'étoiles le manteau de la nuit. » Les chroniques reviennent souvent sur les toilettes de la belle favorite. Ses diamants, ses dentelles, ses robes, ses fourrures, inquiètent singulièrement les gens du tiers. Ils mettent en contraste les misères présentes et le luxe de la cour où Gabrielle donne le ton.

« Aujourd'hui quinze février, le roi est venu à Paris avec sa Gabrielle; elle avait un capot et une devantière, pour porter à cheval, de satin couleur de zizolin, en broderies d'argent avec du passement d'argent mis en bâtons rompus; dessus des passepoils de satin vert. Le capot doublé de satin vert gaufré, et ladite devantière doublée de taffetas couleur de zizolin avec le chapeau de taffetas aussi couleur de zizolin garni d'argent. Le tout valant au moins deux cents écus. »

Gabrielle affectionnait cette couleur verte qui seyait admirablement à sa beauté; on la voit toujours ainsi vêtue aux côtés de Henri IV, habillé toujours, lui, tout en gris. Nous ne ferons pas avec l'Estoile l'inventaire des coffres de Gabrielle. « Le cinq mars elle assistait au bal magnifiquement parée; elle avait douze brillants dans les cheveux. Le huit octobre, elle avait un manteau doublé de satin d'une richesse incroyable. Enfin le samedi douze novembre un brodeur de Paris acheva pour elle un mouchoir du prix de dix-neuf cents écus. »

Dix-neuf cents écus! Payés comptant! Voilà l'impopularité.

Moins de trois mois après son entrée à Paris, Gabrielle mit au monde un fils qu'elle appela César, comme pour exalter cet amour de la gloire qui, par bouffées, montait au cerveau du roi.

L'arrivée du *poupon* combla de joie le Béarnais; la naissance de cet enfant lui semblait un événement aussi heureux que la prise de possession de sa capitale; et comme il fallait un titre à la mère de Monsieur, duc de Vendôme, il la nomma marquise de Monceaux. La fortune de mademoiselle d'Estrées grandissait; « le roi commanda qu'on lui rendît désormais plus de respects. » Ici commence le rôle politique de Gabrielle, beaucoup plus grand qu'on ne pense. C'est un sujet que nous ne ferons qu'effleurer.

Tout d'abord elle protége Sully et le fait entrer aux finances. C'est donc à Gabrielle que cet homme d'Etat, dont la réputation eut des fortunes si diverses, et qui est une des *créations* de Mézeray, dut de pouvoir servir si utilement son maître.

Sully, dans ses *Œconomies*, s'occupe beaucoup de la maîtresse du roi: il ne la traite pas toujours avec le respect d'un homme qui lui doit tout. De là le reproche qu'on lui a fait d'ingratitude, reproche injuste. Sully pouvait-il changer de politique, parce que madame de Monceaux lui avait rendu quelques services? Elle lui causa souvent de terribles embarras dont il ne savait comment sortir. Une petite aventure de voyage, que l'on trouve dans les *Œconomies*, nous en donne la preuve. Sully accompagnait alors madame Gabrielle, qui allait rejoindre le roi. Sully était à cheval près de la litière. Celle-ci vint à verser tout à coup. On entendit un grand cri, auquel succéda le plus profond silence. Sully croit à un malheur, et tout aussitôt il pense à la douleur du roi.

— Cette mort serait, cependant, un grand embarras de moins, ne peut-il s'empêcher de se dire.

Il était alors plus que jamais question du mariage du roi et de sa maîtresse.

La belle Gabrielle fut un des auteurs de l'abjuration du roi, et elle contribua puissamment à vaincre des scrupules qu'il n'avait point, mais qu'il joua toute sa vie.

Car il y avait en lui bien plus d'Auguste que de César. — « Mes amis, ai-je bien joué cette comédie? »

A tort on a accusé Henri IV de tenir si prodigieusement à la religion réformée. Si quelquefois il en fredonnait les psaumes, c'est qu'il les avait appris dans son enfance, et que ces pieux airs chantaient dans son cœur comme un écho affaibli de ses jeunes années. La belle Gabrielle alors lui mettait la main sur la bouche et, malgré ses *Ventre-saint-gris*, le faisait taire.

— Souvenez-vous, Sire, que vous êtes le fils aîné de l'Église.

Plus tard nous voyons Gabrielle pousser à la conquête de la Franche-Comté, prendre les intérêts de Balaguy-Montluc, s'entremettre entre Henri IV et le duc de Mercœur, enfin, à l'apogée de sa puissance, faire négocier à Rome la rupture du mariage du roi et de Marguerite de Navarre.

Épouse délaissée, Marguerite expiait alors les folies de sa jeunesse. Reléguée en Auvergne dans sa résidence d'Usson, elle se plaignait en beaux vers d'être une épouse sans mari, et elle écrivait ses *Mémoires* qui ne réussissent point à donner à nos yeux tort à Henri IV. Déjà elle pouvait prévoir qu'elle allait avoir à lutter contre l'influence de la favorite.

Aucun nuage n'obscurcissait alors le radieux avenir de la marquise de Monceaux. Sa position à la cour était devenue officielle, et chacun lui rendait les hommages dus à une souveraine.

Partout nous la retrouvons aux côtés de Henri IV, aux bals,

aux fêtes, et jusque dans les conseils. Le roi reçoit-il des ambassadeurs, il la fait cacher derrière une tapisserie, afin qu'elle puisse ouïr tout ce qu'on dira et lui donner son avis.

Le premier président du parlement de Normandie, Groulard, nous donne dans ses curieux *Mémoires* la mesure de la toute-puissance de Gabrielle.

Le roi était venu à Rouen pour tenir l'assemblée des notables; c'est même à cette occasion qu'il fit cette mémorable harangue, dans laquelle il disait aux notables que, bien que ce ne fût l'usage des rois, des barbes grises et des victorieux, « il venait se mettre en tutelle entre leurs mains. »

Comme, à l'issue du conseil, le roi demandait l'avis de Gabrielle sur le discours qu'il avait prononcé devant ces bourgeois :

— Je suis fort étonnée, Sire, répondit la marquise de Monceaux, que Votre Majesté ait parlé de se mettre en tutelle.

— Ventre-saint-gris! répondit le roi, il est vrai; mais je l'entends avec mon épée au côté.

Gabrielle en cette circonstance fut officiellement présentée au parlement. Le bonhomme Groulard ne laisse pas que d'en être surpris; mais il en prend son parti et nous raconte que dès le lendemain matin il se transporta en l'hôtel de madame Gabrielle pour lui faire sa visite.

Lorsqu'elle suivait le roi à la chasse, Gabrielle avait adopté un galant costume d'homme, sous lequel sa beauté semblait plus piquante. Ils s'en allaient tous les deux le long des chemins de la forêt, faisant la cour buissonnière, leurs chevaux tellement rapprochés qu'ils pouvaient se donner la main.

Mais cette douce et charmante existence ne pouvait durer toujours. Le royaume n'était point si pacifié encore que Henri pût se permettre les tranquilles amours des rois fainéants. La nécessité, bottée et éperonnée, vint plus d'une fois soulever les rideaux de son alcôve au milieu de la nuit. Alors il fallait partir. Toute frissonnante et demi-nue, Gabrielle accompagnait son amant jusqu'à la cour d'honneur..

— Dieu vous garde, Sire, et au revoir!

Et le roi s'élançait à cheval, non sans avoir pris auparavant le baiser de l'étrier.

C'est en telles circonstances qu'il envoyait à Gabrielle cette charmante romance, digne d'un ménestrel du gai sçavoir, et qui est la gloire et le renom même de Gabrielle :

Charmante Gabrielle,
Percé de mille dards
Quand la gloire m'appelle
A la suite de Mars,
Cruelle départie!
    Malheureux jour!
Que ne suis-je sans vie
    Ou sans amour!

L'amour sans nulle peine
M'a, par vos doux regards,
Comme un grand capitaine,
Mis sous ses étendards.
Cruelle départie!
    Malheureux jour!
Que ne suis-je sans vie
    Ou sans amour!

La réponse de Gabrielle, bien que moins populaire, mérite

d'être rappelée, car c'est à tort qu'on en a contesté l'authenticité.

> Héros dont la présence
> Fait mes plus doux plaisirs,
> Que ta cruelle absence
> Me coûte de soupirs!
> Que ne puis-je te suivre,
>   Dans les hasards
> Ou bien cesser de vivre,
>   Lorsque tu pars.
>
> Quoi! toujours aux alarmes
> Tu veux livrer mon cœur,
> Le moindre bruit des armes
> .Le glace de frayeur.
> Il n'est point de remède
>   A mon tourment,
> Si le guerrier ne cède
>   Au tendre amant.

On a attribué bien d'autres vers à Henri IV, comme on lui a attribué bien des mots qu'il n'a jamais dits. Quel que soit le poëte qui ait adressé à Gabrielle les vers charmants que nous allons citer, le Béarnais n'a pas à se plaindre d'en avoir vu grossir son bagage d'écrivain.

> Viens, Aurore,
> Je t'implore,
> Je suis gai quand je te voi.
> La bergère
> Qui m'est chère
> Est vermeille comme toi.

       Pour entendre
       Sa voix tendre
On déserte le hameau,
       Et Tityre
       Qui soupire
Faire taire son chalumeau.

       Elle est blonde,
       Sans seconde ;
Elle a la taille à la main ;
       Sa prunelle
       Etincelle
Comme l'astre du matin.

       De rosée
       Arrosée
La rose a moins de fraîcheur,
       Une hermine
       Est moins fine ;
Le lys a moins de blancheur.

       D'ambroisie
       Bien choisie
Hébé la nourrit à part ;
       Et sa bouche,
       Quand j'y touche,
Me parfume de nectar.

Les séparations momentanées des deux amants nous ont
valu une série de lettres charmantes qui forment, avec les billets froissés soigneusement recueillis par la belle Corisandre,
un galant recueil que Saint-Preux de sa plume ampoulée
n'eût certes point écrit.

Les expressions les plus heureuses y peignent la passion la plus ardente, et rien n'égale la grâce des laconiques billets que chaque soir, avant de s'endormir sous la tente, Henri IV envoyait à sa maîtresse.

« Mes belles amours, deux heures après l'arrivée de ce porteur, vous verrez un cavalier qui vous aime fort, qu'on appelle roi de France et de Navarre, titre bien-honneureux, mais bien pénible; celui de votre sujet est bien plus délicieux. »

Voici quelques traits pris au hasard dans cette correspondance; plus nombreux et recueillis avec soin, ils ajouteraient un chapitre à l'histoire du Béarnais, chapitre que l'on pourrait intituler *Esprit de Henri IV* :

« Cette lettre est courte, afin que vous vous endormiez après l'avoir lue. »

« Passer le mois d'avril absent de sa maîtresse, c'est ne vivre pas. »

« Pour femme, il n'en est pas de pareille à vous; pour homme nul ne m'égale à savoir bien aimer. »

« Que ne puis-je partir en croupe derrière le messager que je vous envoie! je pourrais au moins baiser un million de fois vos belles mains. »

.

Il faut citer encore cette lettre si célèbre qui dit en quatre lignes toute l'histoire des amours de Henri IV et de Gabrielle :

« Je vous écris, mes chères amours, des pieds de votre peinture que j'adore seulement pour ce qu'elle est faite pour vous, non qu'elle vous ressemble. J'en puis être juge compétent, vous ayant peinte en toute perfection dans mon âme, — dans mon âme, dans mon cœur, dans mes yeux.

« HENRI. »

Pourquoi faut-il, hélas! que ces tendres expressions se retrouvent dans toutes les lettres de Henri IV! le roi galant ne change que les noms : c'est cette pauvre Fosseuse ou Corisandre, Gabrielle ou la fière Henriette d'Entragues, ritournelle d'amour qui sert d'ouverture à toutes les mélodies de la passion.

Au moment où nous sommes arrivés, l'étoile de la belle Gabrielle est au zénith. La séduisante maîtresse de Henri IV a déjà le pied sur la première marche du trône; quelques jours encore,

Et le roi va poser la couronne à son front.

Après quatre ans d'une union qui avait surmonté toutes les traverses, Gabrielle avait reçu du roi le titre de duchesse de Beaufort. Elle lui avait donné deux nouveaux enfants, Catherine-Henriette, et Alexandre de Vendôme, dont on célébra le baptême avec autant de pompe et d'éclat que s'il eût été fils de France.

Ce baptême fut la première cause des discordes de Sully et de la belle Gabrielle, qui bientôt devaient s'envenimer de tous les rapports des courtisans.

Un instant, pressée par ses amis, Gabrielle eut l'idée de renverser le ministre qu'elle avait protégé; elle y eût perdu son temps et ses peines.

Les historiens de Henri IV lui prêtent un mot superbe.

— Je ne sais comment, Sire, vous préférez un valet à une amie, avait dit Gabrielle.

— Je retrouverais plus facilement vingt maîtresses comme vous qu'un ministre comme lui, aurait répondu le roi.

Ajoutons cette anecdote à vingt autres tout aussi vraisemblables, et qu'elles aillent rejoindre la poule au pot dans les nuageux lointains de la fantaisie historique.

Cette question du mariage de Gabrielle avec le roi apparaissait déjà à l'horizon, grosse d'orages.

On en parlait tout bas à la cour; les créatures de la favorite avaient de grandes espérances, mais le roi ne s'était point encore prononcé.

C'est à Sully qu'il s'en ouvrit tout d'abord. Il faut lire dans les *Économies* la curieuse conversation du roi et de son ministre.

— Je voudrais bien, disait Henri IV, trouver femme à mon gré, non point épouser par politique quelque princesse qui ferait lit à part; je la veux jolie, bonne et indulgente, je veux surtout qu'elle me fasse de gros enfants, un tous les ans. Ne connaîtrais tu point, Rosny, celle qu'il me faut?

Et Sully de faire semblant de chercher.

— Voyons, cependant, continue Henri IV, les princesses qui sont à marier en Europe.

Sully savait bien où le roi voulait en venir.

— Cherchons, Sire.

Et il égrena la liste des filles nubiles de souches royales, sans en o.rettre une seule, avec une sûreté de mémoire et de renseignements qu'on trouverait à peine aujourd'hui chez le rédacteur aux gages de Justus Perthes, l'heureux éditeur de l'Almanach de Gotha.

A chaque nom nouveau, Henri IV secouait la tête.

— Ce n'est point encore mon affaire.

— Cherchons, Sire. Mais je ne vois plus qu'un moyen. Donnez rendez-vous dans la cour de votre Louvre à toutes les jolies filles de France de dix-sept à vingt-cinq ans, vous choisirez.

— Eh bien! non, dit le roi impatienté de la mauvaise volonté de son ministre, nous n'avons que faire de chercher. N'ai-je pas la duchesse de Beaufort?

Le grand mot était lâché. Sully poussa les hauts cris. Mais le roi tenait ferme à son idée. Il y eut des démarches faites à Rome d'abord, puis près de madame Marguerite, afin d'obtenir la liberté du roi.

Le Vatican la marchanda longtemps. Marguerite de Valois déclara qu'elle ne s'y prêterait jamais et que ce n'était pas pour « l'ancienne maîtresse du duc de Bellegarde, l'épouse déshonorée de Liancourt, qu'elle consentirait à briser son union avec Henri IV. »

Les négociations se poursuivirent néanmoins, et une nouvelle complication, le projet de mariage du roi et de Marie de Médicis, vint ajouter aux embarras déjà très-grands et très-réels de la cour de France.

Les choses en étaient à ce point, lorsque, comme un coup de foudre, parvint au roi la nouvelle de la mort de Gabrielle.

Quelques détails sur cette fin si prématurée.

On était alors dans la semaine sainte. Madame de Beaufort, enceinte de quatre mois, se rendit à Paris pour faire ses pâques dans cette ville, « afin de se faire voir bonne catholique au peuple qui ne la croyait pas telle. » Gabrielle descendit chez Zamet, ce fameux seigneur de dix-sept cent mille écus qui prêtait à Henri IV pour ses petites parties le magnifique hôtel qu'il avait fait construire.

Le jeudi de la semaine sainte, après un dîner où Zamet avait dépassé le *nec plus ultrà* de la somptuosité, madame de Beaufort eut envie d'entendre les Ténèbres en musique au petit Saint-Antoine. Elle s'y rendit accompagnée de mademoiselle de Guise et de la duchesse de Retz. Elle était fort joyeuse ce jour-là ; les négociations pour son mariage allaient à son gré, et elle avait reçu du roi une lettre très-passionnée dans laquelle il lui annonçait que, pour en finir, il venait de dépêcher à Rome le sieur du Fresne.

Pendant l'office, elle fut prise de douleurs d'entrailles et d'éblouissements. On la reconduisit chez Zamet. A son arrivée à l'hôtel, elle se trouvait un peu mieux. Elle fit un tour de jardin et goûta d'un fruit.

C'est alors que Zamet lui annonça que le mariage de Henri IV et de Marie de Médicis était décidé.

Ses convulsions la reprirent presque aussitôt, accompagnées des symptômes les plus alarmants. « Fortement frappée de l'idée qu'elle était empoisonnée, dit Sully, elle commanda qu'on la tirât de chez Zamet et qu'on la transportât chez sa tante madame de Sourdis. »

Le trajet ne fit qu'augmenter ses douleurs, et, après un jour et demi d'atroces souffrances, elle expira le samedi 10 avril à sept heures du matin.

« Les médecins et chirurgiens, dit le journal de Henri IV, n'osèrent pas, à cause de sa grossesse, lui faire des remèdes violents. Tels avaient été ses efforts et ses syncopes, que sa bouche fut tournée vers la nuque de son col. Elle était devenue si hideuse qu'on ne pouvait la regarder sans effroi. Son corps ayant été ouvert, son enfant fut trouvé mort. »

Henri IV, prévenu trop tard, fit éclater le plus vif désespoir. Il sanglotait tout haut, refusait toute consolation, se plaignant d'être désormais « seul sur la terre. »

Il prit le deuil et il voulut que toute la cour suivît son exemple. Des funérailles presque royales furent faites pour cette belle maîtresse de Henri IV. Son corps fut conduit en pompe solennelle à l'abbaye de Maubuisson, dont une de ses sœurs était alors abbesse.

Des bruits sinistres se répandirent autour du cercueil de la duchesse de Beaufort. Ce mot terrible de poison, si souvent murmuré dans les sombres appartements du Louvre lorsque régnait une première Médicis, revenait fatalement avec une autre princesse de ce nom.

Zamet fut accusé, et bien d'autres.

Mais il faut se garder de prêter l'oreille aux vagues murmures du soupçon.

« Dieu seul, dit Shakespeare, a jamais su ce qu'il y avait au fond de la coupe. »

Le peuple, qui avait haï Gabrielle, ne s'agenouilla point au passage du cortége funèbre, et les cendres de la belle favorite n'étaient pas froides encore, que déjà couraient sur elle les pamphlets les plus injurieux.

Voici le commencement d'un dialogue de quatre pages, en vers, composé le lendemain de sa mort. C'est son ombre qui revient tout exprès de l'enfer pour confesser ses crimes :

De mes parents l'amour voluptueuse
Et de mes sœurs l'ardeur incestueuse
Rendent assez mon lignage connu.
De l'exécrable et malheureux Atrée
Est emprunté notre surnom d'Estrée,
Nom d'adultère et d'inceste venu.

Les haines ardentes contenues pendant sa vie éclataient, et les six sœurs de la belle Gabrielle ayant assisté à ses obsèques, il se trouva un poëte pour faire ce sixain .

J'ai vu passer sous ma fenêtre
Les six péchés mortels vivants .
Conduits par le bâtard d'un prêtre,
Qui tous les six allaient chantants :
Un requiescat in pace
Pour le septième trépassé.

La Restauration eut l'idée de faire élever une statue à la belle Gabrielle, en 1820, époque où l'on ne parlait d'Henri IV dans les salons bien pensants que les larmes aux yeux.

Louis XVIII donna son approbation. Cet homme d'esprit dut bien rire ce jour-là.

Etait-ce sa faute à lui si ceux qui l'entouraient n'avaient lu l'histoire de France que dans les Père Loriquet de la maison de Bourbon ?

XI

CATHERINE-HENRIETTE D'ENTRAGUES.

MARQUISE DE VERNEUIL.

Les cloches qui avaient sonné le glas funèbre de la duchesse
de Beaufort vibraient encore, que déjà Henri IV songeait à
pourvoir son cœur d'une nouvelle maîtresse. Son désespoir fut
aussi court qu'il avait été violent.

Les distractions qu'il trouvait à l'hôtel de Zamet ne suffisaient pas pour combler le vide creusé par la mort de Gabrielle. Il s'en allait, comme a dit un écrivain du temps,
« escarmouchant du cœur » avec l'une et avec l'autre, fort

indécis de son choix, lorsque le hasard, aidé d'une mère peu scrupuleuse, jeta sur son passage la belle et fière Henriette d'Entragues. Cette mère complaisante n'était autre que la charmante Marie Touchet, qui, en épousant le seigneur de Balzac d'Entragues, ne songeait probablement pas à faire souche de maîtresses royales. Mais nous rencontrerons plus d'une fois dans l'histoire de ces familles prédestinées.

Une partie de chasse fut le théâtre de la première entrevue. Le roi, tout aussitôt, mordit à cet appât irrésistible de deux yeux ardents d'une vivacité plus que provoquante. Les traits d'Henriette, sans avoir la régularité de ceux de Gabrielle, étaient peut-être encore plus séduisants. Et puis, n'était-elle pas encore embellie, aux yeux d'Henri IV, du piquant attrait de la nouveauté?

Mais le Vert-Galant dut modérer son impatience. La fille de Marie Touchet savait trop l'art de se faire désirer pour ne pas reculer à propos après être allée au-devant de l'amour. Les commencements de cette liaison ont toute la majesté d'une négociation diplomatique.

Il y eut des pourparlers, des allées, des venues; un ambassadeur, de Lude, avait été nommé. — Triste ambassade! La pierre d'achoppement, c'était M. de Balzac d'Entragues. Ce gentilhomme tenait à conserver ce qui restait d'honneur à sa maison; peut-être parce que la vertu de sa femme avait fait naufrage, il tenait à garder celle de sa fille. Il mit de Lude à la porte. Par bonheur, l'ambassadeur d'Henri IV connaissait le chemin des fenêtres.

Le roi maugréait fort de tous ces contre-temps. Oubliant que déjà sa barbe grisonnait, le Vert-Galant sur le retour se croyait aimé d'Henriette et n'accusait que la tyrannie des parents.

Bientôt cependant on entra dans la voie des transactions. Les bases des premiers protocoles furent posées par la jeune fille, ou plutôt par sa mère. M. d'Entragues continuait à jouer à l'écart son rôle de père rigide, sans doute pour se ménager une entrée lorsque le moment lui paraîtrait convenable. La modeste, séduisante et spirituelle Henriette d'Entragues mettait sa capitulation au prix de cent mille écus.

Ce chiffre formidable fit pousser les hauts cris à Henri IV. Il marchanda même, le ladre ! oui, il marchanda ; mais la place tint bon, et, un beau matin, Sully reçut l'ordre de compter la somme.

Le ministre, fort embarrassé à ce moment de réunir les quatre millions nécessaires au renouvellement de l'alliance des Suisses, commença par refuser net. Il disait que pour une somme si énorme son maître aurait dix femmes plus belles et plus vertueuses que mademoiselle d'Entragues. Il avait dix mille fois raison, mais on ne raisonnait pas avec l'impatience amoureuse du Vert-Galant, et il fallut bien s'exécuter.

C'est alors que Sully s'avisa d'un stratagème qui, mieux que de longues considérations, nous donne une exacte idée de son caractère et de celui de son maître.

Il fit porter les cent mille écus dans le cabinet du roi, et en sa présence les fit compter et recompter avec une grande ostentation par ses secrétaires. Cet or et cet argent, qui couvraient presqu'entièrement le plancher du cabinet, éblouirent le Béarnais.

— Nous sommes, dit-il d'un ton joyeux, bien plus riches que je ne croyais.

— Il est vrai, répondit Sully, mais tout ce que vous voyez là, Sire, doit être, par vos ordres, porté à mademoiselle d'Entragues.

Henri resta un instant pensif; puis, comme honteux de lui-même, il sortit en murmurant :

— Ventre-saint-gris, voilà une nuit bien payée.

Cette nuit, tant désirée et si chèrement achetée, il ne la tenait point encore.

Avec les cent mille écus, de nouveaux scrupules étaient venus à la famille d'Entragues. Il y eut de nouvelles difficultés, de nouvelles négociations. Le roi, de jour en jour plus pressant, sommait Henriette de tenir sa promesse; mais elle, avec un art infini, maudissait comme son amant la surveillance fâcheuse d'une famille trop attachée à un vain point d'honneur, lui jurait qu'elle attendait avec impatience une occasion favorable, et finissait par le remettre au lendemain.

Henri IV, de guerre lasse, allait peut-être abandonner la partie et ses cent mille écus, qui à cette heure lui tenaient au cœur au moins autant que son amour, lorsqu'il reçut d'Henriette une lettre où elle lui expliquait qu'une promesse de mariage en bonne et valable forme, adressée à M. d'Entragues, mettrait en repos la conscience chatouilleuse de ce bon père et assurerait enfin leur liberté et leur bonheur.

Les chroniques nous ont conservé la curieuse épître de l'adroite demoiselle : avec une heureuse habileté d'expressions, elle prouve au roi qu'elle n'est pour rien dans cette dernière exigence; elle a engagé ses parents à se contenter d'une promesse verbale, mais ils s'opiniâtrent à exiger un écrit. « Enfin, « Sire, ajoute-t-elle en terminant, puisqu'ils s'entêtent de cette « vaine formalité, quel risque y a-t-il à se prêter à leur ma- « nie? Vous ne ferez point difficulté de les satisfaire, *si vous* « *m'aimez comme je vous aime.* A mon égard, tout ce qui » m'assurera mon amant me satisfera. »

Il ne fallait pas tant d'éloquence 'pour convaincre le roi; une promesse, de mariage surtout, ne lui avait jamais semblé un obstacle sérieux. Après un don de cent mille écus, cette *vaine formalité*, comme disait mademoiselle d'Entragues, lui paraissait une plaisanterie. Il eût défendu son coffre-fort, il signa sans hésiter et de la meilleure grâce du monde la pro · messe de mariage qui devait lui ouvrir l'alcôve de la belle Henriette.

Nous avons ce document, écrit en entier de la main de Henri IV, et scellé du sceau royal; il était de nature à satisfaire le père le plus exigeant :

« Nous, Henri, roi de France et de Navarre, en foi et parole
« de roi, promettons et jurons à M. de Balzac d'Entragues,
« que nous donnant pour compagne demoiselle Catherine-
« Henriette d'Entragues, sa fille, au cas que dans six mois elle
« devienne grosse, et qu'elle accouche d'un fils, alors et à
« l'instant, nous la prendrons pour femme et légitime épouse,
« dont nous solenniserons le mariage publiquement et en face
« de notre mère sainte Eglise, selon les solennités requises et
« accoutumées. HENRI. »

L'histoire de cette promesse de mariage, que Sully appelle « un honteux papier, » n'est pas la page la moins curieuse des *OEconomies.*

Henri IV, au moment de partir pour le château de M. d'Entragues, s'avise de montrer le fameux acte à son ministre. Sully le prend, le lit avec une attention triste qui fait monter le rouge au front du Vert-Galant, et enfin le lui rend froidement et sans prononcer une parole.

— « Là! là! dit le roi, parlez librement et ne faites pas tant le discret; n'ayez crainte que je me fâche. »

Sully alors reprend la promesse et la met en pièces.

— « Comment, morbleu! s'écrie Henri, que prétendez-vous
faire? Je crois que vous êtes fou! »

— « Il est vrai, Sire, que je suis fou, répond le hardi confident; plût à Dieu que je le fusse tout seul en France! »

Le roi s'éloigna en maugréant, comme c'était son habitude
lorsqu'il ne voulait pas avouer que Sully avait raison; mais
avant de partir pour Malesherbes, résidence de la famille
d'Entragues, il eut soin de préparer une nouvelle cédule.

De ce jour, Henriette fut toute à lui, et un mois ne s'était
pas écoulé qu'elle jouissait de toutes les prérogatives et de
toute l'influence que dix ans de dévouement et d'affection
avaient méritées à la belle Gabrielle. Mais quelle différence!
L'humeur égale et douce de la duchesse de Beaufort la faisait aimer de tous ceux qui approchaient le roi, son esprit
conciliant suffisait à apaiser les mille querelles que des
intérêts divers font naître entre les courtisans; avec l'altière
Henriette, au contraire, la discorde entra à la cour, et Henri IV
ne tarda pas à s'apercevoir qu'il avait choisi la tempête pour
compagne.

Les graves embarras que, dès le premier jour, suscita la nouvelle favorite ne diminuèrent en rien la passion du Béarnais :
le pouvoir des femmes sur son esprit grandissait avec les années.

Gabrielle avait été duchesse de Beaufort, Henriette fut
marquise de Verneuil; et telle était après peu de semaines son
influence, que le duc de Savoie se crut obligé d'acheter par
des présents d'une énorme valeur sa toute-puissante protection.

Souveraine maîtresse au palais de Fontainebleau, ces « dé-
serts » chers à Henri IV, la marquise ordonnait à son gré les
fêtes et les chasses, ce qui ne l'empêchait pas d'assister aux

conseils du roi, d'avoir sa politique et d'émettre son avis, au grand déplaisir de Sully, des généraux et des ministres.

Pour mademoiselle d'Entragues, le Béarnais était devenu prodigue, et chaque jour quelque don nouveau venait témoigner de la vivacité de sa passion. S'éloignait-il, était-il forcé de quitter les genoux d'Henriette, même pour une seule journée, il retrouvait pour lui écrire de ces expressions si tendres, si naïvement amoureuses, qui jadis mouillaient de douces larmes les yeux de la Belle Gabrielle ·

« Mon cher cœur, un lièvre m'a mené jusque devant Males-
« herbes, j'y ai éprouvé la douce souvenance des plaisirs
« passés; je vous ai souhaitée entre mes bras comme autrefois
« je vous y ai vue... Bonjour, chères amours. Si je dors, mes
« songes seront de vous, si je veille, mes pensées seront de
« même. Recevez un million de baisers de moi.

« HENRI. »

O roi prometteur et oublieux! ô marchand de belles paroles! Tandis qu'il signait ainsi une promesse de mariage, qu'il écrivait à sa maîtresse des billets passionnés, ses ambassadeurs négociaient à Rome la rupture de son mariage avec Marguerite de Valois et une nouvelle alliance avec Marie de Médicis.

Les négociations étaient sur le point de réussir : la reine de Navarre avait accordé son consentement au divorce, et le pape devait saisir avec empressement cette occasion de donner en France une nouvelle force au parti catholique, cet ancien parti de la Ligue qui n'avait cessé de lutter de tout son pouvoir contre l'influence de la Belle Gabrielle.

Le moment approchait cependant où Henri IV allait être

sommé de tenir sa parole royale fort aventurée. La marquise de Verneuil était enceinte et comptait avec une fébrile impatience les jours qui la séparaient du moment où la naissance d'un fils, — elle était sûre, disait-elle, que ce serait un fils, — lui assurerait la couronne.

Le roi était fort inquiet; il sentait que si la marquise mettait au monde un garçon les fauteurs de rébellions auraient en main une arme terrible. Le hasard, ce complice de toute sa vie, vint à son aide.

La favorite, en l'absence de son amant, alors dans les environs de Moulins, attendait au château de Monceaux le moment de ses couches, auxquelles Henri avait promis d'assister. Une nuit, le tonnerre tomba dans sa chambre et lui causa une telle frayeur, que quelques heures plus tard elle mit au monde, avant terme, un enfant mort.

Ainsi Henri IV fut délié de son engagement imprudent, mais non d'un amour disproportionné dont les conséquences devaient être si fâcheuses.

Cependant, à la première nouvelle du terrible accident survenu à sa maîtresse, le roi était accouru. Tant que la vie de la malade fut en danger, il veilla fidèlement à son chevet, et sa présence, plus que l'habileté des médecins, contribua au salut de la marquise.

Une triste nouvelle attendait Henriette à sa convalescence; elle ne recouvra la santé que pour apprendre le mariage de Henri IV avec Marie de Médicis.

La colère et le désespoir de mademoiselle d'Entragues sont faciles à comprendre, pour qui connaît le caractère fougueux de cette jeune ambitieuse; elle voulait aller trouver son amant, lui reprocher sa félonie et son manque de parole, l'accabler des plus cruelles injures. Mais déjà le Béarnais, redoutant une orageuse explication, avait quitté Monceaux et galopait vers la Savoie.

Quelques jours suffirent pour changer les dispositions d'Henriette. Ne pouvant être reine, elle pensa qu'elle devait au moins conserver comme maîtresse la toute-puissance, et nous la voyons accabler le roi de lettres tendrement plaintives :

« Souvenez-vous, Sire, écrit-elle, d'une demoiselle que vous
« avez possédée et qui s'est livrée à vous sur votre foi et pa-
« role royale. »

Ailleurs nous trouvons ce curieux passage :

« Je ne vous parle que par soupirs, car pour mes autres
« plaintes secrètes, Votre Majesté les peut sourdement en-
« tendre de ma pensée, puisque vous connaissez aussi bien
« mon âme que mon corps. En mon âme misérable, Sire, il
« ne me reste que cette seule gloire d'avoir été aimée du plus
« grand monarque de la terre. »

Ces larmes et ces tristesses troublaient comme un remords l'âme de Henri IV; et il n'y put rester insensible; plus d'une fois il quitta l'armée pour aller implorer son pardon, et c'est à Henriette qu'il fit porter les drapeaux pris sur l'ennemi, galanterie déplacée qui fit hautement murmurer les vieux compagnons d'armes du roi de Navarre.

Il est à croire que toutes « ces belles prévenances » du roi avaient leur but : Il désirait vraiment se faire rendre sa promesse de mariage, qui ne laissait pas que de l'inquiéter. Mais cet engagement était en bonnes mains ; et tandis que la marquise trompait Henri par une feinte résignation, ses parents envoyaient à Rome la fameuse promesse. Elle arriva trop tard, lorsque déjà Marie de Médicis, mariée par procuration, mettait le pied sur la terre de France.

La première entrevue des nouveaux époux eut lieu à Lyon, le 9 décembre de l'an 1600. Le genre de beauté de Marie de Médicis ne plut point au Vert-Galant; pour une fois en sa vie, il se trouva une femme qui n'était pas à son gré, c'était la sienne. La nouvelle reine avait alors vingt-sept ans ; « elle était grosse, commune, n'avait rien de l'élégance ni de l'espri des Médicis, ses ancêtres paternels, et ne tenait que du sang autrichien de sa mère. »

Elle justifiait assez bien, on le voit, cette épithète de *grosse banquière* qu'en un jour de querelle devait lui donner la marquise de Verneuil.

Le caractère de Marie ne rachetait pas tous ces défauts, « elle était jalouse, emportée et bigote. »

Malgré tout, Henri IV, le soir même de la première entrevue, passa par-dessus toutes les lenteurs de l'étiquette et pénétra dans l'appartement de la nouvelle reine; il avait hâte de rendre indissoluble un mariage que trop de prétextes pouvaient faire annuler.

Le voyage de Marie de Médicis continua à petites journées, le roi parti en avant faisait l'office de fourrier. Ce voyage fut un long triomphe. Le parti catholique devait bien cette ovation à la nièce du Saint-Père, et c'est au milieu des acclamations les plus enthousiastes qu'elle fit son entrée à Paris, où l'attendaient de cruelles déceptions.

Il était dans la destinée de Marie de Médicis de voir sa vie troublée par des favorites royales. Jeune fille, elle avait dû fuir le palais paternel où régnait despotiquement Bianca Capello, la belle courtisane vénitienne ; épouse et reine, elle dut subir une humiliante rivalité avec la marquise de Verneuil ;

mère enfin, elle eut la douleur de voir des bâtards partager avec son fils les caresses paternelles.

Il ne faudrait pas cependant se trop apitoyer sur les malheurs de Marie; sa vertu est restée trop équivoque pour qu'on lui accorde tout l'intérêt que mérite une épouse trahie. Son cousin Virginio Orsini, dont l'affection n'était rien moins que fraternelle, le duc de Bellegarde, et enfin le trop fameux Concini, l'aidèrent, dit-on, à se venger des infidélités trop nombreuses de son époux. Pour les deux premiers, la chronique s'aventure peut-être, mais le doute n'est pas possible à l'égard de celui qui devint plus tard le maréchal d'Ancre.

Tranquille du côté de ses ennemis, Henri IV, après son mariage, avait espéré vivre enfin en repos. Il se trompait : il retrouva dans sa maison la guerre qui avait cessé au dehors.

Un mois ne s'était pas écoulé depuis l'arrivée de Marie de Médicis, que déjà le Louvre était devenu un enfer. La faute en était au Vert-Galant, qui avait caressé cet espoir insensé « d'accorder deux femmes terriblement jalouses, une femme légitime et une maîtresse, » et qui « avait la prétention de les faire vivre en bonne intelligence sous le même toit. »

Henri n'accorda même pas à sa femme les trois mois du poëte, mois bénis du premier amour; il avait été repris d'une belle passion pour Henriette, « dont le bon bec » l'amusait infiniment, et il ne se passait pas de semaine « qu'il ne fît quelque nouvelle entreprise » pour aller coucher au château de Verneuil.

Aussi chaque jour de terribles querelles éclataient dans le ménage royal; «cette illustre paire d'amants, dit une chronique, vivait dans une brouillerie perpétuelle.» Sully avait assez à faire à mettre le holà, et deux ou trois fois il n'eut que le temps d'arrêter le bras de la reine qui se levait menaçant sur son époux. Le ministre n'était pas là sans doute le jour où elle égratigna si fort la figure de Henri qu'il en porta les marques plus d'une semaine.

Comme de juste, la marquise de Verneuil avait été présentée à la reine. Marie de Médicis l'avait reçue plus que froidement, et tout l'esprit de la favorite n'avait pu arracher une parole à l'épouse outragée.

Le rêve de Henri était de donner à sa maîtresse un logement au Louvre; mais toute son habileté diplomatique avait échoué contre la juste jalousie de la reine. Les courtisans qui s'étaient entremis ne réussirent pas mieux que leur maître, et deux ou trois d'entre eux payèrent d'une disgrâce un échec auquel ils eussent dû s'attendre. Rosny lui-même n'eut pas une chance meilleure. Le roi désespérait presque, lorsqu'une des femmes de la reine offrit de le servir. Cette femme était Léonora Galigaï.

Cette intrigante, toute-puissante sur l'esprit de sa maîtresse, la décida à subir la marquise de Verneuil, et bientôt les deux ennemies, l'épouse et la maîtresse, semblèrent vivre dans la meilleure intelligence.

Ce fut un scandaleux et triste spectacle : la reine et la favorite eurent chacune leur appartement au Louvre, appartements si voisins qu'une simple porte de communication dont le roi avait la clef les séparait. — « Je suis enfin heureux, » disait le Vert-Galant. Il y avait de quoi !

A quelque temps de là Marie de Médicis et la marquise eurent chacune un fils à peu de semaines de distance. Le roi fit aussi bon accueil à l'un qu'à l'autre. Les enfants avaient toujours eu le don de le réjouir, « de quelque part qu'ils vinssent. » Ils étaient pour lui comme un signe de prospérité, et à ce compte Henri put s'estimer un monarque prospère. Il n'était alors question que de la bonne intelligence des deux mères. Aux fêtes qui célébrèrent la naissance d'un dauphin, Marie de Médicis inscrivit le nom d'Henriette sur la liste des dames qui devaient danser un ballet qu'elle avait composé. Chaque dame représentait une vertu.

Ce fut le dernier triomphe d'Henriette. Nous allons voir pâlir son étoile jusqu'à ce qu'elle s'éteigne dans les brumes épaisses de l'oubli. Le premier coup qui devait ébranler sa fortune, lui fut porté par la reine; cette Italienne qui pouvait se composer un visage souriant, mais non étancher le fiel de son cœur. Marie de Médicis, par l'entremise d'une des sœurs de Gabrielle, fit tenir au roi des lettres de la marquise adressées au duc de Joinville, pour lequel elle avait eu une vive passion. Dans ces lettres, que Joinville avait sacrifiées à une nouvelle maîtresse, le roi et la reine étaient indignement outragés. L'amour d'Henri surtout y était tourné en ridicule au bénéfice d'un préféré.

Le Vert-Galant, si naïf au fond avec les femmes, fut attéré par la lecture de cette correspondance. Il se croyait aimé! Joinville dut quitter la cour, et on conseilla à la marquise d'aller prendre l'air dans une de ses terres. Elle obéit furieuse et jurant de se venger.

Nous n'entrerons point ici dans les détails des intrigues sourdes et des conspirations qui troublèrent le règne de Henri IV. A presque toutes nous trouvons mêlées mademoiselle d'Entragues et sa famille.

Déjà, lors de la conspiration de Biron, le père et le frère de la favorite n'avaient dû la vie qu'à ses prières. Une nouvelle entreprise ne fut pas plus heureuse; mais Henriette elle-même se trouva compromise, et le roi ordonna sa mise en jugement.

Rendue à la liberté, dévorée de rage et d'ambition déçue, elle passa sa vie à susciter des ennemis à ce roi qui l'avait tant aimée. Telles avaient été ses menaces, elle avait parlé si haut de ses projets de vengeance, qu'on l'accusa d'avoir, de concert avec d'Épernon, mis le couteau aux mains de l'infâme Ravaillac.

De ce moment elle cessa de paraître à la cour, et nul ne se souvenait plus de cette belle et fière Henriette d'Entragues, lorsqu'elle mourut à son château de Verneuil le 9 février 1633. Elle avait cinquante-quatre ans.

XII

MADEMOISELLE DE HAUTEFORT

ET

MADEMOISELLE DE LA FAYETTE.

Seule, la loi des contrastes donne ici une place aux chastes amours de Louis XIII; le noble caractère des belles et vertueuses amies de ce prince mélancolique reçoit un éclat nouveau du voisinage de tant de favorites royales, qui n'ont même pas pour excuse la violence de la passion; et dont l'ambition semble avoir été le seul mobile.

Des chroniques mensongères peuvent, il est vrai, donner au roi seul tout l'honneur d'une sagesse si rare à cette époque qu'elle en est presque invraisemblable; mais il faut avoir étudié bien superficiellement la vie de mesdemoiselles de Hautefort et de La Fayette pour avancer que leur vertu ne fut qu'impuissance, et qu'elles firent, l'une et l'autre, tous leurs efforts pour forcer la triple cuirasse de pudeur, de glace et de scrupules religieux, qui défendait contre leurs galantes tentatives le cœur de leur royal ami.

Leur conduite politique, bien que toute de dévouement et de désintéressement, mérite moins d'éloges : leur nom se trouve mêlé à toutes les cabales, à tous les complots des grands seigneurs, de la reine-mère et d'Anne d'Autriche. Abusées par l'influence personnelle de la reine, dupes de sa dangereuse amitié, elles la secondèrent de toutes leurs forces dans ses entreprises contre un ministre détesté.

Mais à une cour où Richelieu était le maître, les femmes devaient avoir une faible influence ; le cotillon s'effaçait devant la robe rouge de l'ombrageux cardinal.

On n'en a pas trop dit sur la chasteté de Louis XIII : la froideur de sa nature lui rendait facile la vertu que lui imposaient ses scrupules religieux. Ce fils du Vert-Galant n'aimait pas les femmes, et il considérait l'immodestie comme un scandaleux et damnable péché.

On pense s'il eut à souffrir au milieu d'une cour licencieuse, dont les dames n'avaient pas assez d'admiration ni de regrets pour la galanterie de Henri IV. Au moins ne se gênait-il pas pour exprimer ses sentiments d'une façon souvent plus que brutale.

Un jour, à la table royale, il remarqua une dame qui étalait avec une complaisance exagérée les splendeurs d'une fort belle gorge. — Les portraits des femmes modestes du temps nous donnent une idée de ce que pouvait être l'exagération. — Le roi ne dit mot, tout d'abord, évitant seulement de tourner les yeux de ce côté. Mais à la fin du repas il conserva dans sa bouche une gorgée de vin rouge et la lança dans le corset de la dame.

La chasteté chez Louis XIII était bien moins une vertu qu'une affaire de tempérament ; ainsi, souvent il allait, suivant l'usage d'alors, coucher avec le connétable de Luynes, et bien qu'il fût amoureux de la femme du connétable, il s'endormait tranquille sur le même chevet.

— Pour moi, disait-il souvent, les femmes sont chastes jusqu'à la ceinture.

— Il fallait donc, disait Bassompierre, la leur faire porter aux genoux.

Mais que dire de l'incroyable pruderie de ce prince !

Entrant un jour à l'improviste chez la reine, il aperçut aux mains de mademoiselle de Hautefort un billet qu'elle venait de recevoir. Il la pria de le lui laisser lire ; mais comme il contenait quelques plaisanteries sur les platoniques amours du roi, la jeune fille refusa et cacha le billet dans son sein. La reine alors saisit en plaisantant les mains de mademoiselle de Hautefort, et, les retenant dans les siennes, dit au roi de prendre le billet où il se trouvait. Louis XIII, n'osant se servir de ses mains, prit les pincettes d'argent du foyer et essaya d'atteindre le malencontreux billet. Il n'y put réussir et s'éloigna, fort attristé des rires des deux femmes.

Ainsi agit le Louis XIII de l'admirable drame de Victor Hugo, et lorsque Marion Delorme a caché dans son sein la grâce de Didier, l'Angely peut lui dire :

<blockquote>
Bon, gardez-la
Tenez ferme, le roi ne met pas les mains là ;
Il n'oserait rien prendre au corset de la reine.
</blockquote>

Tel était ce prince mélancolique qui, plus que tout autre, avait besoin des douces consolations de l'amitié. Avec une abnégation héroïque, digne de toute notre admiration, il avait addiqué aux mains de Richelieu. Il sentait son impuissance et admirait, tout en le redoutant, le sombre génie du ministre. Mais aussi que de pensées amères en ce cœur royal, que de rages dévorées en secret, que de sourdes révoltes !

. . . .

Il me gêne, il m'opprime ! et je ne suis ni maître
Ni libre, moi qui suis quelque chose peut-être.
A force de marcher si lourdement sur moi
Craint-il pas à la fin de réveiller le roi ?

. . . .

Le manant est du moins maître et roi dans son bouge !
Mais toujours sous les yeux avoir cet homme rouge ;
Toujours là, grave et dur, me disant à loisir :
— « Sire, il faut que ceci soit votre bon plaisir ! »
Dérision ! cet homme au peuple me dérobe,
Comme on fait d'un enfant, il me met dans sa robe,
Et quant un passant dit : — « Qu'est-ce donc que je voi
Devant le cardinal ? » — On répond : « C'est le roi. »

Ce roi si profondément malheureux, ce mari sans épouse, ce fils sans mère, eut au moins ce rare bonheur d'aimer deux femmes parfaitement vertueuses, Mesdemoiselles de Hautefort et de La Fayette, deux anges consolateurs dont la moins aimée fut pour lui comme un baume céleste sur ce Golgotha qu'on appelle le trône.

C'est à Lyon, en 1630, au sortir d'une grave maladie, que Louis XIII, parmi les filles d'honneur de sa mère, Marie de Médicis, remarqua mademoiselle de Hautefort. C'était une toute jeune fille encore, presqu'une enfant. On l'appelait l'*Aurore*, pour marquer son extrême jeunesse et son innocent éclat. Elle était blanche et rose ; ses grands yeux bleus voilés de longs cils avaient une admirable expression, ses cheveux d'un blond cendré étaient d'une richesse incomparable, enfin un très-grand air tempéré par une tenue presque sévère relevait encore cette beauté précoce.

« La modestie, aussi bien que la beauté de mademoiselle de Hautefort, dit M. Cousin, touchèrent profondément Louis XIII ; peu à peu il ne put se passer du plaisir de la voir et de s'entretenir avec elle ; et lorsqu'à son retour de Lyon, après la fameuse *journée des dupes*, l'intérêt de l'Etat et sa fidélité à Richelieu le forcèrent d'éloigner sa mère, il lui ôta la jeune Marie et la donna à la reine Anne, en la priant de la bien traiter et de l'aimer pour l'amour de lui. »

La reine reçut avec une froideur facile à comprendre sa nouvelle fille d'honneur ; elle voyait en elle une rivale, et, ce qui lui était bien autrement pénible, une surveillante chargée d'épier ses moindres actions et d'en rendre compte. Elle se trompait, et ne tarda pas à le reconnaître : jamais elle n'eut au contraire d'amie plus sûre et plus désintéressée.

Certaine du dévouement de mademoiselle de Hautefort, Anne d'Autriche put la voir sans inquiétude et même favoriser l'amour du roi pour la belle Marie ; elle trouvait en elle un appui contre son ennemi le cardinal de Richelieu. Le caractère des deux amants lui était un sûr garant de l'innocence de leurs relations ; et d'ailleurs, que lui importait !

Rien de triste, de platonique, de glacial comme ces amours de Louis XIII. Tous les soirs il l'entretenait dans une embrasure de fenêtre du salon de la reine ; mais il ne lui parlait d'ordinaire que de la chasse, de ses chiens et de ses oiseaux

de proie, sans doute il s'attachait à lui démontrer qu'ils ont
tort ceux qui croient

« Que l'Alète au grand vol ne vaut pas l'Alfanet. »

Dans le jour, Louis XIII tenait un registre fort exact de tout
ce qu'il disait à son amie : on a retrouvé à sa mort ces singuliers procès-verbaux ; ou bien il composait pour elle des chansons et des vers élégiaques.

Il n'est rien resté des poésies amoureuses de Louis XIII.
« Mais voici un couplet qui peint avec assez de grâce le charme
qu'exerçait mademoiselle de Hautefort sur l'humeur chagrine
de son royal amant : »

Hautefort merveille
Réveille
Tous les sens de Louis,
Quand sa bouche vermeille
Lui fait voir un souris.

Ces relations si tristes, ces glaciales assiduités pesaient hor-
riblement à mademoiselle de Hautefort. Si elle n'avait pas
profité pour rompre d'une de ces brouilles incessantes que
soulevait l'humeur capricieuse du roi, c'était autant par amitié pour la reine que par pitié pour le malheureux Louis XIII.
Un peu d'orgueil se mêlait à ces sentiments ; elle était fière de
résister à Richelieu, dont elle s'était déclarée l'ennemie.

Le cardinal-ministre, dans le principe, avait vu d'un œil
favorable l'amour du roi pour mademoiselle de Hautefort ; il
pensait l'attirer facilement à lui, et en faire un des instruments

de sa politique; mais il n'avait pas tardé à se convaincre que toutes ses séductions ne tenteraient jamais la fière jeune fille, tout entière au parti de la reine qu'elle croyait injustement délaissée et persécutée.

Craignant sans doute de trouver en mademoiselle de Hautefort un obstacle sérieux, Richelieu entreprit de l'éloigner; il y réussit facilement. Il tenait entre ses mains le confesseur de Louis XIII. Ce prêtre éveilla dans le cœur de son pénitent des scrupules que calment d'ordinaire les directeurs des consciences royales, et le faible prince essaya d'arracher de son cœur une passion que le représentant de Dieu sur la terre lui disait être criminelle. Mademoiselle de Hautefort dut quitter la cour pour quelque temps, plus heureuse que triste d'une rupture que souvent elle avait songé à provoquer la première.

Privé de cette douce affection qui l'avait aidé à supporter les amères tristesses de sa vie, Louis XIII était devenu plus morose et plus sombre que jamais. Telles furent alors les inquiétudes de Richelieu et des politiques de son parti, qu'ils résolurent de remplacer, s'il était possible, mademoiselle de Hautefort dans le cœur du roi.

C'est sur mademoiselle de La Fayette que l'on jeta les yeux. L'évêque de Limoges, l'ex-favori Saint-Simon et autres, se chargèrent de la négociation.

La beauté de mademoiselle de La Fayette était le contraste vivant de celle de mademoiselle de Hautefort. Petite, frêle et brune, toute sa force semblait s'être réfugiée dans ses grands yeux. Louis XIII ne tarda pas à la prendre en affection, et, au contraire de mademoiselle de Hautefort, mademoiselle de La Fayette s'éprit d'une tendre passion pour ce roi déshérité de vraie tendresse. Mais elle aussi eut le tort de prendre parti pour la reine Anne; et Richelieu, voyant un nouveau danger, employa le moyen qui déjà lui avait si bien réussi. D'habiles confesseurs jetèrent le trouble dans l'âme de ces deux amants si faibles et si timides, dont l'amour était devenu si vif, qu'ils se défiaient d'eux-mêmes, et mademoiselle de La Fayette se retira dans un couvent. Le roi continua de la voir : il ne croyait plus au danger maintenant que la grille d'un cloître le sépa·rait de son amie. Du fond de sa cellule, mademoiselle de La Fayette put rendre à la reine, son amie, un grand et dernier service ! Un soir d'orage, elle envoya le roi demander l'hospitalité à sa femme, qui habitait le Louvre : peut-être s'agissait-il pour Anne d'Autriche de légitimer la naissance d'un enfant qui devait être Louis XIV.

Mais, pour Richelieu, mademoiselle de La Fayette, au couvent, visitée par le roi, était tout aussi dangereuse. C'est alors qu'il s'avisa de donner à Louis XIII un ami au lieu d'une maîtresse, Cinq-Mars. M. Alfred de Vigny nous a fait verser des larmes sur le sort du grand-écuyer de Louis XIII. Ces larmes, Cinq-Mars ne les mérite pas. Ce ne fut qu'un courtisan brouillon, vaniteux et avide. Il trahit tout à la fois Richelieu et sa patrie. Sa condamnation ne fut que justice, et Louis XIII ne put s'y opposer. Mais, dit M. Edouard Fournier, jamais le triste monarque n'a prononcé le mot cruel qu'on lui a prêté, le jour de l'exécution de son ami : « Monsieur le Grand doit à cette heure faire une assez triste grimace (1). »

Pénétré de douleur, au contraire, de la mort et de la trahison de son cher d'Effiat, Louis XIII le pleura longtemps. Il ne fallut rien moins, pour sécher ses larmes, que la douce voix de mademoiselle de Hautefort. Un instant, il se rappro-

(1) Au sujet de tous les mots historiques ou prétendus tels, il est intéressant de lire le curieux et spirituel travail de M. Edouard Fournier, *l'Esprit dans l'Histoire*, 1 v. in-18, Dentu, édit. Paris 1860.

cha de cette ancienne amie; mais, de nouveau, Richelieu l'éloigna de lui, et, cette fois, pour toujours. Le cardinal n'avait pas tort de redouter la séduisante Marie. Toute dévouée à la reine, son caractère chevaleresque pouvait la conduire aux plus folles entreprises. C'est peut-être à elle que Richelieu doit de n'avoir pu savoir le dernier mot de la conspiration avec l'Espagne. Déguisée en grisette, elle pénétra à la Bastille jusqu'auprès du chevalier de Jars, ce héros de dévouement qui, plutôt que de trahir le secret de la reine, s'était laissé condamner à mort et venait d'être gracié au moment même où il avait déjà la tête sur le billot. De Jars n'hésita pas à exposer sa vie de nouveau, et ce fut par lui que La Porte, prévenu, pût confirmer les fausses révélations de la reine.

Quelques années plus tard, en 1646, mademoiselle de Hautefort épousa le maréchal duc de Schomberg, qu'elle aimait, et trouva, dans cet amour, la force de repousser les hommages du jeune Louis XIV.

Telles furent les royales amours pendant le règne de Louis XIII. Si la galanterie politique joua, durant cette période, un rôle un peu effacé, elle prit bien sa revanche sous la Fronde; nous verrons les femmes atteindre, sous Louis XIV, à l'apogée de leur puissance, présider plus tard aux orgies de la Régence, et, sous la dénomination sarcastique de *Cotillons*, que leur donna le grand Frédéric, achever, sous Louis XV, la ruine de la monarchie française.

FIN DE LA PREMIÈRE SÉRIE.

TABLE DES MATIÈRES.

Imprimé par Charles Noblet, rue Soufflot, 18.